良い相続・悪い相続

チャートで把握する相続危険度

一般社団法人
相続診断協会 編

日本法令®

はしがき

相続診断協会では平成28年以来、12月1日の「笑顔相続の日」に合わせて、毎年一冊ずつ、相続・遺産分割のさまざまな事例を集めた書籍を上梓してきました。

・平成28年　『争族図鑑　相続で崩壊する家族39パターン』（相続診断士28名執筆）
・平成29年　『笑顔で相続をむかえた家族50の秘密』（相続診断士50名執筆）
・平成30年　『家族を「争族」から守った　遺言書30文例』（相続診断士30名執筆）
・令和元年　『家族を「争族」から守った　遺言書30文例パート2』（相続診断士30名執筆）
・令和2年　『これだけはやっちゃダメ！　相続対策の「御法度」事例集』（相続診断士30名執筆）

5年間をかけ5冊で実に179の事例を発表させていただきましたが、これほどまでに生々しい事例が掲載されている本は、他では目にすることができないと自負しています。

そして6冊目の今年は、『良い相続・悪い相続　チャートで把握する相続危険度』を発刊することとなりました。「ウチは大丈夫」という家族が、実は一番危ない……。相続診断士なら誰もが共感する30事例のご紹介です。

そして、相続診断協会が開発した「相続診断チェックシート」からの「相続診断結果」をベースにわかりやすく解説していますので、ご自身やお知り合いのお役に立てる事例が必ずあると思います。

数年前まで相続の問題は、①納税資金（相続税）と②遺産分割とお伝えしていましたが、最近は①と②に加え③認知症の問題が大きくなっています。その他にも空き家問題、引き取り手のいない不動産問題、おひとりさま問題、墓じまいなどのお墓問題、LGBT問題など、ますます複雑になっています。そして、同じ家族構成や似たような財産状況でも、満足する解決策はまったく違う方法ということも珍しくはありません。

相続問題は多種多様で、相続対策は正解がありません。相続対策は、本当に難しい問題です。

ぜひ、本書及び既刊5冊の209事例を参考としていただき、ご自身の相続は笑顔相続につなげていただければと思います。


相続の実務においては、まだまだ「法定相続分どおり遺産をもらって当然」という固定観念があるようです。

相続人である子どもたちが、

「自分の思いどおりに遺産分割を行ってくれるだろう」

「自分の子どもたちに限ってもめるはずがない」

というのは、幻想です。あなたのお子さんたちは他のきょうだいを慮って、譲り合って遺産分割できるでしょうか？　残念ながら答えは「ノー」です。

子どもたちは、争いたいわけではありません。しかし、相続したい財産は、皆同じであることが多く、分けることが困難な財産がほとんどです。法定相続分どおりに分割することは至難の業で、子どもたちに遺産分割を委ねることはとても難しいといえます。だから遺言が大切なのです。

しっかりと法律を遵守した遺言を遺し、「誰にどの財産を受け継いでほしいか」を確実にします。この時重要なことは、すべての財産の受取人を定めることです。一部でも、遺産分割をしないと分けられない財産があると、そこでもめごとが起こりがちです。

そして、なぜその財産を受け継いでほしいのかという理由を明確に遺します。

「お墓や近所づきあいも含めて、長男には先祖代々の自宅を引き継いでほしい」

「次男には家業を守り、従業員を守ってほしいので、自社株を受け取ってほしい」

「長女には、お母さんの面倒をみてほしいので、自宅兼収益アパートを受け取ってほしい」

「子どもたちは、皆同じだけ愛している。財産の金額の差は、役割の差である」

ということをしっかりと伝えることが大切です。


相続診断協会では、「想いを遺し伝える」ことを提唱し、「何を大切に生きてきたか？」「どのような想いを受け継いでほしいか？」を生前に伝えることを推奨しています。残された財産は、「知恵と時間と情熱」をかけて築いた「命」そのものです。相続というのは、「もの」を引き継ぐだけではなく、「命」を引き継ぐものです。「大切にしてきた考え方」や「生き様」とともに、「命」の結晶としての「財産」を引き継いでいきます。

家督相続制度は、現代にはなかなかそぐわないと思いますが、長男には長男の役割、次男には次男の役割、長女・次女には長女・次女の役割があります。その役割に応じて役割とともに財産を受け継いでいく、「役割相続」という考え方が、これからの相続には重要です。

相続診断士の皆様は、日々、笑顔相続の実現のお手伝いをされています。

本書では、30の事例をご紹介していますので、ぜひご自分と近い事例をお探しいただき、笑顔相続の参考にしていただければと思います。

本書は、『遺産相続争いは、親の人生を冒涜する最も悲しい社会問題』を解決する一助になることを願い、魂を込めて執筆いたしました。

これまで同様、相続診断士の皆様にご協力いただき、現場で起こっている相続をプライバシーに配慮しながら、わかりやすく解説いたしましたので、事実とは異なる部分がございます。

また実際の現場では、弁護士法や税理士法などに抵触しないように、各士業と連携を取りながらコンプライアンスを遵守し活動しています。

本書の執筆にあたり、㈱日本法令の竹渕学さん及び田村和美さんに多大なるご協力をいただきました。この場を借りて、お礼を申し上げます。

令和3年11月

一般社団法人相続診断協会　代表理事　**小川　実**

■「相続診断チェックシート」とは

まだ本ツールがなかった頃、相続診断士資格を取得された方々から、このようなお声をいただきました。

「資格を取得し、早速お客様から相続の相談を受けたいが、何から始めていいかわからない」

これを受け当協会では、相続診断士資格取得者が日々の業務でも活用が見込めるツールとして、「相続診断チェックシート」を開発しました。

本ツールは、30のチェック項目にて構成されており、相続の相談をする上で最低限聞いておきたい内容を厳選。相続の相談が初めての方でも利用できるよう、また相続に馴染みのないお客様が理解しやすいよう、使用されている単語についても専門用語を排除し、どなたでも直感的に利用していける形式をとっています。

本ツールでは、チェックのついた項目に対する解説も用意していますので、相続相談に慣れない方でも、その解説を基にお客様へ回答していけるようになっています。

回答結果は、「該当項目危険度のレーダーチャート化」と「危険度ランク・緊急度ランクの数値化」がなされ、どなたでも一目で状況を把握できる「相続の健康診断書」のような構成としました（vii頁の「相続診断結果シート」参照）。

本書の各項目では、各事例に沿った相続診断結果を掲載しています。

チェック項目の中には「初対面の方には聞きづらい内容」も入っているため、チェックがつけられた項目に応じて効率よく問題点を指摘したり、回答傾向からお客様に潜在する相続問題を俯瞰的に捉えたりすることも可能になります。その結果を受け、相談者本人に「相続に関して何か対策を取らなければ」という気づきを与えることもでき、さらに深いヒアリングのきっかけとしても機能していきます。それが、「相続診断チェックシート」というツールです。

システム開発に伴い、当協会のパートナー事務所でもあり、豊富な相続知識と実務経験を駆使し、相続の現場でご活躍されている株式会社吉澤相続事務所 吉澤諭様に製作監修としてご協力いただきました。

相続診断結果シート

12月1日 笑顔相続の日 毎年エンディングノートを記入しましょう

相続　太郎 様

作　成　日：　2021年10月21日
取扱相続診断士：　123456 笑顔　太郎

チェックシート内容

- [x] 1 相続人に長い間連絡が取れない人がいる
- [ ] 2 相続人の仲が悪い
- [ ] 3 親の面倒を「見ている子ども」と「見ていない子ども」がいる
- [ ] 4 上場していない会社の株式を持っている
- [ ] 5 分けることが難しい不動産や株式がある
- [ ] 6 財産は何があるのかよく分からない
- [ ] 7 一部の子どもや孫にだけお金をあげている
- [ ] 8 会社を継ぐ人が決まっていない
- [ ] 9 先祖名義のままになっている土地がある
- [x] 10 家族名義で貯めているお金がある
- [ ] 11 特定の相続人に多く財産を相続させたい
- [ ] 12 再婚している
- [x] 13 配偶者や子ども以外の人に財産を渡したい
- [ ] 14 連帯保証人になっている
- [x] 15 相続する人に「障がい」や「未成年」「認知」等の人がいる
- [ ] 16「借りている土地」や「貸している土地」がある
- [ ] 17 相続人が「海外」や「遠い場所」にいる
- [ ] 18 財産に不動産が多い
- [ ] 19 借金が多い
- [ ] 20 友人や知人にお金を貸している
- [ ] 21 誰にも相談しないで作った遺言書がある
- [ ] 22 相続税がかかるのかまったく分からない
- [ ] 23 誰も使っていない不動産がある
- [x] 24 大きな保険金をもらう子どもや孫がいる
- [ ] 25 子どもがいない
- [ ] 26 なかなか入居者が決まらない古いアパートがある
- [x] 27 誰にも相続について相談したことがない
- [ ] 28 子どもは皆自宅を持っている
- [ ] 29 古い書画や骨董を集めるのが好きだ
- [ ] 30 子どもが相続対策の相談に乗ってくれない

あなた様の相続診断結果は

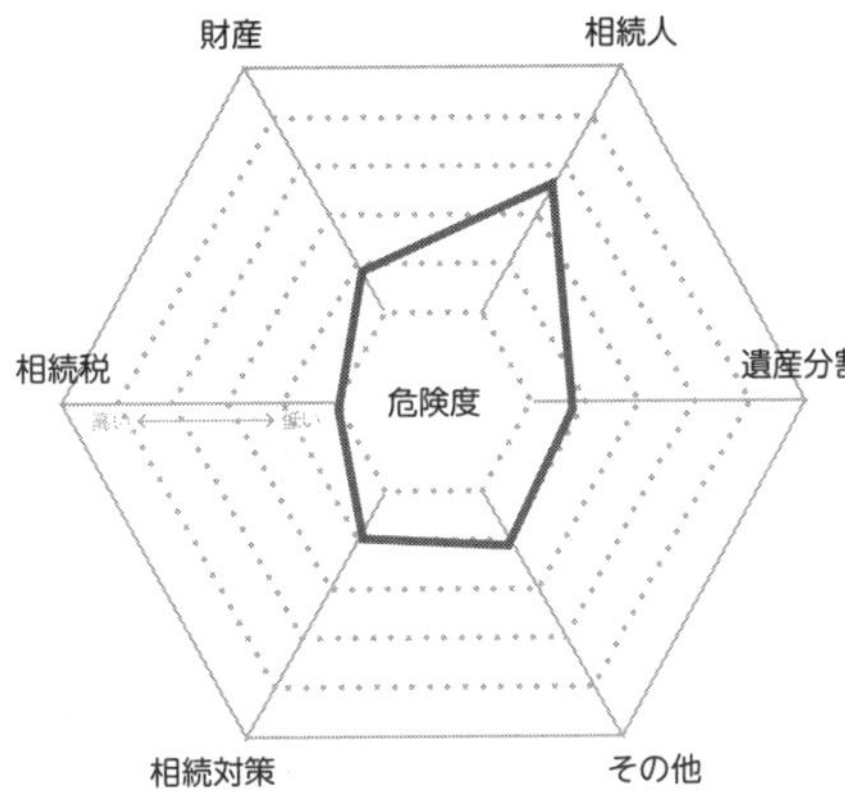

危険度ランクが 99* の方は加算点が 100 点を超えた場合に表示されます。

得点

●危険度ランク　99*　点

●緊急度ランク A・(B)・C・D・E（高い←→低い）

相続診断士より

1.相続手続きが進まない可能性があります。大至急専門家に相談して下さい。

2.相続財産の確定、税務調査での指摘等の懸念があります。早期に正しい姿へ戻しましょう。

3.生前贈与、遺言作成をご検討下さい。

4.相続手続きのため、後見人・特別代理人等の選任が必要になる可能性があります。

5.不公平が争族を生む可能性がありますのでご注意下さい。

6.相続対策は、相続人（家族）と情報を共有しておくことが重要です。

一般社団法人 相続診断協会　　取扱相続診断士：　123456 笑顔　太郎

目次

第2章　想いをかなえる遺言書

第3章　さまざまな家族のかたち

第4章　去りゆく人と相続人の交錯する想い

第1章

「ウチは大丈夫」がいちばん危ない

事例１

遺産分割はお早めに！

～25人の相続人で不動産を売るのに一苦労

上級相続診断士・弁護士　木野　綾子

＜家　系　図＞

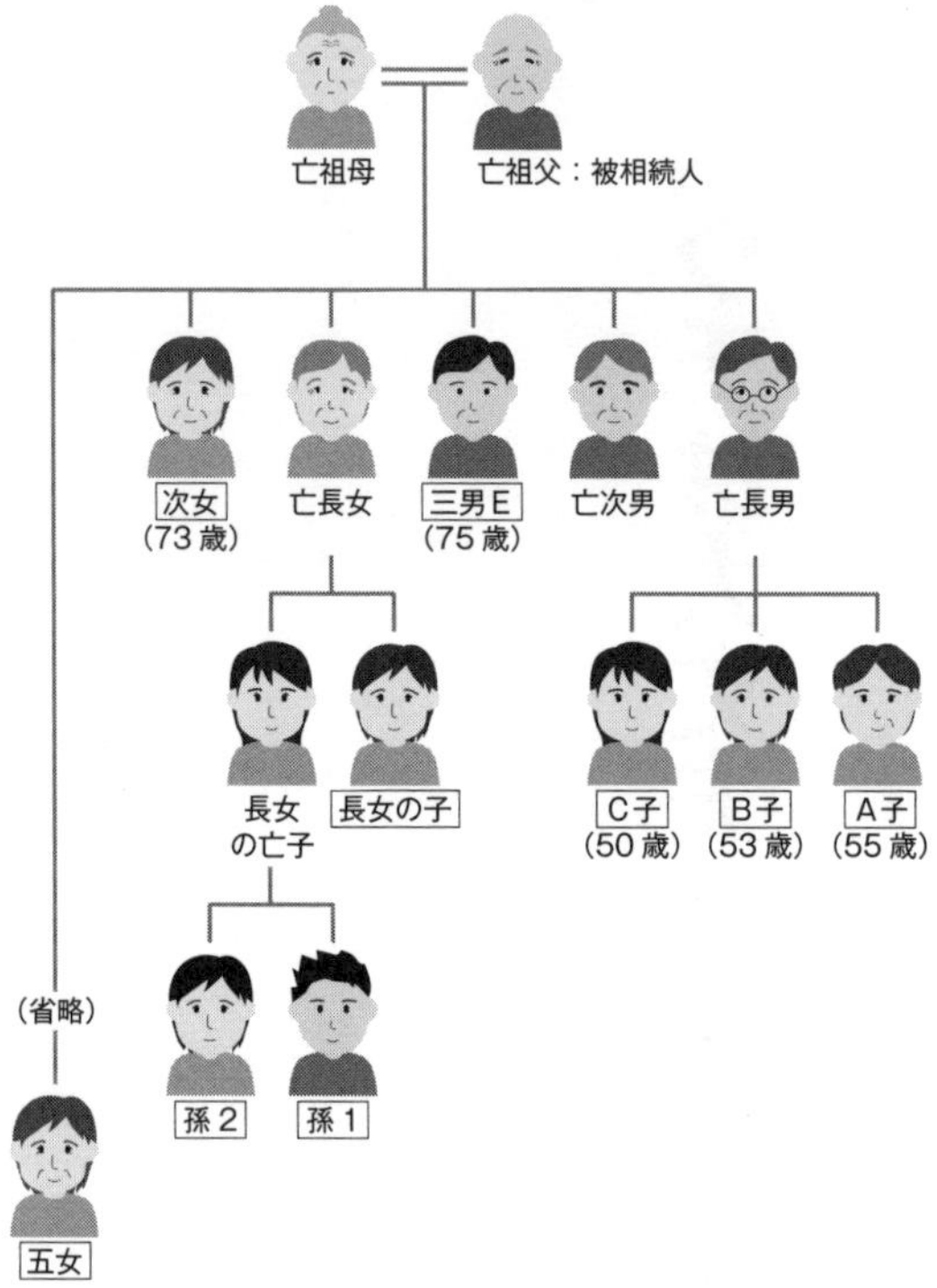

□は法定相続人。図示を省略した者を含め、合計25名

＜主な財産状況＞

・土地	1億4,000万円
・建物	1,000万円
合計（時価）	約1億5,000万円

1 分岐点① 遺産分割をしないまま放置したため相続人が25人に

仲良し3姉妹のA子さん（独身）、B子さん（独身・子2人）、C子さん（独身）は、同じ敷地上の建物2棟で仲良く暮らしていました。

ある時、終活・相続対策の一環で財産調査をしてみたところ、これらの不動産が亡くなったお父様方の祖父（本件の被相続人・約20年前に死亡）の名義になっていることに気づきました。

A子さんたちは、他の相続人からこれらの不動産を買い取りたいと思い、まずは司法書士のD先生に相談して祖父の法定相続人を調べてもらうことにしました。

すると、なんとA子さんたち3姉妹を含めて合計25人もの法定相続人がいることがわかりました。

そして、A子さんたち以外の22人全員に手紙を書いて遺産分割の意向を確認したところ、うち10人からは返信がなく、返信をくれた12人中5人が「法定相続分での相続を希望」、4人が「自分は何もいらない」、残り3人については弁護士からの受任通知書が送られてきたのです。

弁護士がからんできたため、A子さんたちも司法書士から窓口を変更したいということで、弁護士である筆者が遺産分割協議の受任をすることになりました。

この事例の危険度は次のとおりです。

＜相続診断結果による危険度＞

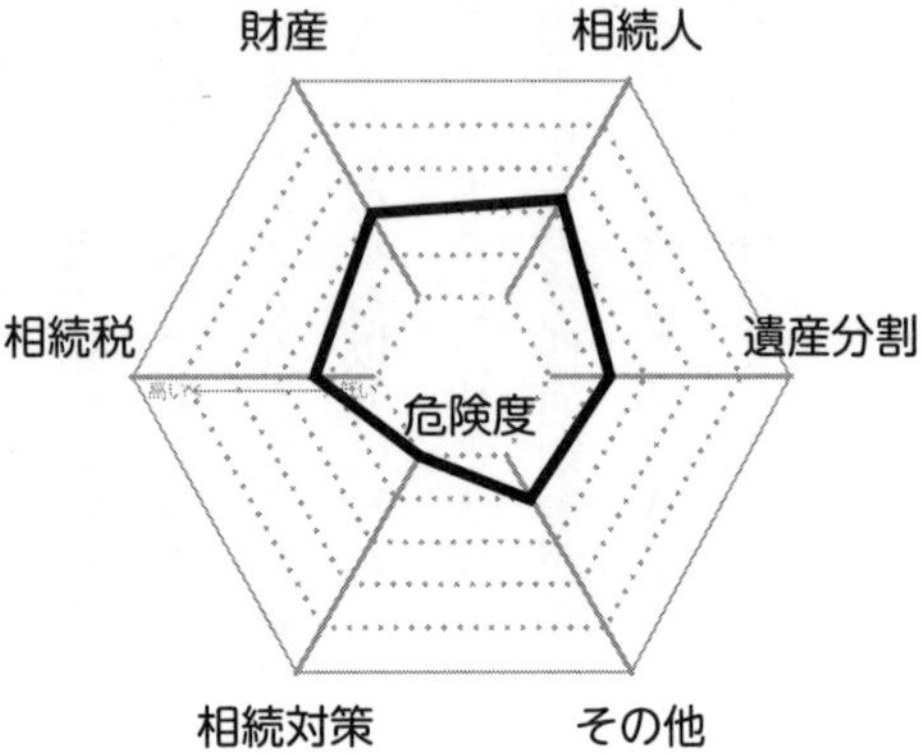

＜相続診断結果による緊急度ランク＞

●緊急度ランク A・Ⓑ・C・D・E
高い←→低い

相続診断結果をみると、相続人に長い間連絡がとれない人がいて、また先祖名義のままになっている土地建物があることから、「相続手続きが進まない可能性」「遺産分割が成立しない争族の可能性」「相続手続きが複雑になる可能性」などがあると考えられます。

遺産分割をしないまま放置することが、いかに数々のトラブルの原因になるかがよくわかりますね。相続人が増えるということは、さまざまな考え方の人が混在することを意味するので、専門家による交通整理が必要になってきます。

2 分岐点② 欠席者多数の家裁の調停を「相続分の放棄と譲渡」で切り抜ける

A子さんたちと司法書士のD先生からこれまでの経緯をヒアリングした筆者は、相続人の人数の多さや反応の状況から、話し合いによる遺産分割は無理だと判断し、家庭裁判所に遺産分割調停を申し立てました。

第1回目の調停期日では欠席者が9人で、うち5人は答弁書などの書面を事前に提出してきてくれました。その後、第2回調停期日までの間に、家庭裁判所の書記官が前回の欠席者5人に手紙を書いてくれて、無事に全員の意向確認をすることができました。

その結果、A子さんたちを除く22人の法定相続人のうち、7人が「相続分の放棄」をし、6名が「A子さんたち3姉妹へ相続分の譲渡」をするということになり、家庭裁判所の協力も得て、これらの合計13人の相続人から、無事にそれらの手続きに必要な書面や印鑑証明書を送ってもらうことができたのです。あとの9人は全員「もらえるものはもらいたい」と言っています。

一方で不動産の査定をしてもらったところ、時価が約1億5000万円であることがわかりました。とてもA子さんたちで買い取れる金額ではないため、方針を変え、第三者へ売却して代金を分けることにしました。幸い、「相続分の放棄」や「A子さんたち3姉妹へ相続分の譲渡」をしてくれる相続人が多数いるため、A子さんたちの取り分はまとまった金額になり、転居費用としては十分です。

買い手も決まって売買契約を締結することができ、ようやく解決への糸口が見えてきました。あとは不動産の最終決済を待って調停を成立させ、A子さんたちと9人の相続人で代金を分配するだけです。

3 分岐点③ 想定外！ 相続登記の段階で気が変わった相続人

ところが、司法書士のD先生に売買の前提となる相続登記をお願いしたところ、本件は数次相続がからんでいるため、「相続分の放棄」や「相続分の譲渡」をした相続人からも改めて中間の相続について登記委任状が必要なケースだということがわかりました。

そこで、「相続分の放棄」をした7人と、「A子さんたち3姉妹へ相続分の譲渡」をした6人に改めてD先生からコンタクトしてもらい、必要書類を取り付けることになったのですが、「A子さんたち3姉妹へ相続分の譲渡」をした中の1人である叔父のEさんだけは、

「これさえ書けば相続争いから逃れられるという説明を受けて相続分の譲渡契約書にサインしたのに、まだ書類が必要とは、話が違う」

「長兄の子どもにあたるA子たち3姉妹が住み続けるものとばかり思い込んで相続分の譲渡をしたが、先祖代々の家屋敷を売ってしまうとわかっていたら、譲渡などしなかった」

と言い出し、相続登記に協力してくれません。

家庭裁判所からEさんに手紙を出してもらったり、筆者からも事態を説明する手紙やハガキ（封書だと開封してもらえない可能性があるため）を送ったり、A子さんたちのお母様や、Eさんと比較的交流のある他の相続人たちからも説得してもらいましたが、Eさんは協力を拒否し、ますます意固地になっていきます。

4 分岐点④　不動産売買の決済を延期し「調停に代わる審判」で登記手続きを命じてもらう

このままでは売主側の義務である相続登記を果たすことができず、売買が破談になる可能性が出てきました。

相続分の譲渡契約書はこちらにあるので、Eさんを相手に登記手続訴訟を起こす余地もあると思われましたが、今から準備を始めても勝訴判決が確定するまでに早くても半年ぐらいはかかってしまうことでしょう。

そこで、家庭裁判所に「調停に代わる審判」というやり方が使えないか、打診をしてみました。

この「調停に代わる審判」というのは、調停に欠席者がいたりして一部の当事者が合意していなくても、家庭裁判所が暫定的な決定という趣旨で出すことのできるものです。

2週間以内に誰も異議を述べなければ、確定して判決のような効力を持つことになるのですが、誰かが異議を述べれば効力を失い、元の調停に戻ります。

つまり、Eさんが家庭裁判所に異議を述べるという積極的なアクションさえ起こさなければ、登記委任状がなくてもこの審判だけで相続登記にこぎつけますが、Eさんが異議を述べれば単に訴訟への移行時期が遅れてしまうことを意味します。

ある意味、1つの賭けでしたが、筆者はこれまでの経緯やEさんの人となりからして、異議までは出さないだろうと予想しました。

家庭裁判所はこの種の審判を出すことには慎重な傾向があるので、筆者としてはまず、本件ではこれが必要であり有効であるということを家庭裁判所に理解してもらうところから始めました。

次に、司法書士のD先生にお願いして、どのような主文の審判を出してもらえば法務局が相続登記に応じてくれるのかを事前照会してもらい、家庭裁判所とのすり合わせを行いました。

これらと平行して買主へのお詫びと不動産売買の決済期日の延期の調整も必要ですし、相続人全員に事態を説明して理解を得ることも重要です。長引けば、いつまた誰の気持ちが変わってもおかしくない状況だったのですから。

5 まとめ

結局、筆者の読みが当たって、Eさんは相続登記を命じる審判に異議を述べることまではしませんでした。そのおかげで無事に相続登記を済ませることができ、当初の予定より2か月ほど遅れましたが不動産の最終決済を行うことができたのです。代金の分配まですべて終わった時には、筆者もA子さんたちも感無量でした。

本件を振り返ると、次のようなたくさんの分岐点がありました。

【失敗】

・被相続人の死後約20年もの間、遺産分割をせず放置したために相続人が増えた。
・相続登記の段階で気が変わり必要書類への署名押印を拒否する相続人が出た。

【成功】

・遺産分割調停に出席しなかった相続人から「相続分の放棄」や「相続分の譲渡」をしてもらうことによって、その後の手続きを省力化でき、依頼者であるA子さんたちの取り分も増えた。
・弁護士と司法書士が連携して家庭裁判所と法務局とのすり合わせを行い、「調停に代わる審判」を得て誰からも異議が出なかったため、本来の必要書類がなくても相続登記ができた。

・買主がとても理解のある方（会社）で決済の延期にペナルティなしで応じてくれた。

この中で一番重要な分岐点は、出発点の「遺産分割を放置したために相続人が増えた」という点です。くれぐれも、遺産分割は早めに行い、子孫の代に遺恨を残さないようにしましょう。

☺笑顔相続のカギ

本事例では、当事者である25人の相続人だけでなく、筆者である弁護士、司法書士、不動産の買主や裁判所など多く人の協力もあり、無事に不動産の処分と財産の分配が行えました。しかし、祖父の相続が起こった時点できちんと手続きしていたならば、これだけ多くの人を巻き込むことはなかったでしょう。

相続税の申告が必要な場合には、10か月という申告期限もあって、なるべく早期に遺産分割を行おうと相続人が協力しますが、申告が不要とわかると、とたんに遺産分割の優先順位が下がってしまうことがあります。しかし、本事例からもわかるように、遺産分割を放っておいてよいことはありません。故人の生きた証でもある財産が行き場を失うことのないよう、遺産分割はお早めに。

事例２

専門家の連携の重要性と相続診断士の役割

～円満に進むはずの相続で相続人が泣き出してしまう始末に

上級相続診断士・税理士　岩田　悦幸

＜家　系　図＞

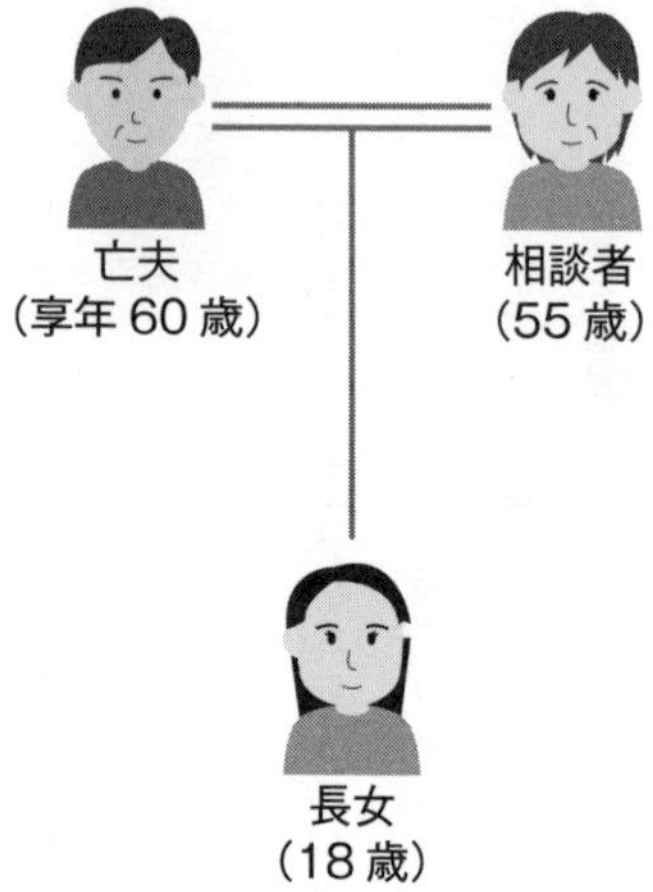

相続人は配偶者（相談者）と長女（未成年）の２人

＜主な財産状況＞

・自宅土地建物　3,700万円
（※相続税評価額・小規模宅地特例適用後1,100万円）
・現金　100万円
・預貯金　700万円
・生命保険金　500万円
（※受取人は長女）
・生前贈与（現金）　500万円
（※事後発覚、相続発生数か月前に父から長女へ通帳間送金）
合　計　5,500万円

1 家族状況と概要

相談者はご主人と長女との3人暮らし。8年前に池の畔の見晴らしの良い高台に自宅購入し家族仲良く暮らしていました。そんな折ご主人にガンが見つかりやむなく療養、数年間の闘病の末、妻子を残してお亡くなりになる事態が起こります。

この事例の危険度は次のとおりです。

<相続診断結果による危険度>

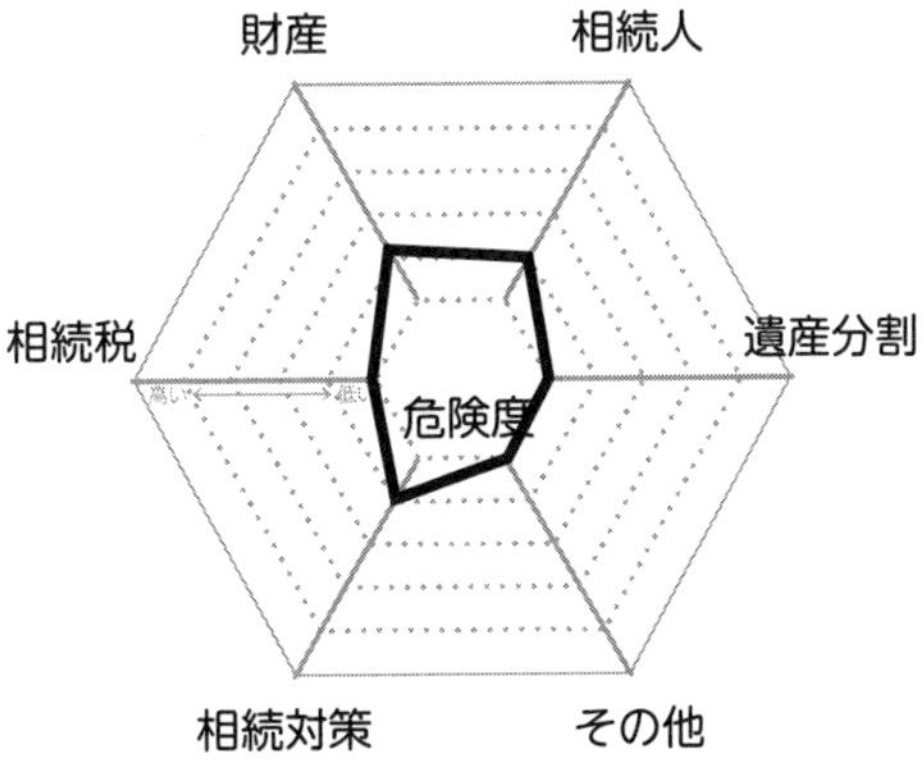

<相続診断結果による緊急度ランク>

●緊急度ランク A・B・Ⓒ・D・E
高い←→低い

相続診断結果をみると、以下の可能性があげられます。

1 相続手続きが滞る可能性

2 後見人・特別代理人等の選任が必要になる可能性

3 不公平が争族を生む可能性

本来であればさほど緊急性や危険度の高くない案件です。特筆すべきことは、本案件は“チャートには現れない場外の危険度”が「笑顔相続」に大きく影響を及ぼし、その対応が“良い相続になるか否かの成否を分けることになった”という点です。

当時18歳の長女は大学生でお金もかかる時期でしたので、相談者はパートに、長女自身もアルバイトをして家族それぞれが生計を補い合う堅実な生活ぶりでした。

今回の案件は、ある士業の方から相続後の税金シミュレーション依頼で、途中からサポートに入るとともに税務申告が必要な場合はそのまま申告までを行うという内容のものでした。

ごく普通のご家庭での一般的な相続で、チャートからもわかるとおり案件としてはそれほど危険度の高いものではなく、家族関係なども良好で他に特に争う要因も見当たらなかったため、通常であれば円満に進むと予測される類のものです。今回は、未成年者が相続人であるので特別代理人の選任が必要となるため、司法書士も加わり家庭裁判所に選任された後に起こったある問題についての体験です。

❷ まさかの事態が起こる

特別代理人の選任審判通知のほか提出された遺産分割協議書案のコピーが送られてきたので、中身を確認したところ遺産がシンプルに分けられていたのですが、何か「違和感」を覚えました。なお分割協議書案によると不動産は相談者、預貯金はすべて長女とされています。

筆者の担当分野となったので相談者のもとを訪れ、いつもどおりヒアリングと内容確認を行い税務関係の作業に入る予定でした。ところがこのヒアリングの段階で、実は他にも財産があり、また長女に生前贈与をしていることがわかったため、まず戸籍や原票資料、通帳の履歴などあるものすべてを確認し、その場で相続人の確認や相続財産調査など、ひととおりの確認作業を改めて行うことにしました。

相続人は間違いないものの、やはり相談者の言うとおり、生前に預金の動きがあり話の内容と一致します。このとき実は申告期限まで2か月を切る期間しかなく、今回のケースのような場合は単に分割協議書を再作成して署名押印をすれば済む話ではないため、とにかくいったん持ち帰って大至急検討することになりました。

つまり、すでに家庭裁判所から特別代理人の選任が行われた後に諸々の相続財産が発覚したため、提出した分割協議書案の内容が大きく変わってしまい、その結果選任申し立てそのものをやり直す可能性が出てきたためです。しかしこのタイミングでやり直した場合、今度は相続税の申告に間に合わなくなる（今回の内容では本来納税は発生せず申告書の提出だけで済んだものが、期限内に分割ができない場合、小規模宅地の特例が使えないため評価額が基礎控除額を上回ってしまい一時的に納税が発生してしまうことからそれは絶対に避けたい）ため、とにかく関係者に至急連絡をして対応策を考える必要がありました。ちなみによく遺産分割協議書に書かれる「本評議書に記載なき遺産……」の文言はありませんでした。

実は話が筆者のところに来た段階では作業だけが進んでおり、相談者も「手元にある資料だけを出した」様子で、実際に事が起こるまでちゃんとした調査・方針の打合せを誰もしていなかったことから、初動に誤りがあったのではないかと考えました。

そこでまず、最初に案件の入り口となり今回の分割協議書案を作成した当事者に連絡し、事情説明・事実確認と分割内容の決め方を質問したところ、「いただいた資料しか見ておらず、それを元に作成」「分割についてはわかりやすくしただけ」、そして「この内容については司法書士には言いにくいので、あとは先生のほうで何とかしてほしい」の一点張りでした。

次に、先の分割協議書案を確認し家庭裁判所に申し立て、特別代理人となった司法書士にも連絡。先ほどと同じ説明・確認・質問をしたところ、「回ってきたものを確認して出しただけなので内容の検討はしていない。新たな財産が出てきた場合はやり直し、費用は相続人持ち」「法的根拠は何だ」「そっちで何とかしろ」となぜか逆ギレされる始末。

要するに、どちらも相続人から出された資料のみで判断し、まともにヒアリングや財産調査をせず、相続財産の漏れがあるかもしれないという想定もなされないまま、今回のような特別代理人の選任が必要なケースにおいて家裁に申し立てをしてしまったということが大きな問題の一つであるといえます。それに対する前述の対応を聞いて開いた口が塞がらなかったのは言うまでもありません。

他の司法書士にも相談してみましたが、やはりいったん出てしまった審判であることと業界の事情もあり、引き受けたくないとのことでした。こうなると、分割協議書の内容を変えずに申告するしかないのですが、ここから「何でもない相続」だったはずが、危うく「悲しい相続」になるかもしれない「本当の核心部分」が見えてくることになります。

3 意外な盲点とその対応

そして後日、事の顛末と最終的な相続財産の報告のため相談者と面談した際、こんなことを呟かれました。

「遺産分割協議書の内容をみて思ったのですが、私はこの先どうやって生活していけばよいのでしょうか……」

そう、最初に分割協議書案で感じた違和感はこれだったのです。実は預貯金、生命保険の受取人、贈与現金といった流動資産はすべて長女になっており、相談者が引き継いだものはわずかな遺族年金と自宅のみだったのです。また相談者の収入はパート収入のみであるため、どう考えても彼女自身の生活や自宅の維持、これから迎える老後設計といった問題を解決するのは難しいと言わざるを得ません。

ここでもう一つの問題点が出てきました。遺産分割の内容についてちゃんと検討したかということです。長女のお金を使えばいいのではないかと考える人もいるかと思います。確かにそれしかありません。それについて相談者は「相続でもらったとはいえ、長女のお金に頼って生きていくのは気持ちの上でしたくない」「自宅を手放すことも考えたが故人を含め家族全員が気に入っているため、できれば処分せずここに住み続けたい」と、想いを口にした後、とうとう泣き出してしまいました。

事が事だけに長女を交えてこの件について話をした結果、母が言うことも理解できるし自宅は手放したくない、自分だけお金をもらって申し訳ないと意見はまとまっており、長女自ら資金援助したいと言ってくれました。

やはり、この母娘の生活には相続財産の現預金は欠かせません。ただ、そのまま単純に長女がお金を出しますというだけでは「相談者の本当の気持ち」に応えたことにはならず、解決法としては足りていないと言えます。

申告期限直前であったので、遺産分割をやり直して特別代理人の選任の申立てをやり直す時間もないのと、何故か追加費用が発生してしまうとのことだったので、少し発想を転換し、相続とは切り離して事後的なものとして扱うことでクリアするとともに、自分のできる範囲で「あるべき相続の姿に戻そう」と考えたわけです。

技術的にはシンプルに「基礎控除内での逆贈与」と「贈与に当たらない生活費の援助」の2つを組み合わせ、前者は時間をかけて長女から相談者へ一定の金額を移し、また後者の生活費部分はその都度長女が引き継いだお金を取り崩し二人で使っていくという方法を採ることになるのですが、相談者のちょっとした気持ちの引っ掛かりにも応えるべく、そこに相続財産の現預金に亡きご主人の想いを乗せてみることにしました。

亡きご主人は几帳面な方で通帳も目的別に管理されお金の流れがハッキリわかるような動かし方をされていたため、「相談者もしくは相談者と長女の両者の『生活のため』に使ってほしくてわざわざ口座を分けて残しておかれたのではないか」、そう思えて仕方なかったのでそのままをお伝えするとともに改善策の提案をしたところ（要はあるべき相続の流れに戻しただけなのですが）、二人ともとても納得され、相談者のわだかまりも解くことができました。

そして次に長女には生前贈与された500万円と生命保険金は、実は「これから先、学業・就職・結婚とお金が必要になるのでそのために渡しておきたい」という父の想いから遺されたもので、（事前に相談者から話を聞いていたこともあるため）長女が両親に感謝しながら自分自身のために使ってほしい旨も伝えしました。

そうした結果「気持ちの部分のケア」までを行うことができ、最後は全員「笑顔」で仏壇のご主人に向かって「ありがとうございました」と感謝とご報告を兼ねて手を合わせすべての作業が完了という顛末になりました。

4 今回のまとめ

今回の相続について、手続き自体はシンプルで円満に進むはずだったのですが、サポートをする側の人間の調査・思慮不足や無責任さとコミュニケーション不足のために相続人に余計な不信感を与えかねない危険性が大いにあり、失敗例としてその後筆者自身の中での大きな教訓になった出来事だということをまずお伝えしたいです。

ただそんな中で一つだけ救われたことは、この一連の騒動をきっかけにむしろ母娘の間で話し合う機会が増え、お互いの気持ちを思いやることができ、以前よりも仲が良くなったということです。帰りがけに「この先二人で力を合わせて頑張っていきます！　ありがとうございました」というお言葉をいただけたときは、相続診断士としてほかの何事にも代えがたいものを得ることができたとただただ感謝の一言に尽き、今も忘れられません。

そして本案件は、遺産分割や税金といったいわゆる表に見える「相続対策」の技術的な話ではなく、士業だけでなく相続診断士を含む相続の専門家はどう相続人と向き合えばよいのか、また相続という事柄にその専門家同士が連携してどう応えていくべきなのかという「影の部分の根本的な姿勢」を問われた事案という意味で、「良い相続・悪い相続の成否を分けた分岐点」を少し違った角度から書いてみました。

相続とは家族（相続人）にとってはゴールではなく、人生の中の一つの通過点にすぎないのです。その中で専門家としての相続診断士ができることは、全体をきちんと把握した上で適切にそれぞれの専門家に繋ぎ、かつその後も横のコンタクトをちゃんと取りながら内容を確認し状況を見届け、相続人の気持ちにも寄り添うことで、次の一歩を踏み出すためのサポートをすることだと思います。

やや感情寄りの表現もありましたが、この部分が「笑顔相続」の実現のためにはとても重要な要素であり、そこへ導くためのコンダクター（指揮者）の役割を発揮することこそが「相続診断士の使命」だと深く実感させられた事例としてご紹介させていただきました。

☺笑顔相続のカギ

相続は、関わる専門家が相続の正しい知見を有しているかはもちろん、笑顔相続の感覚も有しているかによって、その後の結果が大きく左右されることになります。依頼者も相続に関しては無知な部分が多く、関わる側がそういった部分まで理解した上で対応しないと、本事例のようなことは容易に起こり得るといえます。

文中で筆者も述べているように、相続診断士は依頼者を笑顔相続に導く指揮者のような存在です。依頼者が相続で不安を感じたり、路頭に迷ったりすることのないよう、関わる側も強い信念をもって対応することが求められます。

事例3

両親が別々に死ぬとは限らない

～遺言書の大切さを思い知らされた相続

相続診断士・行政書士　藤井　美喜

＜家　系　図＞

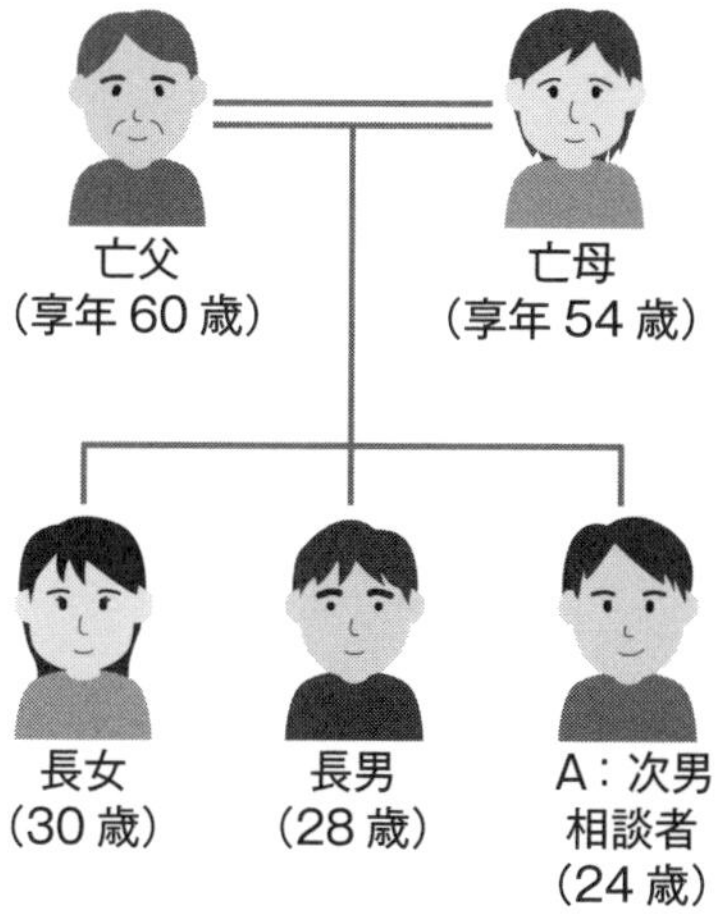

＜主な財産状況＞

・土地建物（実家）	2,000万円
・預貯金	1,500万円
・死亡保険金	3,000万円
合計	6,500万円

❶ 家族の状況

相談者は24歳のAさん。当時は国立大学の大学院生で、実家から離れて暮らしていました。Aさんの両親はすでに他界していました。Aさんには、すでに結婚して他県で暮らしている30歳の姉と実家に暮らしている28歳の兄がいました。兄は両親が亡くなるまで実家で両親と一緒に暮らしていました。

❷ 両親の突然の死

Aさんの両親が突然同時に亡くなりました。ボートで海へ釣りに出かけ、転覆し2人とも亡くなったのです。2日後、遭難場所からおよそ50㎞離れた海上で転覆したボートだけが発見されました。そして事故から10日後、およそ200㎞離れた海上で、偶然にも通りかかった船が母の遺体を発見してくれました。ですが、父の遺体は結局見つけることができませんでした。

人生100年時代といわれる今日、Aさんの父は60歳、母は54歳でした。あまりにも若い突然の死。しかも、2人同時にです。相談に来たAさんはちょうど就職活動の真っ只中でしたが、とても就活をする気持ちにもならない、できる状態でもありませんでした。学生であるAさんにあまりにも重すぎる衝撃的な現実が突き付けられました。

筆者はとにかく茫然自失状態であるAさんに寄り添いました。Aさんから出てくる言葉をとにかく聴くことに徹しました。その後、筆者のほうから遺言書を残していなかったのか、エンディングノートのようなものはないかなど、何か両親の想いが残されているものはないかと尋ねました。両親がまだ若かったこともあり、残念ながらAさんの両親の意思に関するものは何一つ残されていませんでした。

この事例の危険度は次のとおりです。

＜相続診断結果による危険度＞

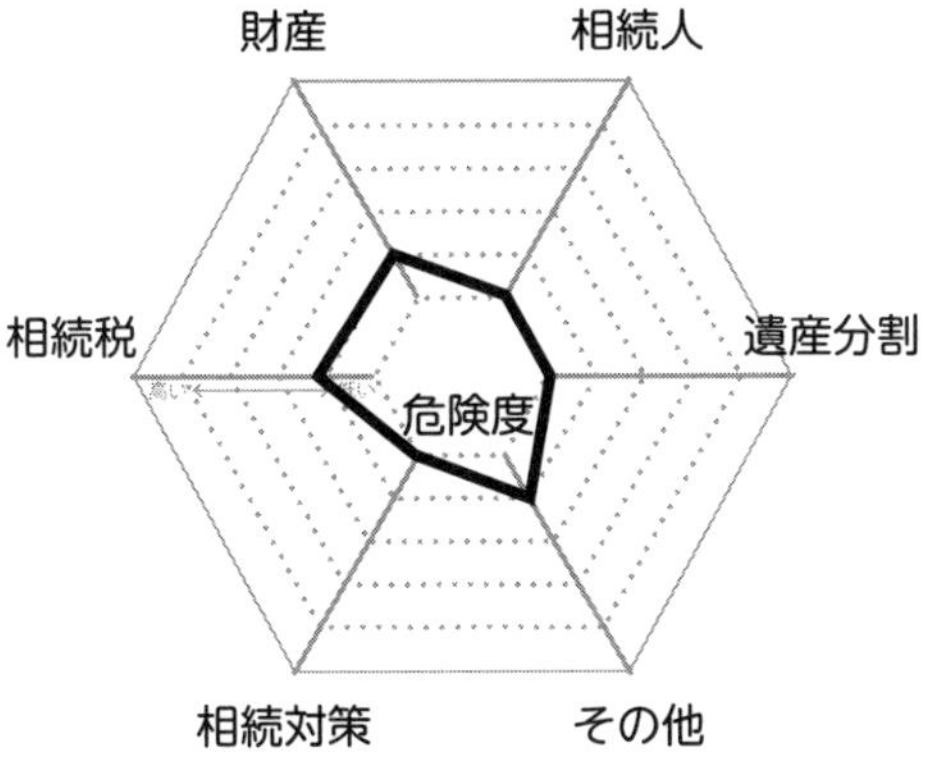

＜相続診断結果による緊急度ランク＞

●緊急度ランク A・B・Ⓒ・D・E
高い←→低い

相続診断結果をみると、相続財産に何があるのかよくわからないことから相続手続きが滞る可能性があります。被相続人の配偶者や同居している子どもは、日常生活の中から被相続人の財産を認識している場合も多いものです。

本事案の場合、両親が同時に亡くなったことから配偶者に被相続人の財産を聞くことができませんでした。また、同居していた長男も2人がまだ若かったこともあり、それぞれの財産についてあまり聞いていませんでした。

3 失踪宣告と同時死亡の推定

上述したように、Aさんの父の遺体は結局発見されませんでした。この場合、失踪宣告がされなければ父の死亡が確定しないため、生命保険金の受取りや遺産分割協議などができません。失踪宣告とは、不在者の生死不明の状態が継続した場合に一定の条件の下に裁判所が失踪の宣告をし、その者を死亡したものとみなしてその者をめぐる法律関係を安定させる制度です。民法では普通失踪（民法30条1項）と特別失踪（同条2項）に分けられて規定されています。普通失踪はこれまでいた人が蒸発していなくなってしまったような場合に適用され、特別失踪は墜落した飛行機や沈没した船舶の中にいたような場合に適用されます。ですので、Aさんの父の場合は特別失踪となります。

利害関係人からの請求を受け裁判所により失踪宣告がされると、もとの住所を中心とする私法上の法律関係は失踪者が死亡したのと同じ扱いがされることになります。これにより、ようやく相続の開始や再婚などが可能となります。普通失踪であれば失踪期間満了の時（最後の音信の時から7年後）に、特別失踪であればその危難が去った時に死亡したものとみなされます（民法31条）。

そして、もう一つ問題となるのが死亡の時期です。Aさんの両親の場合、どちらが先に亡くなったのかがわかりません。通常であれば、先に亡くなった方の相続が一次相続となり、次に亡くなった方の相続が二次相続となって相続手続きをすることになります。では、死亡の先後がわからない場合はどうなるのでしょうか。

このような場合に民法では、同時死亡の推定（民法32条の2）という制度を定めています。同時死亡の推定とは「死亡した数人中その死亡の先後が不明の場合に、同時に死亡したと推定する」という制度です。死亡時期の先後は権利関係に重大な影響を及ぼしますが、先後が不明の場合についての処理を規定しないでおくと先に遺産を押さえた者が勝つという不合理な結果になることから、民法は同時に死亡したものと推定することにしました。

4 遺産分割協議

Aさんの話に戻します。1年後、両親と同居していた兄の請求により、裁判所から父の失踪宣告がされました。その後、相続人であるAさん、姉、兄と3人で話し合いの場を設けることになりました。その頃は悲しみはありながらも、だいぶ落ち着いた様子でした。Aさんは今回の事故により就職活動の時期を逃してしまいましたが、幸いにも就職担当の先生より推薦をもらい大学院の博士課程に進むことになりました。その話を聞いて筆者も心の底から安堵の気持ちになりました。

遺言書はないとのことでしたので、相続人の確定、相続財産の調査・把握を行いました。突然の両親の死でしたので相続財産の調査は難航しましたが、なんとか相続財産を把握することができました。そして、遺産分割協議の結果、実家の土地建物は長男である兄に、生命保険金3000万円は受取人死亡により法定相続人であるきょうだい3人で等分に、預貯金1500万はAさんと姉の2人に等分に分割することになりました。きょうだい3人ともに仲良くしていたので遺産分割協議でもめることはありませんでした。

5 本事例から学ぶべきこと

幸いにも今回は相続人どうしが争う事案にはならなかったものの、もしきょうだいが疎遠で決して仲が良いとはいえない場合だったとしたらどうでしょうか。遺産分割協議でもめるのは当たり前ですし、その後きょうだいの仲が疎遠になり、お互い冠婚葬祭にも出席しないということも普通に起こり得ます。親は自分が亡くなった後も子どもたちが幸せになれるように一生懸命働いて財産を築いてきたのに、その財産のために子どもたちの仲が悪くなってしまっては何のために人生を生きてきたのかわかりません。

今回の事案で筆者が身をもって感じたことは、人生100年時代といわれている今日でも人の死は突然やってくることがあるということです。そして、遺言書を書いておくことの大切さを再認識することになりました。遺言書を書いておけば、相続人が相続財産についてもめることはありません。また、どうしてそのような内容の遺言書にしたのかについての想いを付言事項として付け加えておけば、財産の分配に多少の差があったとしても相続人はその想いをきっと理解してくれると思います。その結果、相続人どうしが仲違いをして疎遠になるようなことは起こらなくなるはずです。

ご存じの方もいると思いますが、民法改正により自筆証書遺言の方式が一部緩和され、遺言書に添付する財産目録については自書しなくてもよいことになりました（民法968条2項）。また、新たに遺言書保管法が制定されたことにより、令和2年7月10日から法務局において自筆証書遺言の保管制度が開始されることになり、これによって保管されている遺言書については家庭裁判所における検認手続（民法1004条）が不要になりました。公正証書遺言は少しハードルが高いと思っている人でも、自筆証書遺言ならより気軽に書いてみることができるのではないでしょうか。

自分が亡くなった時のことを想像することに抵抗がある場合もあるかもしれません。ですが、自分の意思を遺言書に託しておくことは残される相続人のためにはもちろんのこと、今後の自分の人生を前向きに生きる手段としてもとても大切だと思います。ぜひ遺言書を書くことをお勧めします。

最後になりますが、今回のAさんのように両親2人を同時に突然亡くしたという事案は、子どもにとっては予想すらできないあまりにも悲しい出来事です。このような相談を受ける相続診断士としては相続の手続きや法的なアドバイスだけでなく、相談者のメンタル面での支えも必要となります。このような体験をされた相談者や相続人の方々の気持ちのすべてを推し量ることはできませんが、筆者は決して同情ではなく共感できる相続診断士でありたいと常に考えております。

☺笑顔相続のカギ

実際に起こる相続の事例の中には、まるでドラマや小説かというような痛ましいケースもまれにあります。中でも事故などによる突然死は、遺族の悲しみも大きいですし、相続の手続きという面でも非常に困難をきわめるものです。

本事例では、特別失踪による失踪宣告や同時死亡の推定などの法的事項にも詳しい行政書士に相談に乗ってもらうことにより、正しい手続きを経て両親の死亡時期や順序といった基本的な事実関係を確定し、遺産調査をして遺産分割協議を行うことができました。遺産調査はさぞ難航したと思われますが、後で新たな遺産が見つかった場合にはまたそのときに協議をすることもできますし、遺産分割協議書の中に「新たな遺産が見つかった場合には、○○が取得する」などと書いてあらかじめ分け方を決めておくこともできます。

まだ学生であった相談者のメンタル面への配慮も含め、本事例は相続診断士と相談者とが適合して笑顔相続を実現できた好例といえるでしょう。

事例4

祭祀承継者を考慮せず、あわやトラブルに

～相続と祭祀承継は別問題

相続診断士・行政書士　竹山　博之

<家　系　図>

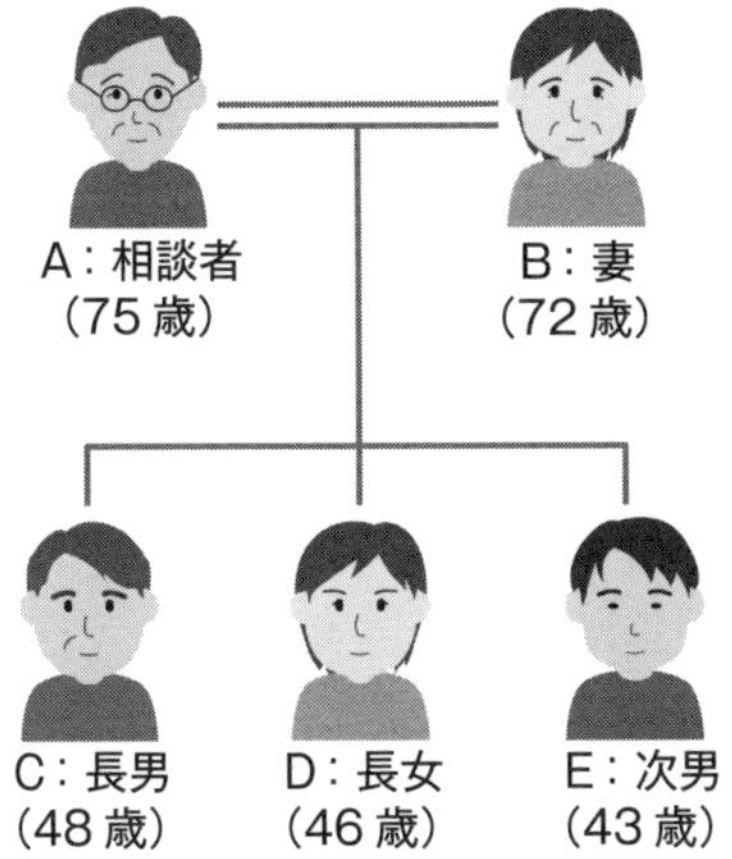

<主な財産状況>

・土地建物	1,000万円
・銀行預金	1,000万円
合計	2,000万円

＊その他、ABの自宅から車で10分の距離に先祖代々の墓がある。

1 家族の状況

相談者A（75歳）には妻B（72歳）との間に、長男C（48歳）、長女D（46歳）、次男E（43歳）がいます。Aは2年前に遺言書を作成したので、相続について問題が生じることはないだろうと安心していました。ところがC・D・Eが3人で会食した際、思いがけない悩みが生じたのです。それはお墓を誰が承継するかという問題でした。長男Cは遠方に住んでいるため、管理もままならないと承継を拒否しています。長女DはA・Bと同じ敷地内に別棟を建てて暮らしており承継に前向きですが、C・Eは姓の異なるDが承継することに反対です。Eは隣の市に住んでいますが、家計が厳しいのでお金のかかりそうなことは引き受けたくないと承継を拒否しています。3人の意見は一向にまとまりません。

そんな事情をDから打ち明けられたAは驚きました。長男が継いでくれるものとばかり考え、遺言書を作成する際にもお墓のことには触れていなかったのです。

2 お墓などの祭祀財産は、相続財産に含まれない

相続財産（土地建物・銀行預金等）を誰にどのように配分するかは、民法882条以下が規定しています。本件事例では、原則として遺言書に従って配分されることになります。一方、祭祀財産（墓地・墓石・仏壇・仏具等）は「相続財産」には含まれず、民法897条の規定に従って承継されます。すなわち、①「被相続人の指定

に従って祖先の祭祀を主宰すべき者」、②被相続人の指定がなければ「慣習に従って祖先の祭祀を主宰すべき者」、③慣習が明らかでない場合は「家庭裁判所が定める」者が祭祀承継者となります。なお相続人の合意によって祭祀承継者を定める場合がありますが、相続人の話し合いがまとまらない場合のことを考えると、遺言書の中で指定しておくことが安全でしょう。

いずれにしても、相続財産の承継と祭祀財産の承継は、別の問題である点に注意が必要です。

この事例の危険度は次のとおりです。

<相続診断結果による危険度>

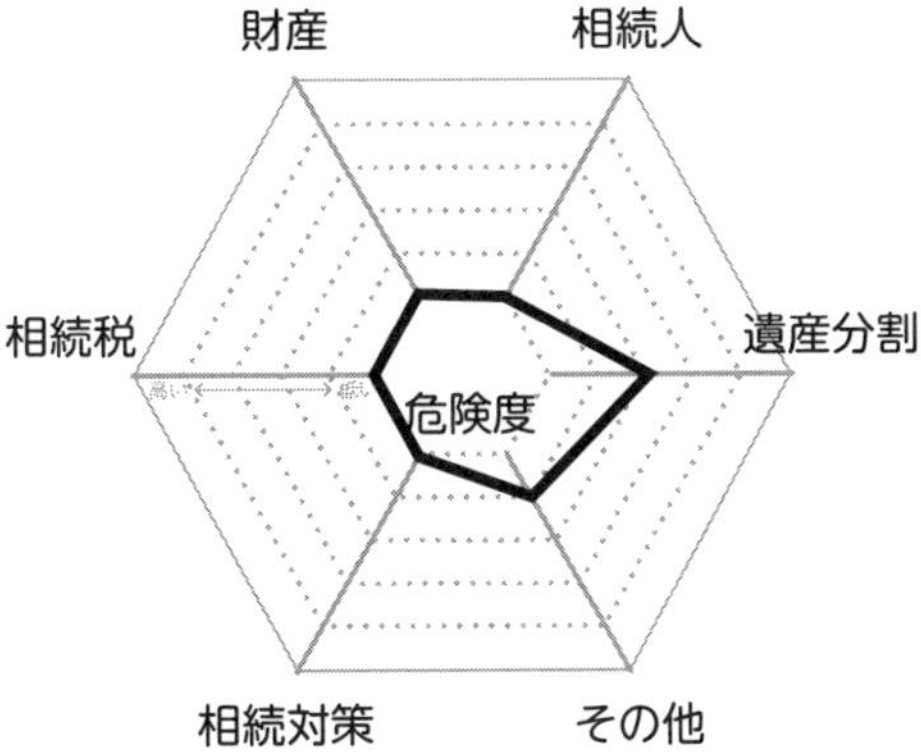

<相続診断結果による緊急度ランク>

●緊急度ランク Ⓐ・B・C・D・E
高い←→低い

相続診断結果をみると、遺産分割協議が進まない可能性が考えられます。

遺産分割と祭祀承継は別問題ですが、実際は祭祀承継者に多く相続させる場合など、遺産分割と祭祀承継を同時に検討しなければならない場合も多いのです。チェックシートで多くの項目に該当していなくても安心できません。小さなきっかけから感情的な軋轢が生まれ、相続手続き全体が止まってしまう危険があることが、本事例からわかります。

③ 変わる価値観

今日では「家」に対する意識の変化に加え、核家族化・少子高齢化・都市部への人口集中など社会環境が変化したことから、お墓に対して多様な価値観を持つ人が増えてきました。納骨堂や樹木葬などの広告を目にすることが多くなったのも、その表れでしょう。いわゆる「墓じまい」にも相応の費用を要する場合があることから、子どもに迷惑をかけないように今のうちに墓じまいをしようと考える人もあるようです。

④ 被相続人が祭祀承継者を指定するには

祭祀承継者を定めるにあたっては、次のような点に注意が必要です。①一般的な相続財産とは異なり、原則として1人の祭祀承継者が単独承継します。共同承継や分割承継を禁じる明文規定はなく、一定の事情のもとでこれらを認めた裁判例もありますが、祭祀を行うという性質上1人が承継することが適当であると解されています。②法律上は、血縁関係がない人も含め誰でも祭祀承継者になることができ、長男長女でなければならないとか、姓が同じでなければならないといった制限はありません。ただし墓地や霊園によっては規約上、使用権を承継できるのは「○親等まで」等の制限が設けられている例がありますから、内縁関係の妻（夫）、遠縁の親戚、親しい友人などを指定したい場合は事前確認が必要です。

5 祭祀承継者に指定されたら拒否できない

祭祀承継者に指定された場合、それを拒否する制度は設けられておらず、拒否できません。財産相続における相続放棄（民法938条）のような制度はないのです。これはあくまで祭祀財産の所有権を祭祀主宰者が承継するという意味であり、祭祀主宰者が祭祀をなす（例えば7回忌を行う）義務を法的に負うわけではありません。また祭祀財産は相続財産とは区別され、承継しても相続税の課税対象にはなりませんから、納税の負担を負うことはありません。そうはいっても後の紛争や不満を避けるためには、熟考の上でふさわしい人に承継してもらうべきであり、本人の明示の意思に反するのは考えものです。

6 祭祀承継者の役割

祭祀承継者の役割は次のようなものがあります。

① お墓の維持管理を行うこと（維持管理費やお布施など、維持管理に必要な費用を支払うことも含まれます）
② 法要を主宰すること（1周忌や3回忌などの年忌法要、盆や彼岸の先祖供養）
③ お墓や遺骨の所有権者として、修繕・移転・処分・遺骨の改葬、いわゆる墓じまいや永代供養を行うこと

7 祭祀承継のトラブルを防ぐには

祭祀承継者を決める場合は「長男だから当然」「ご先祖に申し訳ない」などの従来の価値観にこだわりすぎず柔軟に考え、過度な期待や思い込みを捨てることも必要かもしれません。長年お墓を守っていくのは祭祀承継者ですから、祭祀承継者も含めみんなが幸せになるような承継の仕方が理想的といえるでしょう。

祭祀承継者に指定する人が決まったら、遺言書を作成するにあたり、相続財産の分け方で配慮をすることが考えられます。お墓は維持管理するにも墓じまいするにも費用がかかりますから、それを予定して多めに相続させるということです。近親者が末永く助け合っていけばよいのですが、将来の人間関係がどうなるかはわかりませんし、そもそも兄弟姉妹であるからといって祭祀に協力したり費用を分担したりする義務は、少なくとも法的にはありません。本件事例でいえば、例えばEが祭祀承継者になったとして、C・Dと不仲であれば、C・Dは年回忌に出席せず、墓じまいをするにも協力せず、Eに負担が偏ることもないとはいえないのです。

なお仮に被相続人が祭祀承継者を指定せずに亡くなった場合、祭祀承継者が祭祀を主宰するに費用を要するからといって、他の相続人よりも相続分を多く得ることは当然にはできません。先に述べたように相続と祭祀財産の承継は別問題だからです。遺産分割協議において祭祀承継者が多めに相続することに他の相続人が同意すればよいのですが、同意が得られるとは限りません。遺言書で祭祀承継者に多めに相続させるなどの配慮をしておくことが、安心でスムーズな祭祀承継につながるでしょう。

⑧ 遺言書で祭祀承継者に配慮して解決

その後Aは遺言書を書き直し、祭祀承継者としてEを指定する一方、Eに多く相続させることで解決しました。付言事項にはそのようにした理由や各相続人への思いをしたため、円満に相続と祭祀承継が行われるよう配慮しました。

☺笑顔相続のカギ

「お墓や仏壇の承継は相続とはまた別の問題である」ということは、知っている人のほうが少ないかもしれません。しかし、相続のような一過性の出来事とは違い、墓等の祭祀財産の承継は日々の供養という継続的な事柄であり、相続そのものよりもその家族にとって重大な問題となる場合もあるものです。

本事例では、3人の子どもたちが、①遠方であり墓守ができない、②結婚して姓が変わったことで兄弟に反対されている、③お墓の管理費用が払えない、など各人各様の理由で墓の承継には消極的な態度を示しています。

最終的には、③のような事情のある次男に多めに遺産を相続させつつ、墓を承継してもらうことになりました。このような解決ができたのも、まだ親が元気で話し合いや遺言書作成が可能だったためです。生前対策の大切さを改めて考えさせられる事例でした。

事例5

仲良し家族に起こった争族

～円満に見える遺産分割協議で留意すべきこととは

上級相続診断士・行政書士　高橋　正芳

<家　系　図>

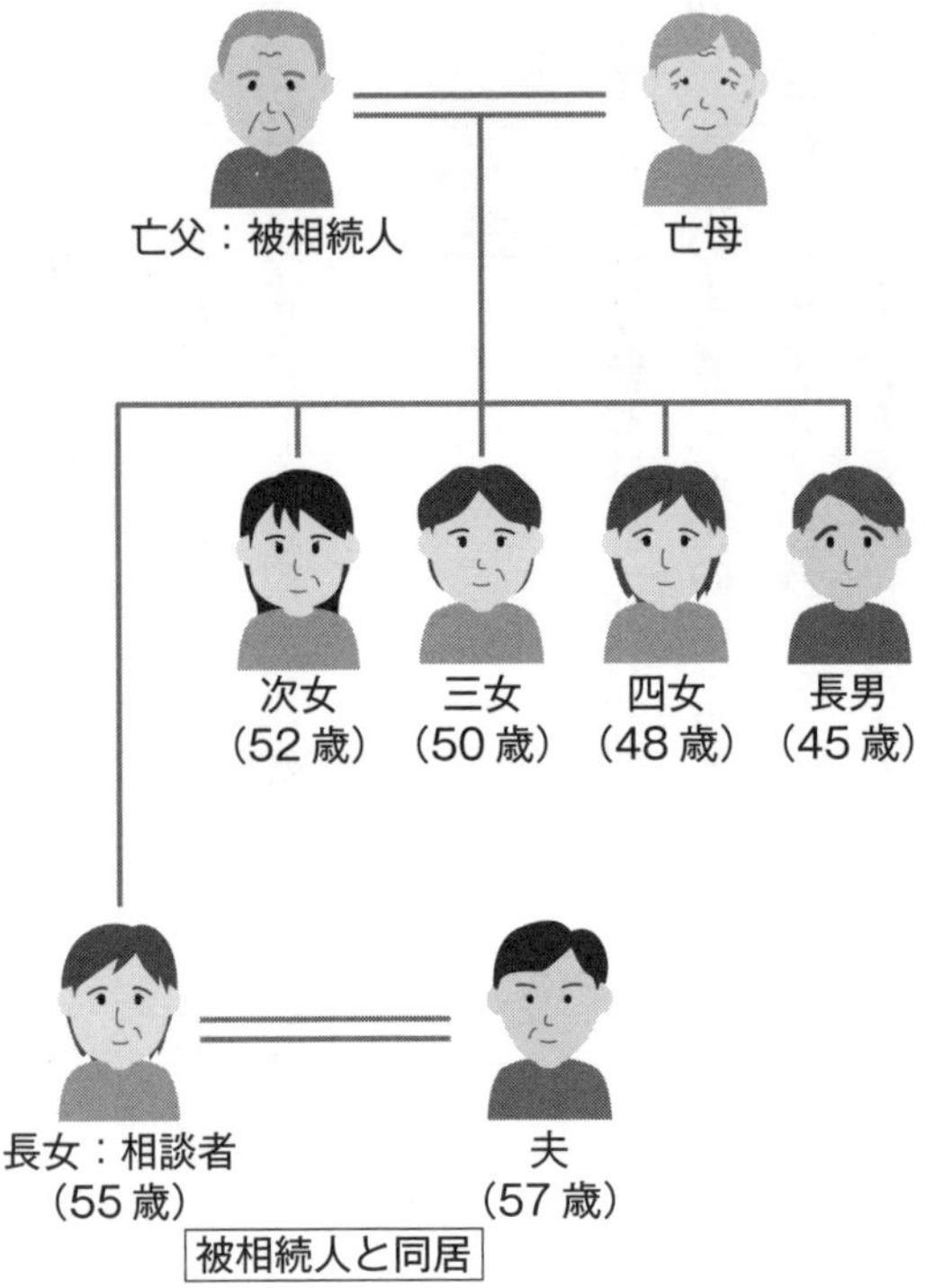

<主な財産状況>

・自宅	1,500万円
・駐車場・貸地	2,000万円
・現預金	3,000万円
合　計	6,500万円

1 家族・財産等の状況

相談者は長女。被相続人は父。遺言書はありません。父の遺産は、預金の他、先祖代々続く土地。この土地は、駐車場、貸宅地として賃料収入があるほか、広大な山林もあります。

父は生前、すべての財産を跡取りである長女に引き継いでほしいと言っていました。長女は結婚後、父の期待どおり、この家の跡取りとして父と同居しています。

家族関係はとても良好で、お盆はきょうだい家族全員で集まるのが当たり前。きょうだいの子どもたちも大勢集まり賑やかなお盆を過ごすのが、この家族の当たり前の風景でした。居間には、きょうだいの家族全員で仲良く写る写真も飾られており、良好な家族関係がうかがえます。

長女は跡取りとして、父の介護も献身的に行い、父の最期を見送りました。長女の話によると相続については、父の納骨の時にきょうだい全員で話し合った結果、長女がすべての財産を引き継ぐことで同意してくれたとのこと。その後の銀行口座の解約手続きにおいても、きょうだい全員の実印・印鑑登録証明書も取り揃えており、手続きは完了していました。預金以外の不動産相続については、筆者が業務を受任したのでした。

2 このケースにおける問題点

父は、いわゆる「家督相続」の考え方を持っていました。先祖から引き継いだ財産は、実家を引き継ぐ子にすべて相続させることを当然だと思ってきたのです。このため、父は遺言書を残すこともありませんでした。長女も、父の意思を引き継ぐため、父と暮らしてきました。生前の父の考えはきょうだいたちも聞いていたので、相続の話し合いの場面では全員が同意していました。その事例の危険度は次のとおりです。

＜相続診断結果による危険度＞

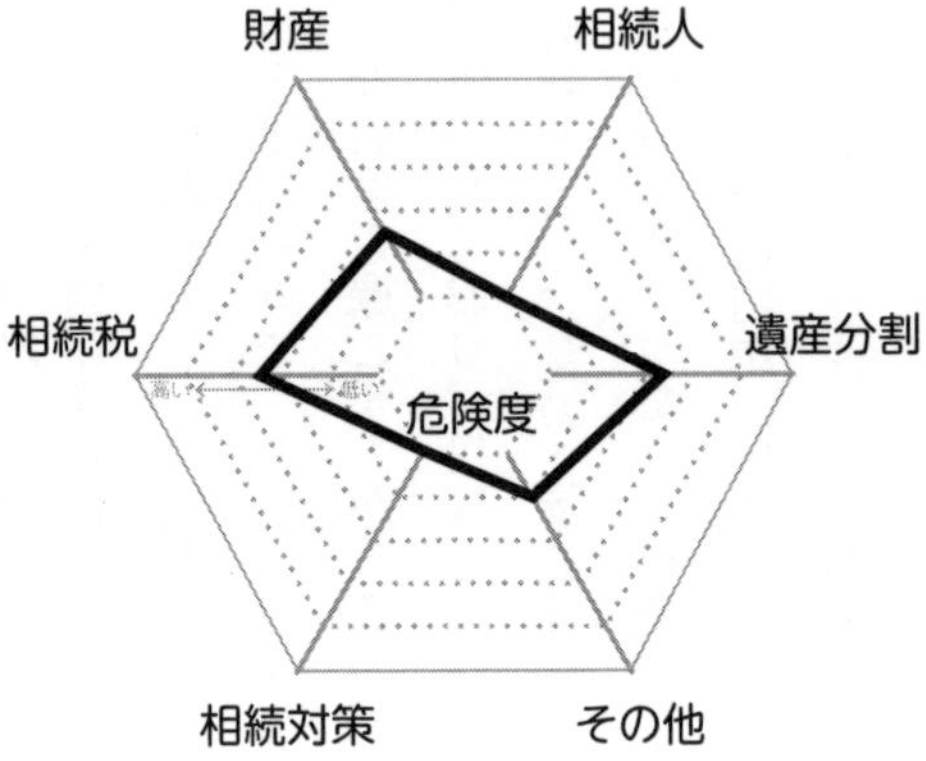

＜相続診断結果による緊急度ランク＞

●緊急度ランクⒶ・B・C・D・E
高い←→低い

相続診断結果をみると、

1　相続人が多いため、遺産分割方法に注意が必要

2　分けにくい財産（不動産）が遺産の半分を占めているため、分割方法に注意が必要

3　相続税が課税される可能性がある

4　親の介護貢献度合いの解釈の違いによってはもめる可能性がある

このため、父は生前、遺産分割の方法を決めておくことが重要となります。つまり、生前に遺言書を準備することが必要です。

ここでの問題は、きょうだい全員の話し合いでは同意しているように見えたのですが、腹の中では不満を抱えているきょうだいがいたことです。財産の話題についてきょうだい全員の前では、反対しにくいものです。財産が欲しいから反対している、と思われたくないという考えの人も多いと思います。腹の中の不満を、一部の相続人に話をすると、同じように不満を抱えていた相続人も賛同して、一緒に動き出すものです。

さらに、きょうだいの配偶者の存在もあります。きょうだい仲は良いかもしれませんが、配偶者は違う考えを持っている場合があります。きょうだいよりも配偶者の意見を重視する人も多くいることでしょう。

また、不動産以外の預金も分割するのに十分な金額があったにもかかわらず、きょうだいへの配慮なく長女がすべてを相続することも、問題が生じる可能性をはらんでいます。

③ 対応策とその結果

筆者は依頼者である長女から、すべての遺産を長女が相続する旨の遺産分割協議書の作成依頼を受任しました。長女からは、きょうだい仲の良いこと、きょうだい全員で同意がとれていること、そして何より、きょうだい全員から印鑑登録証明書が集まっており銀行口座の解約手続きも完了していることから、筆者は相続人全員の同意があるものと認識していました。

最初は、「すべての財産を、長女が相続する」という協議書を作成。協議書を長女へお渡しし、相続人全員へ郵送をしてもらいました。ところが三女の夫から「別に財産が欲しいわけではないのだが、この協議書の書き方はおかしい。財産の内容を明記すべきだ」と言ってきたのです。聞くところによると、三女の夫は不動産関連の会社に勤めており、相続についても詳しいとのこと。

筆者は「書き方に問題はないはずだが……」と思いながらも、希望どおり財産内容を明記した協議書を作成。作り直した協議書を長女へお渡しし、相続人へ郵送してもらいました。

しばらくすると、長男からは押印された協議書が返ってきたのですが、その他の相続人からは返ってきません。

その後しばらくしてから、長女宛に弁護士名で内容証明郵便が送られてきました。その依頼者は「次女・三女・四女」、内容は「法定相続分に応じた相続を主張する」というものでした。

驚いた長女は、次女らに電話しましたが、次女らに電話が通じることはありませんでした。後日、次女ら3人の代理人弁護士が長女宅を訪問し、次女らから依頼を受けた経緯を教えてくれました。分割するお金があるにもかかわらず長女がすべてを相続することの不満、長女が一方的に分割方法を主張されたことへの不満を口にしていたらしいのです。弁護士は次女らに「このような主張をした場合、きょうだい関係が壊れるがよいのか?」と聞いたところ、次女らは「それでいい」と言ったとのことでした。長女は「そんな不満があるなら、何で言ってくれなかったの? 私も遺産が欲しいからではなく、父の意思を通してあげたいと思っただけなのに……」と悔しがっていました。

長女は、次女らの主張を聞き入れました。分割方法は、現預金3000万円を次女・三女・四女が1000万円ずつ相続、長女はすべての不動産を相続、長男は現金100万円を相続する内容で決着をしたのでした。長男は、「俺は親父の言っていたとおり、姉ちゃんが全部を相続することに同意していたから、この100万円も姉ちゃんがもらってほしい」と言っていたため、長男は財産を相続することはありませんでした。

筆者が不動産の相続手続きが終わり長女宅へ出向いた時、長女は「次女たちには、二度とこの家の敷居をまたがせない！　お父さんのお墓にもお参りすることを許さない」と怒り心頭でした。家族60年の歴史が、一瞬で壊れた瞬間でした。

4　むすび

現代においても、家督相続的な考えで遺産を特定の子どもに相続させようとする人がいます。これは個人の考えとして尊重すべきですが、同時に相続人側の考えも尊重すべきなのは言うまでもありません。今回のケースに遺言書は残されていませんでした。もし仮に「すべての遺産を長女へ相続させる」旨の遺言書が残されていたとしても、同じ結果になる可能性が高いと思われます。つまり、きょうだいらは長女に対し遺留分侵害額の請求をして、自分たちの取り分を請求したのではないでしょうか。

父の考えは、財産を散逸させることなく長女に引き継いでほしい、ということでした。もしそうであったとしても、他のきょうだいたちにも財産の一部を相続させるという配慮が必要なのではないでしょうか。その配慮が見えることで、きょうだいらの考えも変わってくるものですし、納得感も変わってくるものです。

次女らは、長女の主張する相続方法にいったんは同意しており、銀行預金の解約まではすべてできていました。この事実だけを見ると、次女らが同意しているものと思われるのですが、実は違ったのです。

きょうだい5人の話し合いの場面では同意していたものの、腹の中では違う意見を持っていたのです。「口と腹とは違う」という言葉があるように、言っていることがその人の本音であるとは限らないものです。全員の前だけではなく、個別的に話をして、不満はないか、他の考えはないかを聞くことは必要だったかもしれません。

また、相続の当事者だけではなく、その配偶者の存在もあります。相続人にとって配偶者の意見は無視できない場合が多いものと思います。今回は三女の夫が漏らした小さな不満が発端となり、他のきょうだいにも伝播して争族へ発展しました。きょうだい仲が良くても、配偶者の意見はとても強いものなのです。

親が築いた財産が原因で、家族が争いを起こす。親にとってこれほど悲しいことはありません。家族全員が納得感ある相続をするためには、親の考え・思いだけではなく、家族の考えにも耳を傾ける必要があるのではないでしょうか。

☺笑顔相続のカギ

よく「口約束ではなく、合意した内容は書面に書いて残しておいたほうがよい」といわれますが、このことは家族の間でも当てはまります。もちろん「武士に二言はない」というタイプの人もいますが、本事例のように、裏表があったり、気が変わりやすかったり、他の人の影響を受けやすかったりして、いったん言ったことを翻すタイプの人もいます。普段はそういうタイプではなくても、インターネットで法的権利についての知識を得たり、家族や友人から助言をもらったりしたことがきっかけで一変することもよくあるので、注意が必要です。

本事例のような「財産をもらえない相続人の不満」については、被相続人や「財産をもらえる相続人」からはどうしても見えにくい部分になりますので、生前によく家族で話し合って各人の本音を引き出し、遺言書を書いておくことがお勧めです。

事例６

転ばぬ先の遺言書

～家族円満であっても対策は必要

相続診断士・弁護士　國安　耕太

＜家　系　図＞

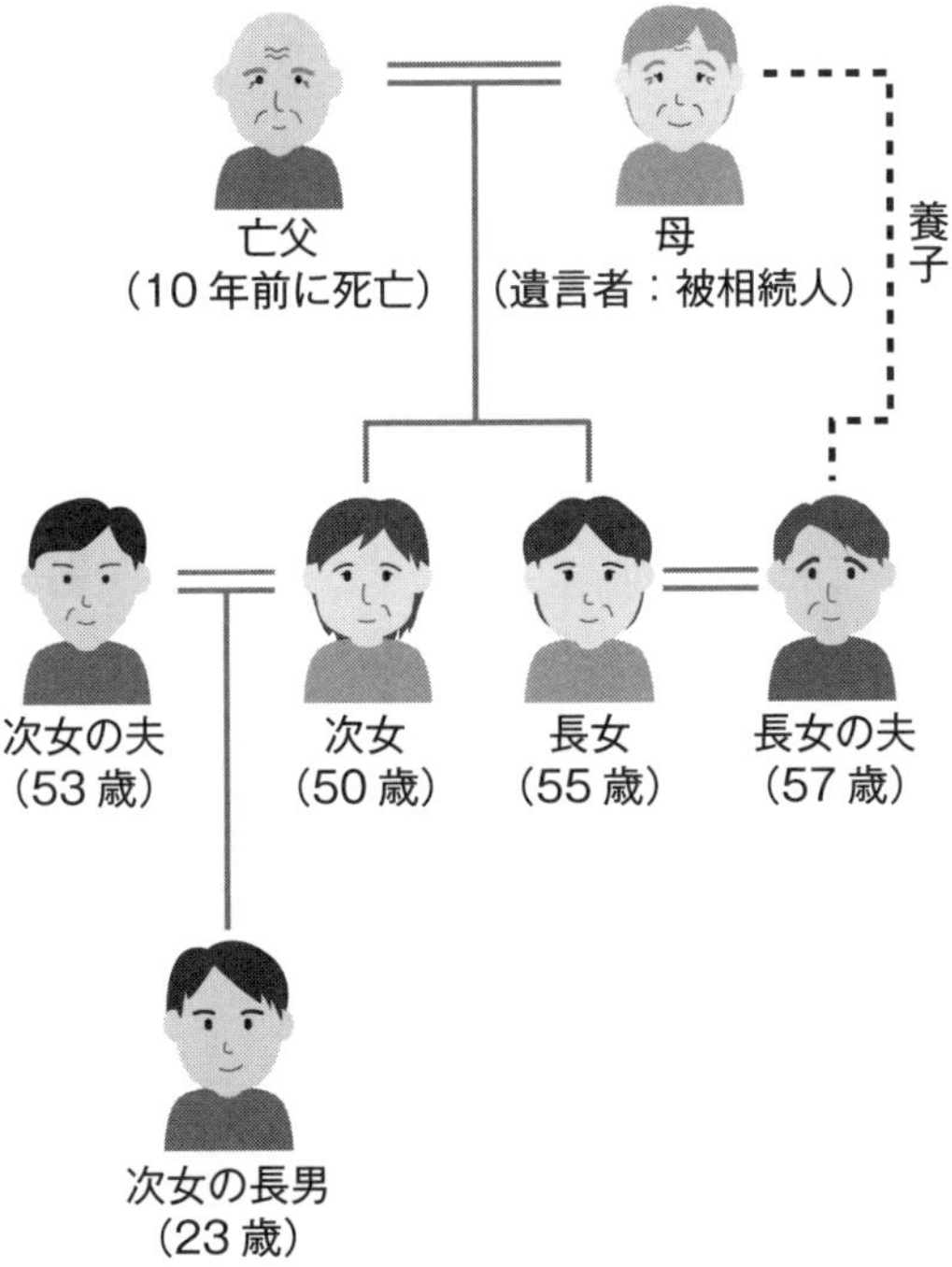

＜主な財産状況＞

・不動産（マンション１室、賃借人あり）	1,500万円
・現預金	7,000万円
・有価証券	2,500万円
合　計	１億1,000万円

① 公正証書作成の経緯および内容

相談者（遺言者：被相続人）の夫の遺産分割をお手伝いした縁で、相談者から、自身の相続に関する相談を受けることになりました。夫の遺産分割の際は、基本的には、全財産を相談者が相続するとのことでしたので、その旨の遺産分割を行い、円満に終了しました。

家族の関係も円満で、相談者と長女・次女の2人は非常に仲が良く、また、養子である長女の夫と相談者や次女との親戚関係も特段問題はありませんでした。

ただ、長女の夫が養子となって、家を継いでいたことから、自身の相続の際に、次女に財産がきちんと渡されないのではないかということを心配されていました。

もちろん、法律上、次女には相続権がありますので、理屈上は、財産が渡されないということはありません。特に、相談者の希望は、「すべての財産を3等分してほしい」とのことでしたので、法定相続そのものです。

しかし、現在でも、一部では長子相続の慣行が残っており、法律の規定はどうあれ、他の相続人に対し、相続放棄を迫るといった事例は枚挙に暇がありません。相談者も、このような事例を耳にされていたようで、確実に次女に財産が渡されるようにしたいとの要望でした。

そこで、公正証書遺言を作成することにし、弁護士を遺言執行者とすることにしました（遺言執行者として当職を指名し、当職の職務執行が不能な場合は、他の弁護士を指定する権利を長女に付与しました）。

もちろん、遺言執行者は遺言どおりに執行する義務を負いますから、弁護士等の専門職以外を遺言執行者とすることも可能です。しかし、弁護士等の専門職と異なり、一般の人は必ずしも法律に明るいわけではなく、紛争が生じた場合等不測の事態が生じたときに対応できない可能性があります。

金銭的に余裕があり、要望を確実に叶えるとともに、不測の事態が生じたときに対応がしやすいようにするのであれば、専門職を遺言執行者とすることが望ましいでしょう。

さて、実際に作成した公正証書遺言ですが、「すべての財産を現金に換価のうえ、養子を含めた子ども3人で、3等分」するという内容になりました。もともとのお話では、「すべての財産を3等分してほしい」とのことでしたが、不動産の共有関係でもめている事案はとても多いです。不動産の共有関係が残ってしまうと、後々トラブルの種になりかねません。他方で、賃借人がいる不動産を売却しようとすると、本来の価値よりも値段が下がってしまうかもしれません。

このような内容をざっくばらんにお伝えしたところ、「多少資産価値が下がっても、それでトラブルが避けられるのであれば、それを優先したい」とのことで、上記のとおり処理することになりました。

また、付言として、なぜこのような内容の遺言になったのかについて、相談者自身の気持ちを残してもらうことにしました。

具体的な内容をお伝えすることはできませんが、①所有する財産が、亡夫との夫婦共同生活の中で築きあげたものであること、②亡夫および相談者が、家族の円満を誰よりも願い、長女および次女に対し、いつなんどきでも公平に取り扱い、必要に応じ援助してきたこと、③相続に関して争うことなく、いつまでも仲良く幸せに暮らしてほしいこと等を、詳細かつ丁寧に述べられていたのが印象的です。

その後、公証役場に行き、公正証書を作成し、いったん業務は終了しました。
この事例の危険度は次のとおりです。

＜相続診断結果による危険度＞

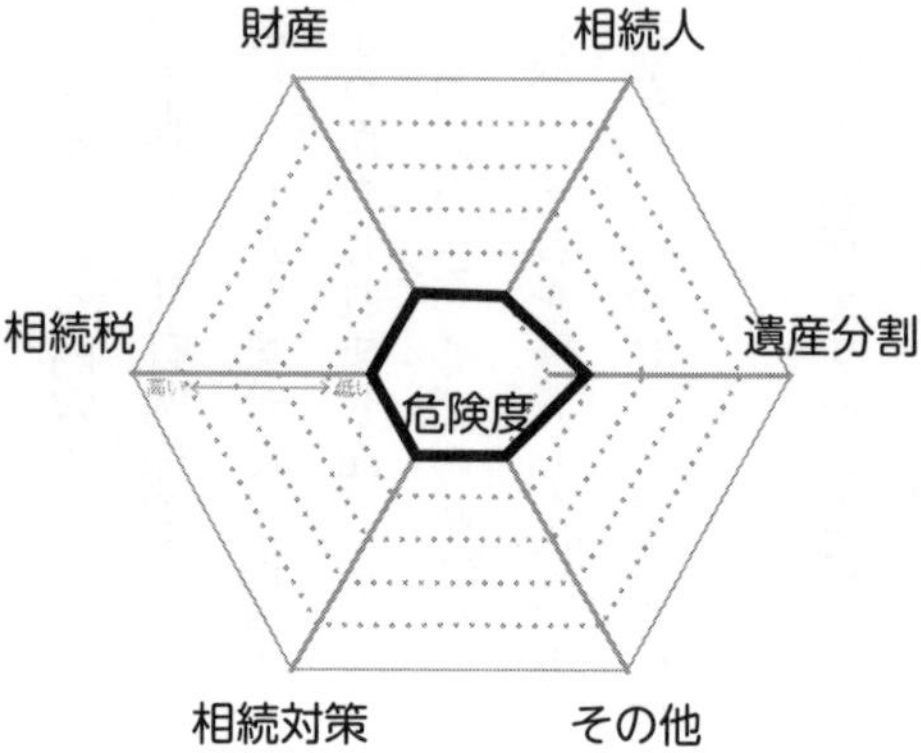

＜相続診断結果による緊急度ランク＞

●緊急度ランク A・Ⓑ・C・D・E
高い←→低い

相続診断結果をみると、相談者の希望が法定相続そのものであったこともあり、いずれの危険度も高くはありませんでした。

しかし、相談者が安心かつ憂いなく老後を過ごすためには、遺言書を早期に作成しておく必要がありました。

その意味では、ヒアリングの重要性を痛感するとともに、緊急性は高かった事案であったといえます。

2 遺言の執行

数年後、相談者が亡くなったとの連絡があり、遺言執行に着手することにしました。

相続人である、長女、長女の夫、次女に遺言執行者就任の通知を送ったところ、遺言書の存在を知らなかったようで、大変驚いていました。ただ、遺言書の内容が、純粋に3等分となっており、平等であったことと、相談者の夫の遺産分割の際にお会いしていたこともあり、相談者の預金通帳等の引継ぎもスムーズに行うことができました。このあたりは、まったく面識のない相続人を相手に、不平等な遺言の執行をしようとする場合と比べて、恵まれていました。

引継ぎ後、遺産の調査に着手し、遺産の内容を確認したところ、①預金が2000万円ほど減少するとともに、②マンションの賃借人が、第三者から孫に代わっていました。

このため、次女から、マンションを単独で相続し、預金と有価証券を換価した金額で調整してほしいとの要望がありました。他方、長女の夫は、預金や不動産よりも、有価証券がほしいとのことでした。

そこで、一部遺言とは異なる、相続人の意向を踏まえた遺産分割をすることになりました。

「遺言があるのに、遺言と異なる遺産分割協議ができるの?」と疑問に思うかもしれませんが、実務上、①遺言者が遺産分割を禁止していないこと、②相続人全員が遺言の内容を知ったうえで合意すること、という要件を満たしていれば、遺言と異なる遺産分割も可能と考えられています。ただし、受遺者や遺言執行者がいる場合は、これらの同意も必要です。

この事例では、いずれの要件も満たしていますので、長女は金銭のみ約3000万円、長女の夫は有価証券約2500万円+金銭500万円、次女は不動産1500万円+金銭1500万円との内容で無事遺産分割を行うことができました。

③ おわりに

上記のとおり、この事例では、公正証書遺言が作成されていましたが、結果的には遺産分割を行ったうえで、笑顔相続となりました。相続に関して争うことなく、いつまでも仲良く幸せに暮らしてほしいとの相談者の思いを実現できる、良い相続であったといえます。このような結果になった要因は、相続人同士の仲が良く、話し合いをしやすい状況にあったこと、遺言執行者と相続人の面識があり、遺言執行者に相談しやすい状況にあったことにあります。また、遺言書で、遺産は3等分とされ、分割の指標がしっかり示されており、各相続人が平等に取り扱われていたことも大きかったです。たとえ相続人同士の仲が良かったとしても、指標がなければ話し合い自体がしにくくなってしまいますし、不平等があれば、表面上はどうあれ、不満は残るからです。

そして何よりも、相談者が、遺言書を作成すると決断し、実行したことがもっとも重要なポイントでした。

家族の関係も円満で、相談者と長女・次女の2人は非常に仲が良く、また、養子である長女の夫と相談者や次女との親戚関係も特段問題はなかったのですから、「ウチは大丈夫」といって、対策を取らないということも十分考えられました。実際、そのように考えて、何らの対策も取らず、結果、相続が発生した段になって争いが生じ、弁護士や裁判所に協力を求めるという事例は後を絶ちません。

たとえ大丈夫と思っており、実際に大丈夫であったとしても、遺言書があることで、余計な手間が省けますし、話し合いの指標にもなりますから、遺言書の作成は決して無駄にはなりません。

相続人に余計な手間をかけさせない、話し合いの指標を示す、という観点から、ぜひみなさまもきちんと遺言書を作成しておいてください。

※　なお、遺言書と異なる内容の遺産分割協議を行った場合、遺言執行者の権限が一部制限される場合があります。たとえば、不動産の登記変更手続きの場合、遺言書のとおりであれば、遺言執行者が自己の名義かつ単独で手続きを行うことができます。しかし、遺言書と異なる内容の遺産分割協議を行った場合、不動産の登記変更手続きは、遺言の執行ではなく、遺産分割協議に基づくものになるため、遺言執行者が自己の名義かつ単独で手続きを行うことは難しいでしょう。

☺笑顔相続のカギ

遺言書の作成を勧めると「うちは家族みんな仲が良いから必要ない」という言葉が返ってくることがよくあります。それでも、仲の良い家族が相続をきっかけにもめる事例を目の当たりにしてきた弁護士などの相続の専門家からみれば、「いやいや、念のために遺言書を作っておいたほうがいいですよ。何が起こるかわかりませんから……」とアドバイスしたくなるものです。

本事例では、客観的には円満な家族ですが、遺言者のリスク回避に関する意識が高く、弁護士に依頼して法定相続分どおりの遺言書の作成や、不動産の換価を含む遺言執行をしてもらいました。

結果としては、相続人全員で話し合って遺言書とは異なる遺産分割協議を行ったのですが、その際にも弁護士が関与して正しい手続きを取り、姉妹やその家族が仲の良いままで相続を乗り越えることができました。まさに「笑顔相続」のお手本のような一事例です。

事例7

親が元気なうちの家族会議の大切さ

～親の財産、介護のリスクなどを家族全員で把握

相続診断士・司法書士・行政書士　菅井　之央

＜家　系　図＞

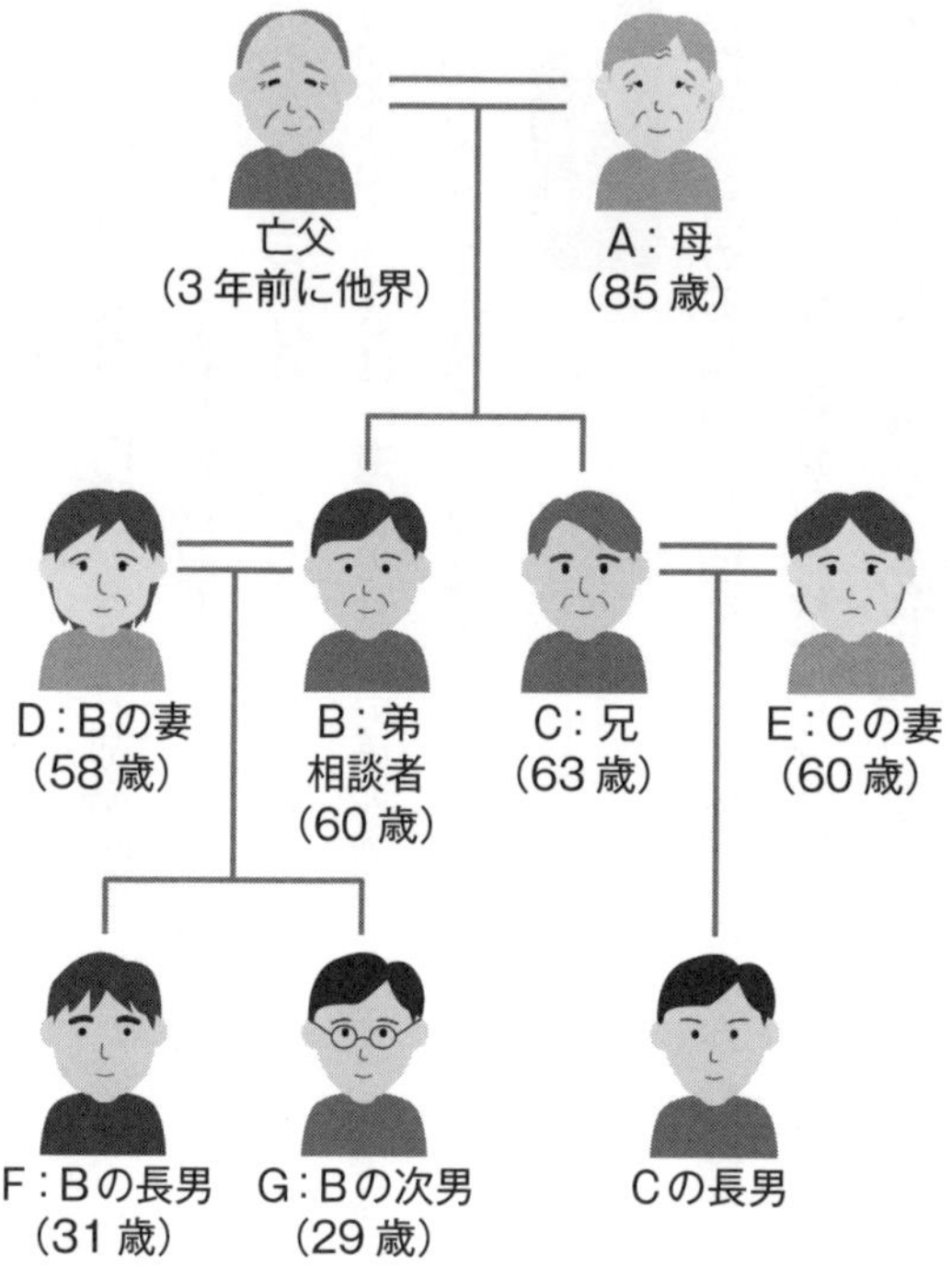

＜主な財産状況＞

・不動産甲（自宅）　1,800万円

・不動産乙（Bの長男宅）
1,100万円

・預貯金・現金　1,500万円

合　計　4,400万円

＊実際は持分2分の1だったため不動産の評価は上記の半分となる

1 家族・財産等の状況

相談者は弟B。父は3年前に他界。母A、兄C、妻D、Bの長男F、Bの次男Gの家族構成です。母Aの相続についての相談でした。弟Bは母と不動産甲に同居しており、妻Dとは別居中。長男F、次男Gはそれぞれ結婚して家を出ていっています。半年ほど前に母が倒れて、今は回復しているが母の相続について兄Cと何も決めておらず、兄Cは遠方に住んでおり、弟Bは心配になって筆者の事務所を訪れました。弟Bから聞き取った財産状況は前記のとおりです。

2 弟Bの悩み

母Aと兄Cは、どちらかといえば自分たちの相続は大丈夫という考えのようでした。しかし弟Bは少し危機感を持っていました。弟Bは、母に相続が起こったら、財産の分け方を決めておらず、弟Bの住む場所、弟Bの長男夫婦の住む場所を心配しています（弟Bの長男夫婦は母名義の不動産に居住中とのこと）。さらに自分の今後の生活も心配です。現在仕事をしているが、コロナ禍でいつ仕事がなくなるか不安で、年金もそれほど見込めず、将来の生活も不安です。母の介護も今後弟Bが1人でやっていくことになります。兄Cとは最近疎遠で、昔から意見が合わないことがよくあったとのことです。

この事例の危険度は次のとおりです。

＜相続診断結果による危険度＞

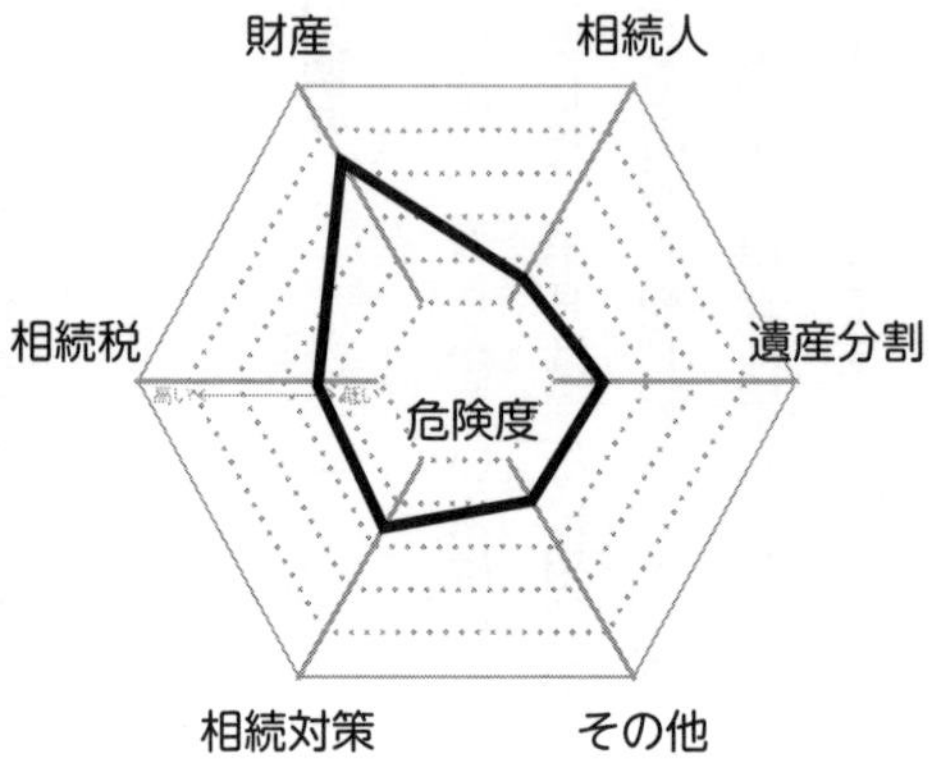

＜相続診断結果による緊急度ランク＞

●緊急度ランクⒶ・B・C・D・E
高い←→低い

相続診断結果をみると、親の介護貢献度合いをめぐり争族に発展する可能性や、財産に不動産が多いので、誰がどの不動産をどのような割合で相続するのかなどの分割の話し合いが困難になる可能性があります。

また、弟Bの長男夫婦が母名義の不動産に居住していることや、相続に関する相続人間の考え方の違いも、分割の話し合いを困難にする可能性があります。

3 今回のケースの問題点

今回のケースでの問題点は大きく分けて3つあります。

① 母Aと兄Cは自分の家の相続は大丈夫という考え

② 家族間で相続についての話し合い、介護についての話し合いを全くしていない

③ 相続財産に関して正確に把握できていない

まずは①、②についてですが、実際筆者が母Aと兄Cと直接話をした時に、このような印象を持ちました。もちろん、それぞれの考えや想いはあったでしょう。しかし、弟Bは大きな悩みを抱えており、それに母Aが気づいておらず、いつかそれが爆発してしまい大変なことになってしまうのでは、ということと、兄Cは弟Bに寄り添おうとしない点に懸念がありました。

次に③についてです。実際筆者が依頼を受けてから、相続財産について調査したところ、不動産甲・乙は亡父と母Aとの共有名義のままでした。弟Bや母A、兄Cは、ある人が亡くなり相続が開始すると自動的に名義が変わるものだと思っていたのです。

母Aが亡くなった時に、父の相続の手続きも並行して行わないといけません。1人の相続手続きだけでもかなり労力を要するのに、それをおそらく弟Bがすべてやっていかなければならないのです。

筆者の経験から、相続のときにかなり困るのは亡くなった人に借金があるかどうかわからないことです。預貯金は銀行の通帳等を見ればおおよそわかりますが、借金については手がかりが少なく、かなりリスクの高い相続財産になります。したがって、今回のケースでは借金はないとのことでしたが、親の生前に相続財産を整理しておくことはかなり重要なことです。

4 対応策とその結果

今回筆者が取った対応策で提案したこととしては、筆者を含め家族会議をするということでした。ただし、筆者は専門的な立場から、あくまでも聞かれたことについて、相続の実務上のことを回答したり、本人たちが気づけていないことを伝えたりする役目で、本人たちが主体となって話し合いをしてもらいました。

最初の3回ぐらいは、母は家族会議に参加するのを拒んでおり、子どもたちと筆者だけの家族会議でした。しかし、家族会議は被相続人である親が立ち会うことに意味があると思い、最後には母にも参加してもらいました。家族会議の途中で、母が涙をぼろぼろ流して泣くというシーンもありましたが、弟Bは話し合いを終え、一定の方向性が決まると非常に安心した表情になっていました。家族会議の中で、遺言書と任意後見契約を作成することになりました。

任意後見契約とは、簡単にいうと母に万一のことがあったときの財産の管理者を決めておくことができるものです。母が認知症などになると銀行の預貯金の管理ができなくなり、預貯金を引き出したりすることが困難になります。預貯金等は原則本人でないとお金の出し入れができないものだからです。任意後見契約の中で、契約の当事者が話し合って、家族など自分の好きな人に管理を任せられるもので、今回のケースでは弟Bに財産の管理を任せたいとの母Aからの要望があったので、ピッタリの制度だと思いました。任意後見契約書の詳しい記載例に関しては今回は割愛します。

次に遺言書の内容を簡単に説明します。今回のケースでは、不動産甲はすべて兄Cが相続し、不動産乙は弟B

が相続するという内容にしました。そして、父名義になっていたそれぞれの不動産の持分も相続登記を行い、名義を変えました。不動産甲の父名義の持分はすべて兄Cの名義とし、不動産乙の父名義の持分はすべて弟Bの名義としました。遺言書には全財産を書かないといけないという決まりは特にないので、預貯金や現金等その他の財産に関しては、今回は話し合いの結果、遺言書にはあえて記載しませんでした。

遺言書の書式例を、以下に簡単に記載しておきます。

第1条　遺言者は、遺言者が所有する次の不動産甲を遺言者の長男・○○に相続させる。
第2条　遺言者は、遺言者が所有する次の不動産乙を遺言者の次男・○○に相続させる。
第3条　遺言者は、本遺言の遺言執行者として、前記次男・○○を指定する。
　上記遺言執行者に次の権限を付与する。
1　不動産、預貯金、信託受益権、株式公社債、その他の債権、その他の資産の名義変更及び換価換金処分
2　貸金庫の開扉、解約
なお、遺言執行者は本遺言の執行に関し、これを代理人に行わせることができる。

5 むすび

今回は、遺言書と任意後見契約書を公正証書にすることに決まりましたが、家族会議をして将来のリスクを承知の上で何も法的書類を作らないという選択肢も間違いではありません。家族会議をすることが一番大切だからです。法的書類を作るかどうかは、家族会議の次の課題なのです。

「自分の家は財産が少ないから大丈夫、兄弟皆仲が良いから大丈夫」ということをよく耳にしますが、そのような家庭は本当に何もする必要がないのか、もう一度自身の家庭に置き換えてよく考えてほしいものです。親の財産を正確に把握していますか。親の預貯金が引き出せなくなったら困りませんか。親の介護のことを決めていますか。自分たちだけで家族会議をして決められなかったら、専門家を頼るというのも一つの方法です。

☺笑顔相続のカギ

相続に対する認識は、同じ家族とはいえ、さまざまです。我が家は何も問題ないと楽観する人もいれば、色々な思いを抱えて不安に苛まれる人もいます。そして、こうした認識の違いは、相続対策を行う際には、家族の足並みを一度揃えておく必要があります。足並みが揃わない状態では、効果的な対策、スピード感のある対策は実現しませんし、対策に要する費用面においても、家族の了解は必要でしょう。

文中で筆者も述べているように、大事なのは、何かしらの対策を行うことではなく、家族会議等を通じて、あらかじめ相続に対する家族の認識を一致させておくことにあります。

第2章

想いをかなえる遺言書

事例8

相続対策としてまず必要なこと

～今の状況を知る

関西相続診断士会 会長
藤井 利江子

＜家　系　図＞

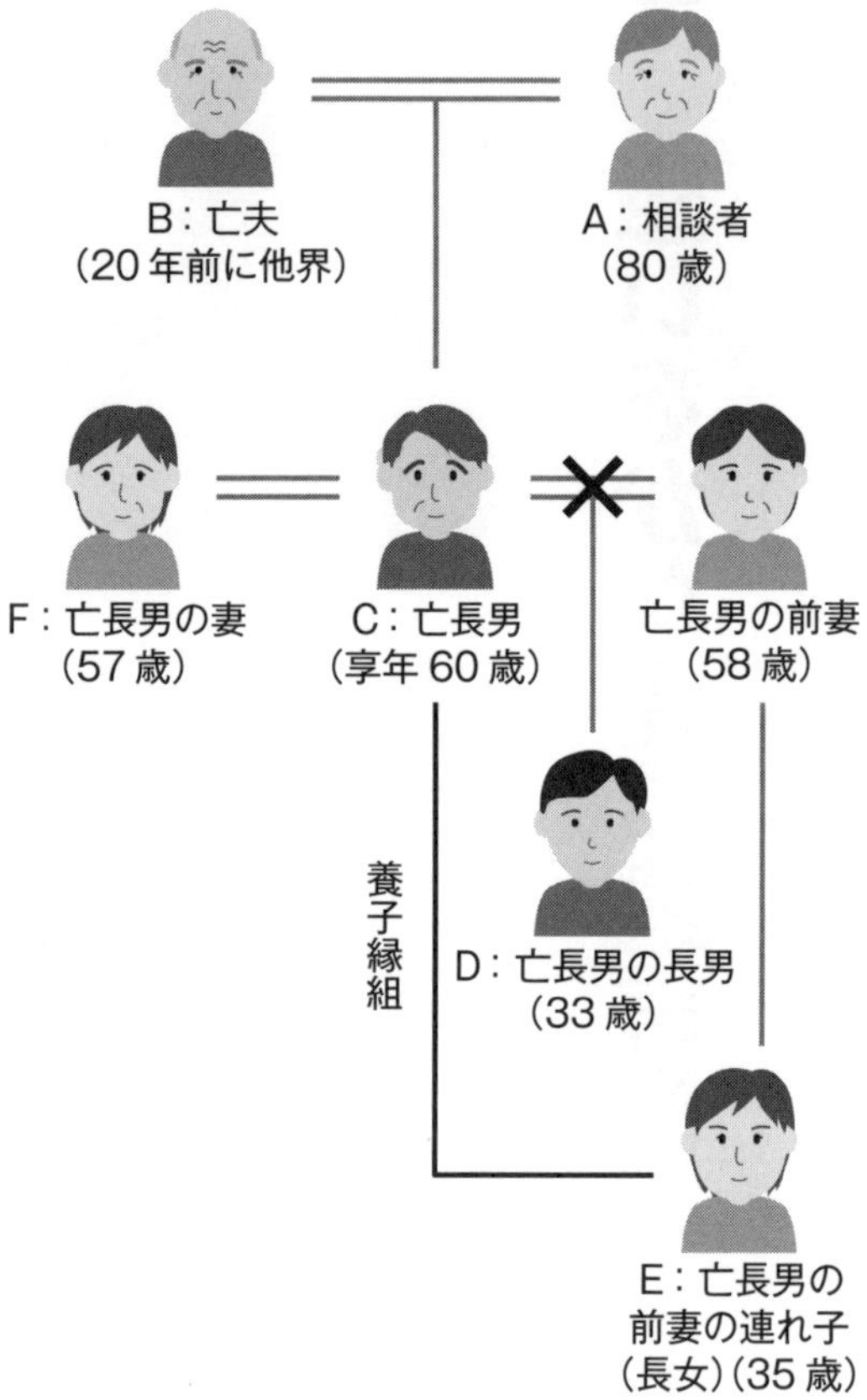

＜主な財産状況＞

・預貯金	3,000万円
・保険	200万円
合　計	3,200万円

・相続対策において、ご自身が亡くなったと仮定したときの相続人は何人で誰なのか。
・現在の財産状況はどういうものなのか。

この2点がはっきりわからないと、間違った相続対策をしてしまう可能性があります。漠然と相続税や争いを避けるための対策を心配するよりも、先に「現状把握」することから始めましょう。

1 私が亡くなった時の相続人は誰？

相談者Aさん（80歳）は、金融機関で行った相続相談会に来られました。相談内容は、息子Cさんが昨年亡くなり、「息子の嫁Fには私の財産を渡したくない」「財産は、孫のDさんに全部渡したい」「遺言書を書いたので内容を見てほしい」ということでした。

お話を伺うと、ご主人を20年前に亡くし今はAさん1人で生活をしているとのこと。

Aさんの家族関係を整理すると、Aさん、Aさんのご主人Bさん（20年前に他界）、息子Cさん（昨年他界）の3人でした。また、Cさんは離婚歴があるが再婚されており、配偶者Fさんと、子どもは前妻との間にDさんが1人いるとのことです。

家族関係をお聞きしたあと遺言書を拝見すると、自筆証書遺言として法律上の要件を満たしていないことが判明しました。Aさんには、この遺言書は有効でないこと、そして、心配していた息子の嫁Fさんには相続権がないことをお話ししました。

相続人はDさん1人だと思われますが、Aさんの財産をスムーズに引き継いでほしいとの思いから公正証書遺言の作成に取りかかったのです。

同時進行でAさんの出生から現在までの戸籍謄本を取得し推定相続人の確認も行いました。

すると、息子の前妻には離婚歴があり、前夫との間に子ども（Eさん）が1人いました。この子の存在はAさんも知っていました。しかし、Aさんが知らなかったこと、それはCさんが結婚したとき、EさんをCさんの養子とする手続きをしていたことです。Cさんは、戸籍上で子どもDさんと養子にしたEさん、2人の親になっていたのです。Aさんは大変驚きました。

そうするとCさん亡きあと、Aさんの推定相続人は、DさんとEさんの2人になるのです。

当初、手続きをスムーズに進めるためにと遺言書作成にとりかかりました。しかし、Eさんの存在によって遺言書作成が必須になったのです。

なぜ遺言書作成が必須になったのでしょうか。ここでもし、遺言書がなくAさんが亡くなったとしたら、どうなっていたのでしょうか。

遺言書を作成していなかった場合、相続人全員で遺産分割協議を行い、Aさんの財産を誰がどのように引き継ぐのかを話し合います。今回の場合、Dさん、Eさんの2人で話し合いをすることになるのです。

実際には、Aさんが亡くなった時点で、Dさん、Eさんが存命かどうか最新戸籍を取得し確認します。Dさん、Eさんがご存命の場合、DさんEさんがお互いに連絡を取り合い遺産分割協議ができる状態なのかを確認することになります。

遺産分割協議ができる状態というのは、判断能力があるかどうかということです。たとえば、年齢が若くても事故や病気で意思疎通ができず寝たきりの状態であったり、認知症等で自らが行った行為の結果を認識することができないという状態であれば、成年後見人を選任しなければ遺産分割協議を行うことができません。

遺産分割協議が難しいとなると、Aさんの財産はその時点では誰も引き継ぐことができないのです。その点、今回は遺言書作成にとりかかっています。遺言書ができあがれば、Dさんは遺産分割協議を行うこともなく遺言書ですべての財産を引き継ぐことができるのです。

Aさんには調査した推定相続人の報告をし、遺言書の内容を再度確認しました。そうして無事、公正証書遺言を作成することができたのです。

今回、Aさんは、Eさんの存在がわかっても遺言書の内容を変更する考えはなく進めました。しかし、場合によっては推定相続人の遺留分に配慮して遺言書を作成しなければ争いを招く結果になる可能性があります。

このように、ご自身の知らないところで家族関係が変わり、結果としてご自身の推定相続人が思っていたものと相違することもあるのです。

財産をどう分けるか、ということも大事ですが、その前にご自身の戸籍を取得して推定相続人を正しく知る。これが相続対策を行う初めの一歩になることでしょう。

今回の事例の危険度は次のとおりです。

＜相続診断結果による危険度＞

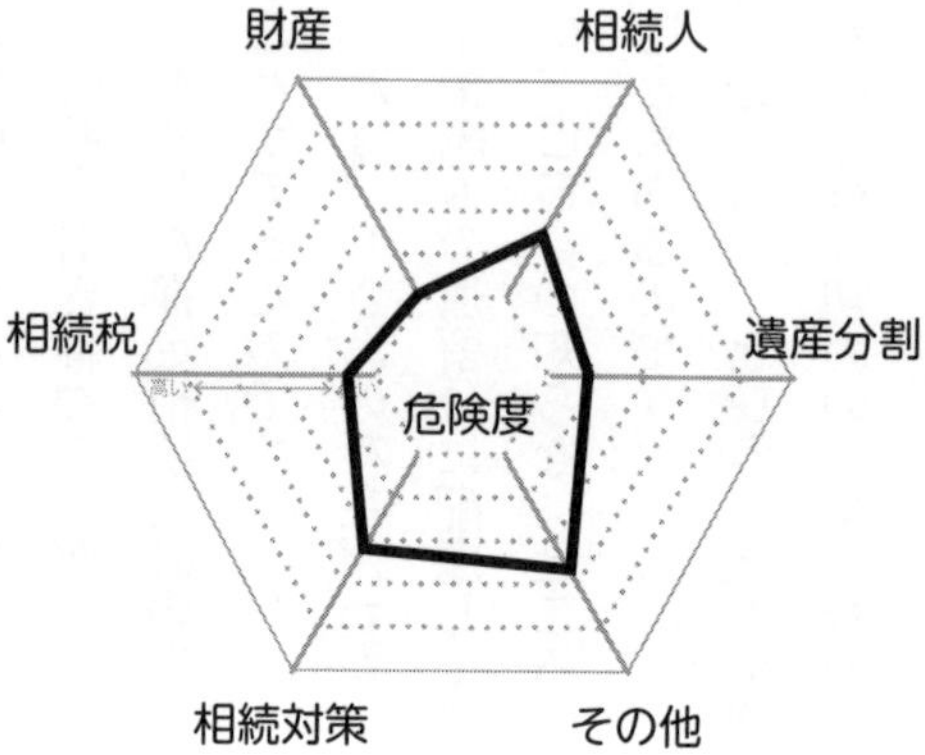

＜相続診断結果による緊急度ランク＞

●緊急度ランクⒶ・B・C・D・E
高い←→低い

相続診断結果をみると、以下の問題があります。

1　相続手続きが進まない可能性

2　遺産分割協議が成立しない可能性

3　金銭貸し借りの事実の明確化

4　遺言書が法的に有効なものか専門家による確認

5　エンディングノートの活用

6　相続人との情報共有

他にも、認知症対策、遺品整理や死後事務の問題もありました。

❷ 財産の棚卸をしましょう

ご自身でお持ちの財産は、どんなものがあるか、把握していますか。

不動産、預貯金、有価証券、保険……頭の中に思い浮かぶものがいくつかあると思います。

① 不動産
不動産は毎年届く納税通知書で確認できます。納税通知書に記載のある不動産の名義が、自身の名義になっているかどうかを、法務局で不動産の謄本を取得して調べてみてください。
② 預貯金・有価証券
通帳や証券、キャッシュカードを全部出して机の上にひろげてみましょう。今使用しているものとしていないものが目で見てわかると思います。使用していない口座は今のうちに解約しておきましょう。

転勤が多かった人はさまざまな地域で口座を開設していることがあります。少額のまま残っていることもよくあります。これを残したまま亡くなると、口座の残高に関係なく相続手続きは必要になりますので必要以上の手間と費用がかかります。

ネット銀行やネット証券に口座をお持ちなら、その情報は伝えるか、どこかに存在することを残しておきましょう。もし何も情報を残さずに亡くなると、家の中をやみくもに探すしかないのです。たとえば、金融機関等から送られてくる郵便物や壁に掛けてあるカレンダー、粗品などからひとつずつ取引があるか調べていくことになるのです。
③ 保険証券
医療保険や生命保険の証券がお手元にあるかどうか、どんな時に保険が支払われるのかを確認しましょう。

特に、生命保険の受取人は記載のままで大丈夫か、受取人がすでに亡くなっていたり、疎遠になっていたりしないか、などを確認しましょう。

他にも金銭価値のあるものは相続財産になります。

今回のご相談者であるAさんは、財産の整理もしっかり行おうと決めていました。不動産は売却し、賃貸にお住まいです。預貯金も一つの銀行にまとめていました。

ただ一つ、生命保険の受取人が亡くなったご主人Bさんのままでした。

棚卸をすることで、これを早急に発見し変更、もしくは解約するという行動に移すことができるのです。生前にできることをしておくことで、Dさんが引き継ぐための負担は格段に軽くなります。

・推定相続人の確認を行う。

・財産の棚卸をして一覧表にまとめる。

この2点を行ったうえで、遺言などの相続対策を進めていきましょう。

また、ご自身ですべてを調べ、まとめることが難しいという人は多くいます。

その際は相続の専門家にご相談ください。ご自身の「現状把握」（何もしないとどうなるのか）を知るお手伝いをいたします。

☺笑顔相続のカギ

本事例において、相談者は「亡くなった息子の嫁（後妻）」が自分の相続人になるのではないかという誤解（実際には相続人にはならない）をしていました。

ところが、実際に調べてみると、思わぬ養子縁組の事実がわかり、「亡くなった息子の前妻の連れ子」という相談者にとっては赤の他人ともいうべき相続人の存在が浮上したのです。

このようなことは、実は珍しいことではありません。本事例では、たまたま遺言書を書く前にわかって対策することができたからよかったものの、相談者が亡くなってから判明した場合には争族に発展した可能性があります。

戸籍と同様に財産の棚卸も重要で、こうした基本的な調査を積み重ねていくことこそが、笑顔で相続を迎える大前提となるのです。

事例9

家族で決めた笑顔相続

～笑顔相続達成の本当の近道とは

上級相続診断士　栗原　久人

＜家　系　図＞

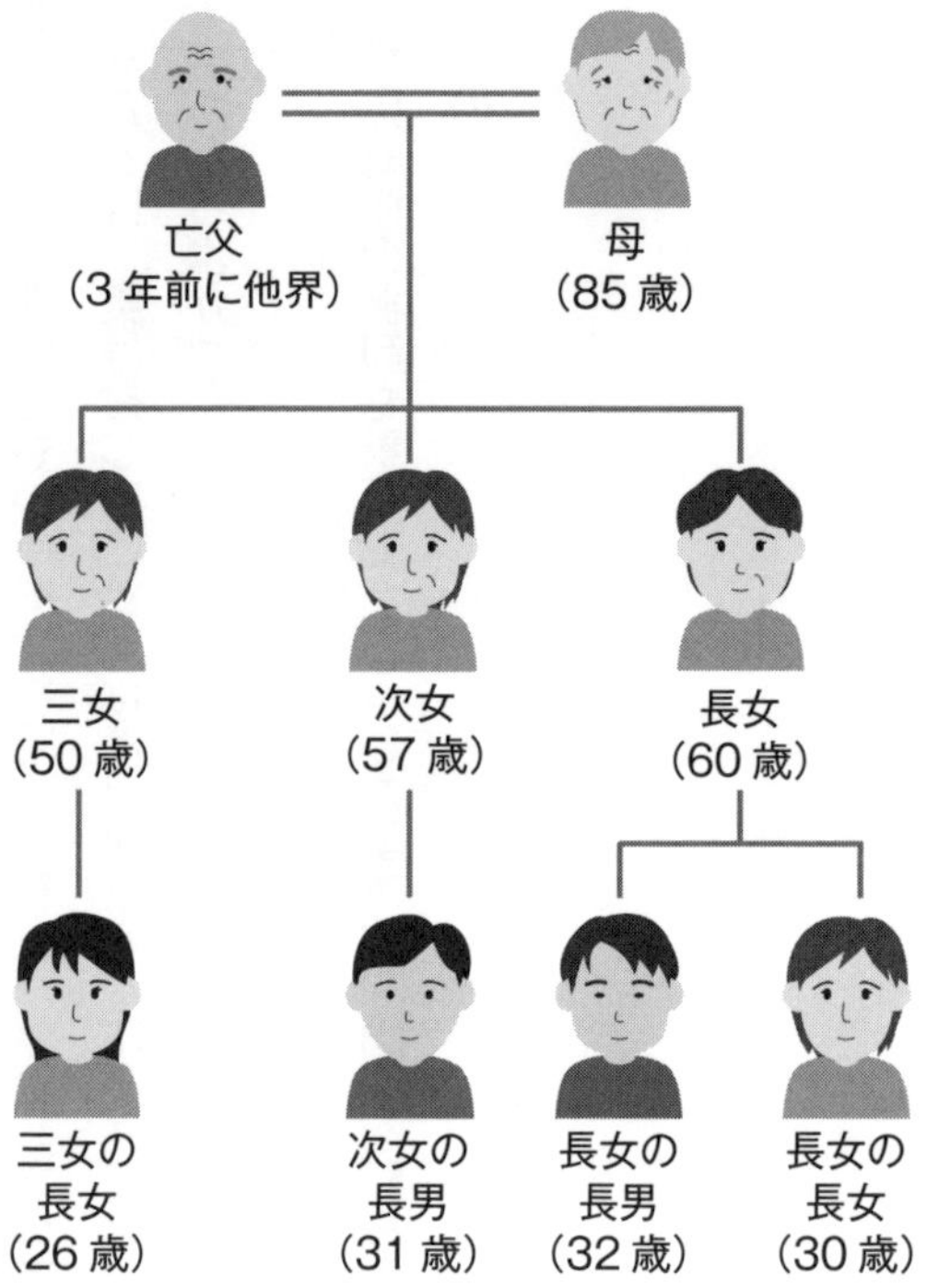

＜主な財産状況＞

・自宅土地建物	5,000万円
・別荘用地	500万円
・現預金	3,000万円
・上場株式	1,000万円
・生命保険	3,000万円
（※受取人は３人）	
合　計	1億2,500万円

1 家族の状況

相談者の父親は数年前に亡くなられ、3姉妹はそれぞれの嫁ぎ先に嫁いでおり、母親（85歳）は現在自宅で1人暮らしをしています。健康で活動的な母親は、ゆくゆくは長女の家での同居も考えていますが、今は自宅での暮らしを楽しんでいます。3姉妹はそれぞれの嫁ぎ先で家族と暮らしており、自立した生活を送っています。

2 相談内容

相談者は長女（60歳）。母の相続について気になっていることがあるということで相談に来られました。

母はご自身の遺産は、残された3姉妹に法定相続のとおり均等に受け取ってもらい、その後も仲良くそれぞれの人生を楽しんでいってほしいという気持ちでいるとのことで、長女としては、現在まで母が行ってきた準備でそれが実現できるのを確認したい、という内容でした。

母自身は、数年前にご主人が亡くなられましたが、その数年前に、お2人で公正証書遺言も作成しているので特に問題はないと考えている様子だということでした。

長女としては、次女（57歳）との関係がご自身の意に反して疎遠になってしまっていることが気になっている様子でした。

3 検討のポイントと相続コンサルティングの開始

筆者はご相談を受けた際、本件は母の公正証書遺言が準備されているし、3姉妹の意思の疎通ができていれば相続でもめてしまう可能性は低いケースかと感じていました。

ただ、母の意向をしっかりと叶え、なおかつ笑顔相続となるための可能性を今よりもさらに高めるために確認し検討すべきポイントを洗い出し、次のとおり長女にお伝えしました。

【笑顔相続達成に向けた検討ポイント】

・すでに作成済の公正証書遺言の内容確認が必要であること。遺言の内容によっては、遺産分割がスムーズに進まない可能性もあるため。

・相続税の準備も必要なので税理士にお願いする必要があること。

・母亡きあと、3姉妹仲良く暮らしていくためには、気持ちの共有が大切であること。そのためには母を含めた家族全員で母の気持ちを伝えるための話し合いをすべきだということ。

この3点をポイントとして伝え、相談者の母にも上記ポイントを納得していただき、相続コンサルティングがスタートしました。

今回の事例の危険度は次のとおりです。

＜相続診断結果による危険度＞

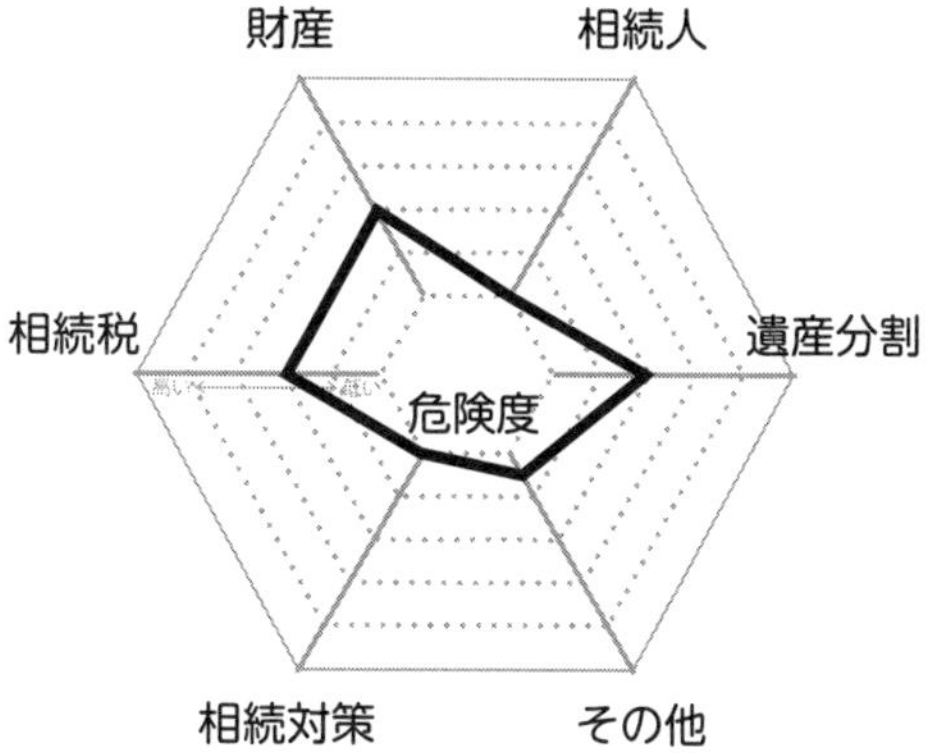

＜相続診断結果による緊急度ランク＞

●緊急度ランクⒶ・B・C・D・E
高い←→低い

相続診断結果をみると、

・以前作成した公正証書遺言の記載と、遺産分割への想いが合致しているかどうかの確認
・相続財産の分割しやすさの確認
・相続税の対策

が必要であることがわかります。

さらに、母の年齢から、緊急度はAランクとなっているので、早急な対応が必要となります。

4 相続コンサルティングによりわかった対策の方向性

(1) すでに作成済みの公正証書遺言の内容確認

公正証書遺言の内容を確認させていただいたところ、「遺産は3人の姉妹で3等分」となっていました。確かに、法定相続どおりです。ただ、問題は不動産でした。自宅の土地建物や別荘地等すべてを共有で3等分することになっていました。確かに3等分で登記することは難しいことではないと思いますが、今後脈々と引き継がれていく財産として考えると、疑問が残りました。さまざまな人から共有名義の不動産の処理に困っているという話はよく聞きます。仲の良い3姉妹の共有名義となれば、そうそう問題ないかと思われますが、万が一売却を検討したり、建物を建て直す等の際3人の足並みが本当に揃うのかという心配があります。今後長い間には3姉妹の相続も発生してくるでしょう。それが脈々と引き継がれた時に、疎遠になっている親族等も増えるでしょう。その手続きは大変なものになるという予想はつきます。

相談者の母にもその実例を挙げて確認していただき、理解していただきました。

公正証書遺言は書き換える方向で検討を開始し、母親も「遺言を書いてあったから安心をしていたけれど、遺言も書いてあるだけではなく、中身が大切だということがよくわかりました。確認してもらってよかった」と一安心されていました。

(2) 相続税の概算確認や支払い準備対策等

本件は、筆者が信頼している税理士に「相続対策プラン」をお願いしました。この中で判明した主な項目は、

・相続税の総額とそれぞれの相続人が支払うべき相続税額の概算
・できるだけ法定相続どおり3等分にするための分割方法について
・不要な土地はなるべく現金化する方向で検討したほうが分割しやすいということでした。

特に不要な土地の売却については、別荘地ということもあり遠方で、しかもご主人が購入されたため、母もあまり行ったことがない土地ということで、今まで放置されていたとのことでしたので、売却をしたくてもスムーズに進んでいないというのが現状でした。

そこで、税理士から知り合いの不動産会社を通じて別荘地の地元へ情報を提供していただいたところ、短期間に情報も提供され売却もスムーズに進みました。

相談者の母には、大変喜んでもらえました。今回のように、士業の先生にここまで対策に関わっていただけると本当に助かりますし、いつも頼りにしています。

(3) 家族での話し合いの実施

母の一番の要望である、「3姉妹仲良く」を実現するために大切なのは、母の相続が発生した際の分割方法について家族全員が共通の認識を持つことと、その分割方法に乗っている母の気持ちが、遺産を引き継いでいく人たちにしっかりと伝わり共有していることです。

そのための最も有効な方法は、家族全員で集まって、母の相続が発生したあとのことを、母親自身の口から子どもたちに伝え、全員で話し合う場を持つことです。

家族の状況によっては、集まること自体が難しいケースもありますが、この家族は集まることができるケースだったので話し合いを提案し、実施することとしました。

場所は筆者のサロンを提供し、相続対策に携わっていただいた税理士と筆者及び当社役員の3名の立会いのもと開催することとしました。

当日は、家族4人で膝を突き合わせ、約2時間程の話し合いとなりました。遺産分割の話の前に、3姉妹それぞれの母に対する気持ちの共有、今後の母の暮らしについて話し合いが始まりました。あらかじめ母と決めてあった今後の方針を基に、3姉妹の本音をぶつけ合う話し合いが行われました。

立会いをしながら、本音の話し合いの行く末を見守っていましたが、この話し合いの先に、誤解やわだかまりもない、本当の笑顔相続の道筋が見えた気がしました。

結果的に母の今後の生活をどうするか、が中心に話し合われ、母も自身の今後の人生について語られ、その先にある遺産分割については母の意思に異論を唱える人はいませんでした。終わってみたら、長女が懸念していた次女との関係性は特に問題とならず、まさに笑顔相続に向けて家族が団結できた瞬間だったと思います。

5 相続コンサルティング後の対策実施

【公正証書遺言の書き換え】

「とにかく仲良く3等分」となっていた公正証書遺言について、下記書き換えを行いました。

・3姉妹仲良く3等分ではあるが、祭祀継承者（墓守など）には、その負担分を残すこと話し合いの結果この件は生命保険でカバーすることとし、遺言には記載しませんでした。

・母の自宅について

母が住む自宅は、いずれ長女と同居の時が来るか、同居ではなくサービス付き高齢者住宅等の入居を決断した時は処分することとし、仮に処分以前に相続が発生してしまった場合には、相続人の代表（長女）がいったん相続し売却した後、3姉妹で3等分することと決めました。

この件については、遺言本文ではなく母の意向として付言事項に残すこととしました。

6 まとめ

今回のコンサルティングの中で得た教訓として、

・不動産があると、仲良く法定相続どおりというわけにはいかないということ

・遺言は一度作っても見直しが必要だということ

が挙げられます。

そして、笑顔相続を追求することで得た最も重要なことは、家族間の話し合いで家族の絆がよりいっそう強くなり、今後の母を3姉妹で協力し支えていこうという気持ちが強くなったということです。

笑顔相続を追求することは、相続後の家族を守るのと同時に、今現在の家族関係をより豊かにすることにつながるのだと実感しました。

☺笑顔相続のカギ

本事例は、すでに何年も前に母親が遺言書を書いており、姉妹仲も特に問題のない家族の長女からの相談で始まっています。一見すると「何もする必要がない」とも思われますが、相続のプロの目から見ると「まだまだ不十分」ということも多いものです。案の定、本事例では分けにくい不動産（自宅土地建物・別荘地）まで姉妹で3等分するようにと書かれた遺言書が出てきて、さらに対策が必要となりました。

その結果、将来処分に困りそうな別荘地の売却や、相続税の試算、遺言書の書き換えなど、さまざまな対策を事前にやっておくことができました。中でも別荘地の売却は近所の不動産屋に飛び込んでもすぐに売れるものではないので、相応の不動産会社を紹介してもらい売却できたことは幸運といえます。その他にも、墓守などのための費用を保険の活用によって準備したり、家族全員での話し合いや遺言書の付言事項で母親の言葉を子どもたちに伝えておくなど、本事例では数々の細やかなアイデアが光っています。

事例10

遺言書の書き替え
～付言事項による成功パターン

相続診断士　勝裕　彰

＜家　系　図＞

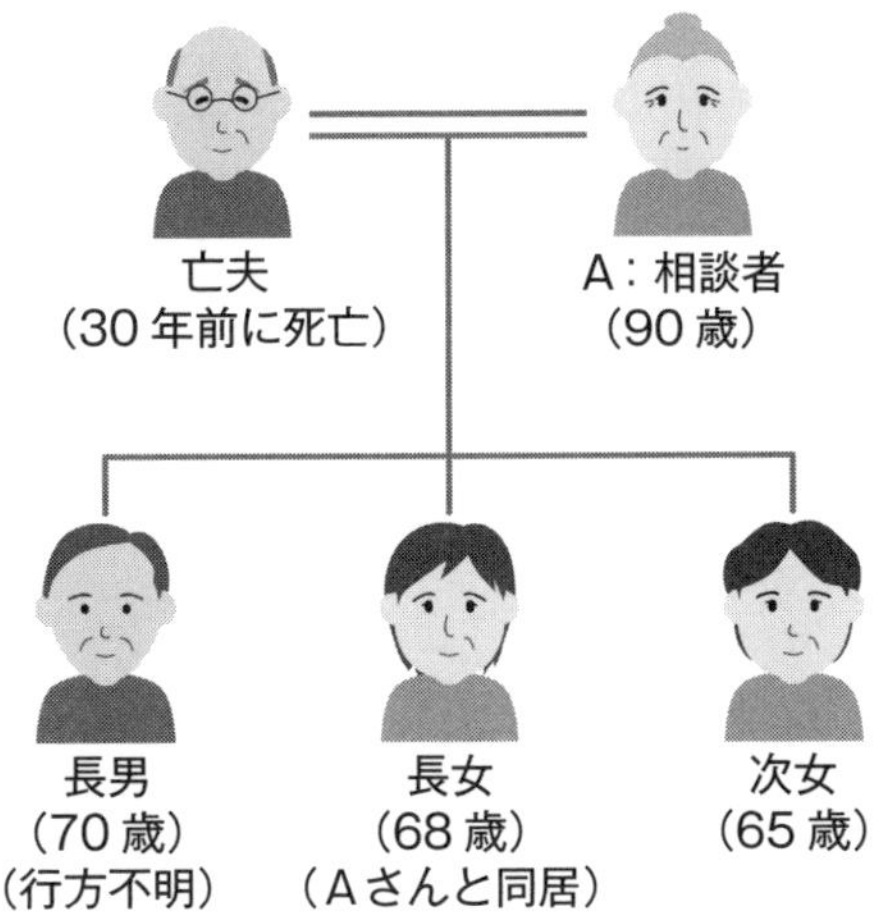

＜主な財産状況＞

・自宅土地建物	800万円
・預貯金	200万円
合　計	1,000万円

1 家族・財産等の状況

相談者は90歳の女性Aさん。Aさん名義の財産は、自宅土地建物と預貯金が1000万円です。相談内容は「自分の万一に備えて遺言書を書いておきたいのですが、そのサポートをしていただけますか?」というものでした。「まずは家族構成から聞かせていただけますか?」と、筆者はヒアリングをしながら家族関係図を書いていきました。

家族の状況をまとめると、以下のとおりです。

・Aさんは30年前に夫と死別しており、子どもは3人いる。
・現在長女家族と同居しており、次女は関西に嫁いでいる。
・長男には、Aさん、長女、次女誰もが25年以上会っておらず、どこに住んでいるのか、生きているかどうかもわからない状況。

2 このケースにおける問題点

なぜ今、遺言書を書いておこうと思ったのかを聞くと、「実は長男のことで……」と話し出し、長男は25年前に家を出ていき、それ以来音信不通とのこと。「差し支えなければ」と断った上で、長男が家を出て行った時のことを聞くと、Aさんは、しばらく気持ちを整えた後、話し始めました。

「長男が家を出ていく前のことですが、実は長男が作った借金の返済を私がしていました。何年にもわたって総額500万円ほどになります。当時、何度も何度も話し合いを重ねた末に、長男はこれ以上みんなに迷惑はかけられないと言い残して出ていったのです」

当時、なんとか長男が立ち直ることを願いながら、ずるずると借金の立替返済をしたことはあれでよかったのか、今もどこかで自分を責めているようでした。一方で、Aさんには、長男にはもう十分すぎるくらい援助をしてきたという思いがあります。また、Aさんが長男の借金を肩代わりする際、長女と次女にもずいぶん心配をかけてきました。長男の借金を巡って、母娘が衝突したことも一度や二度ではありません。

以上の経緯から、Aさんの中では「自分亡き後は、長女と次女ですべての財産の相続をしてほしい」という気持ちが固まっていました。また長女と次女からも「母にもしものことがあった時、兄と相続の話をうまくできるか心配」との気持ちも聞いていました。Aさんの想い、長女・次女の想いの両方を実現するには遺言書が必要になります。遺言書がなければ、長男も含めた3人で遺産分割協議が必要になるからです。

そこで、Aさん自身まだまだ元気で暮らせてはいますが、長女と次女のためにも、今のうちに遺言書で自分の気持ちを書いておきたい、という気持ちになったとのことでした。

筆者は、遺言書を書くメリットとして、

・遺言書があれば遺産分割協議は不要になること
・長女・次女にすべてを相続させる内容の遺言書を遺したとしても、長男からの遺留分侵害額請求の可能性が残ることを伝えました。Aさんは「それでも、まずは自分の意思として、財産は長女と次女に相続させたいということを遺言書に書いておきたい」とのことでしたので、行政書士に連絡を取り、2回目の訪問に向かいました。

この事例の危険度は次のとおりです。

＜相続診断結果による危険度＞

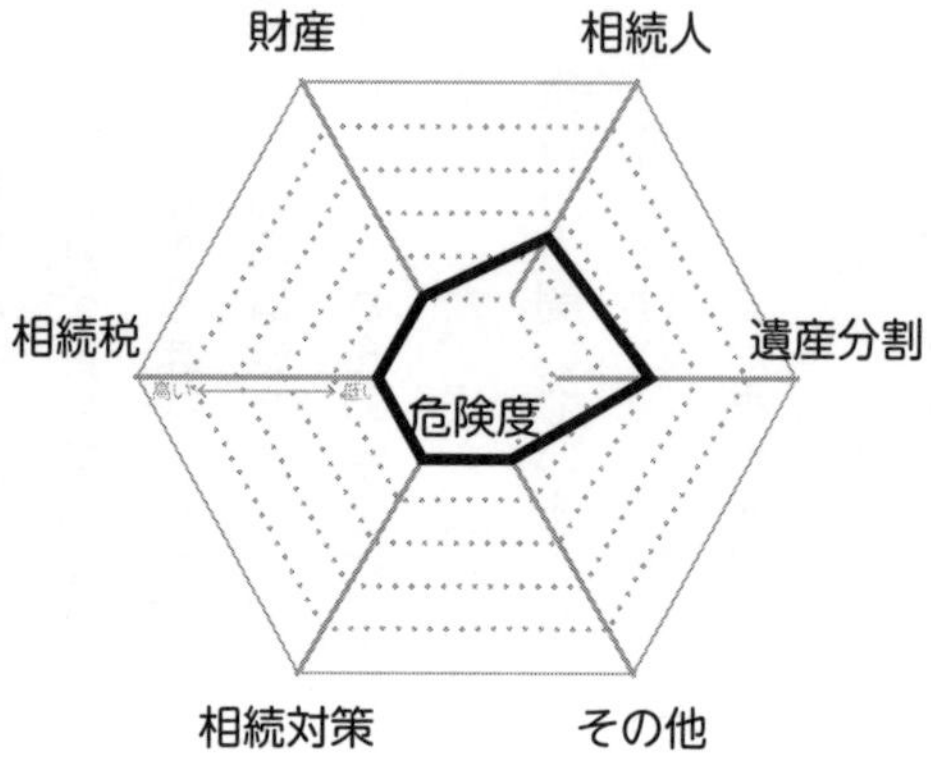

＜相続診断結果による緊急度ランク＞

●緊急度ランク（A）・B・C・D・E
高い←→低い

相続診断結果をみると、

1　相続人の中に連絡のとれない人がいて、相続手続きが滞る可能性

2　行方不明の相続人と連絡がとれたとしても、遺産分割が成立しない争族の可能性

3　各相続人に相続させたい金額に差があったため、遺言書が逆に相続人の感情を刺激する可能性

4　相続人が遺言者より先に亡くなった場合、遺産分割協議がより難航する可能性

がありました。

3 対応策とその結果

2回目の面談で行政書士に同席してもらい、遺言書の作成にかかりました。遺言書に関する法律関係の解説については同行した行政書士に任せ、筆者は相続診断士として、Aさんの想いを整理するお手伝いをしました。今回、Aさんが自分で文章を手書きすることができる状態だったため、自筆証書遺言を作成することになりました。

遺言者は次のとおり遺言する。
第1条　遺言者は、遺言者の有する次の不動産を長女に相続させる。（省略）
第2条　遺言者は、遺言者の有する次の預貯金を長女、及び次女の2名に、それぞれ2分の1ずつ相続させる。（省略）
第3条　遺言者は、第1条及び第2条に記載した財産以外のすべての財産を長女、及び次女の2名に、それぞれ2分の1ずつ相続させる。
第4条　予備的遺言
第5条　遺言執行者の指定について

遺言の内容のとおりに相続手続きが進むよう、遺言執行者に長女を指定しました。
普段から「遺言書」と「付言事項」はセットであることを提案していますが、今回は特に付言事項が大切だと直感しました。付言事項には次の2点を書くことをお勧めしました。

①　なぜそのような相続の仕方にしようと思ったか。

②　子どもたちそれぞれへの想い。

相続させたい財産額や過去の援助額に差がある場合など、遺言書だけでは逆にもめてしまう可能性がある時、付言事項はよりいっそう重要な意味を持つものになり、筆者はAさんと何度となく面談を重ね、Aさんの想いを整理するお手伝いをしました。

・Aさんが結婚した頃のこと
・3人の子どもたちが小さかった頃のこと
・長男の借金を代わりに返済していた頃の気持ち
・長男が出ていった時の気持ち
・2人の娘が結婚し、孫が産まれてからの生活や気持ち

その時々での「楽しかったこと、嬉しかったこと、辛かったこと、悲しかったこと」など感情が動いた部分を中心にインタビュー形式で話してもらいました。

付言事項のサポートを始めて3度目の訪問時でした。長女・次女への感謝の気持ち、そして長男への想いをしたためた付言事項をまさに書き終えようとしているAさんがボソッとつぶやきました。

「遺言書の内容を書き替えることはできますか？」

筆者はビックリしつつも、「遺言書はAさんの意思を書き記しておくものです。変えたい部分があるのならも

ちろん変更できますよ。どの部分を書き替えますか？」と質問しました。するとAさんは、少し間を置いてから小さな声でこう言いました。

「預貯金を5分の1だけ長男にも残したい」

筆者は自分の耳を疑いました。「長男に残すものはない」ことを記したくて書き始めた遺言書だったのに、Aさんの口から出た言葉は自らそれを否定するものでした。筆者は行政書士に連絡をとり、事情を説明し内容を訂正してもらいました。遺言書の訂正後、聞いていいものか迷いましたが、思い切ってAさんに、なぜ長男にも残したいと思ったのかを聞いてみました。Aさんはしばしの間をおいて、か細い声で、「もう一回……会いたい」と言いました。目には涙が浮かんでいました。人生の終盤を迎え、この世に思い残すことはないだろうかと考えた時、もう一度我が子に会いたい、という思いが込み上げてきたのです。遺言書の内容だけの記載であれば、おそらく出てこなかった気持ち。付言事項を書くために自分の気持ちを整理していくうちに、Aさん自身が自らに蓋をしていた「心の奥底にある真の気持ち」が表面に出てきたのだと思いました。

付言事項は愛する人へ送る人生最後のメッセージです。付言事項を書く意味は3つあります。1つ目は、遺言書には書けない遺言者の気持ちがわかることで、円満な相続に繋がりやすくなること。2つ目は、遺言者の心に、大切な人への感謝の気持ちが改めて芽生えること、そして3つ目は、相続人のその後の人生における心の支えや生きる力にもなるということです。

Aさんが書いた付言事項は、長男、長女、次女への愛情と感謝の気持ちがあふれた内容になりました。将来、Aさんがお亡くなりになった時、Aさんが人生の中で大切にしてきたことや感謝の気持ちが子どもたちに伝わり、子どもたちの心の中でAさんが生き続け、その想いが繋がるといいなと思います。そして、相続手続きがスムーズに進むことを期待します。

筆者は、これからも相談者の声に耳を傾け、「相談者の心に寄り添う」という相続診断士ならではの強みを発揮し、親から子へ、子から孫へ、想いを繋げるお手伝いを心がけていきます。

☺笑顔相続のカギ

本事例は、母親が自筆の遺言書を書くに当たり、借金を繰り返して行方不明になっている長男には財産を渡さず、娘2人に財産を渡したいということで始まったケースです。

遺言書の本文は行政書士、付言事項は相続診断士がそれぞれ担当して、遺言者の「想い」についてヒアリングを重ねるうちに、遺言者が自分の本当の気持ちに気づいて長男にも財産の一部を渡せるように遺言書を書き替えることになりました。遺言者にこうした気持ちの変化が表れて真意による遺言書を書き上げることができたのも、第三者である相続の専門家が遺言者の気持ちを丁寧に掘り下げて心の琴線に触れたからであり、自分1人で考えたり家族に相談したりするだけでは、このような遺言書にはならなかったかもしれません。

なお、行方不明の子どもを本気で捜し出して連絡したり会ったりしたいのであれば、住民票を追うなど、そのような手段がないわけではありません。また、相続人間で接触を避けたい人がいる場合には、遺言執行者を第三者である相続診断士が務めるというのも一案です。

本事例は、付言事項によって遺言者が悔いのない遺言書を書くことができた好事例といえるでしょう。

事例11

家族仲の悪化は突然、誰にでも起こり得る

～家族だからこそ難しい信頼関係の構築

静岡県相続診断士会　会長・上級相続診断士　小泉　栄作

＜家　系　図＞

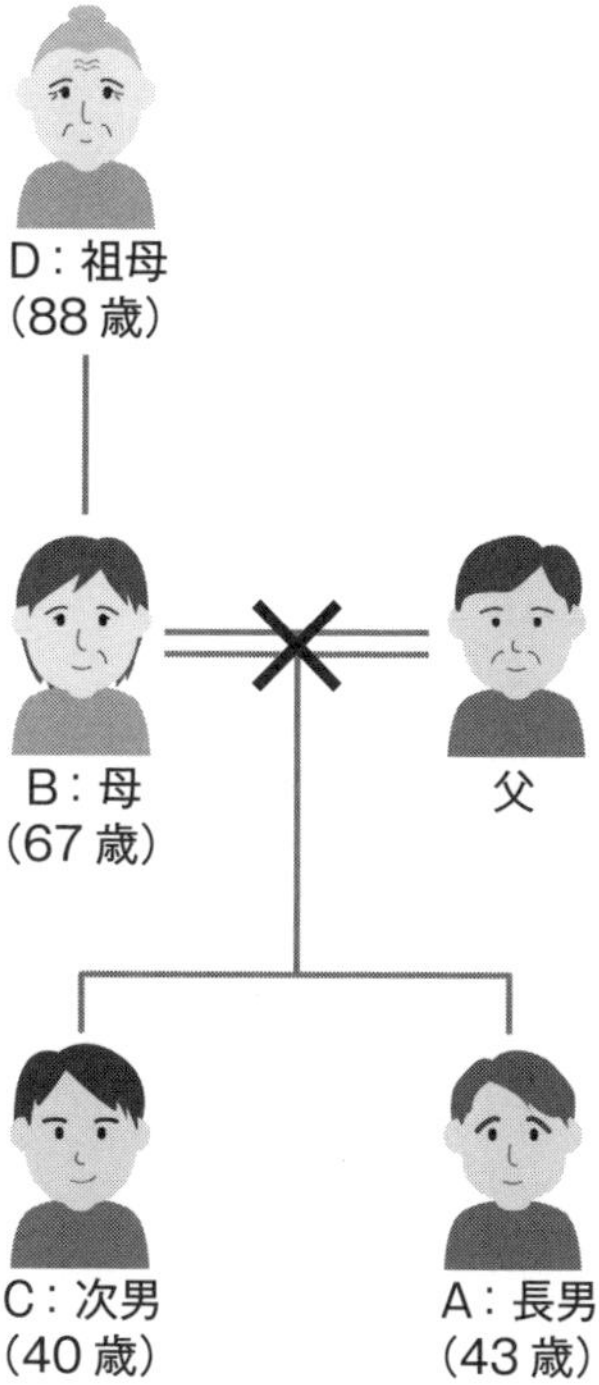

＜主な財産状況＞

・自宅	1,000万円
・現金	600万円
合　計	1,600万円

1 家族・財産等の状況

相談者は40代の男性Aでした。父と母は離婚しており、自宅には同居している母Bと、転職のため都内から戻ってきた弟C、祖母Dが居住しています。

相談者Aの話を聞いてみると、同居している祖母Dが今後亡くなった際におそらくある程度の財産を母Bが受け取ることになる。その後、母にもしものことがあった場合、財産（祖母Dの財産も含む）はどのように分けられてしまうのか、弟Cに一切の財産が渡らないようにするためにはどうしたらよいのかという相談でした。

相続診断士としては複雑な心境の内容です。Cは都内の会社に就職し仕事をしていましたが、体調の悪化と諸事情により地元の企業に転職し実家に住むようになりました。ここまではよかったのですが、一緒に住むようになってからCの様子が変わったそうです。当初、同居するにあたり決めていた家族内の約束を破ったり、生活費の支払いもなく、家事の手伝いも全くやらなくなったそうです。A、Bと3人で話し合いをしようとするも、Cは一方的に興奮し逆上、話し合いにならないので2人は諦めるようになりました。

それから長い時間AとBはCと一切話すことなく生活しているそうです。現状、Cはコンビニでアルバイトをしながら生活に必要なお金を稼いでおり、家に帰っては自分で夕飯の支度をした後は部屋にこもって話すことはありません。

AやBが何か援助しているわけではないのですが、家族仲は不仲のまま一つ屋根の下で生活をしています。そのため、Aは財産を一切Cに渡したくないと考えています。実は財産を特定の親族に遺贈したいというような相談は少なくありません。家族仲の不和には色々な事情があると思いますが、このような内容の場合一番大事なのは母Bの真意を確認することです。あくまで財産の所有者はBですし、Bの考えや気持ちをちゃんと確認する必要があります。

❷ このケースにおける問題点

そこでBと2人で面談を行うことをAに提案し了承を得ました。ここにAが同席してしまうとBが本当に思っていることや考えていることが言えない場合があるからです。

「Cは家のことを全くやらなくなり、長男が手伝っている家業の手伝いもしない。同居しているが会話もなく話し合いにもならない。おそらく、私が体を壊しても面倒をみてくれるのはAですし家業を引き継いでくれるのもAだと思います。だからできる限りAに財産を残してあげたい。ですがCも私の子どもに違いはありません。複雑な心境です」

Bの意思は確認できましたが、当然本来は兄弟仲良く過ごしてもらいたいのが本心だと思います。

このような場合、問題になるのが遺留分です。本事例の場合、相続人は子ども2人なのでAに財産のすべてを渡すとCには本来の法定相続分の2分の1である4分の1に相当する現金を請求する権利があります。これを遺留分侵害額請求権といいます。遺留分侵害額請求権とは遺留分を侵害された法定相続人が、受遺者又は受贈者に対して、遺留分侵害額に相当する金銭の支払いを請求できる権利です。2019年7月1日以前の相続では遺留分減殺請求となっていましたが、違いは遺産そのものではなく、お金を請求する権利に変わりました。遺留分侵害額請求権は請求する権利ですので請求されなければ支払う必要はありません。

この事例の危険度は次のとおりです。

＜相続診断結果による危険度＞

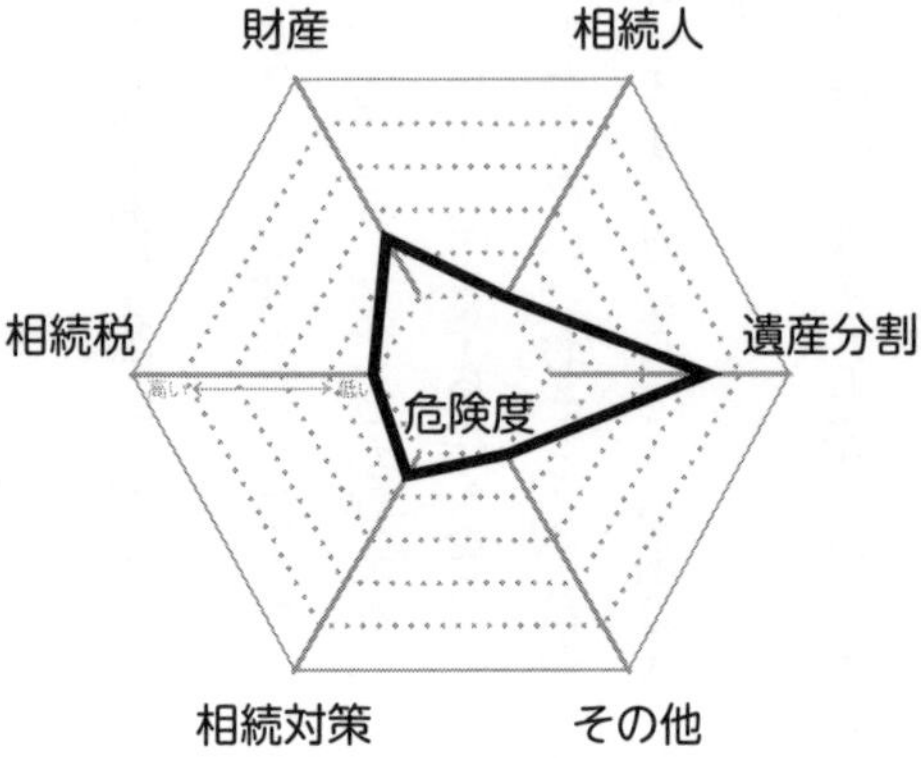

＜相続診断結果による緊急度ランク＞

●緊急度ランク A・B・C・D・E
高い←→低い

相続診断結果をみると、この家族の場合、財産を特定の相続人に遺贈する希望があり、遺産分割が滞ってしまう可能性があることや、親の介護の貢献度合い等でもめてしまう可能性があります。また、相続分対策の必要性も考えられます。

根本的な解決に向けて家族間のコミュニケーションが日頃の大事なファクターとなります。

③ 対応策とその結果

対策として、まず遺言書の作成は絶対必要になります。そして遺言内容の理由とBさんの想いを付言事項として書いてもらうことにしました。付言事項とは、遺言者の気持ちや想いを自由に伝えられる手紙のようなものです。遺言の内容は、全財産をAに渡すという内容です。本来、このような遺言内容にはしたくはなかったはずです。ですが、Aに家業や今後の自分の世話をしてもらい負担をかけてしまいます。本当は兄弟仲良く過ごしてもらいたい気持ちとAの負担を考えた遺言内容であることを綴りました。

もう一つの対策として、生命保険による遺留分対策があります。そもそも生命保険金は相続財産になるのでしょうか？　これは裁判所による判決が出ており、生命保険金は受取人が指定されていれば遺産分割の対象にはならず受取人固有の財産となります。受取人をCにしておけばよいのではないかと思われますが、生命保険金は受取人固有の財産です。その性質上、受取人がこの保険金はそもそも私のお金であり遺留分は別途請求するということがいえてしまいます。

そこで、遺留分侵害額請求がなされた時のために既存の加入している保険金にプラスして受取人をAにした遺留分侵害額を補う生命保険に新たに加入しました。受取人をAにしておきCから遺留分を請求された時にAから不足分を支払う流れにしておきます。これは遺留分対策に生命保険を取り扱う際の重要なポイントです。

以上により遺言書と生命保険を活用した対策を考案しました。

以下、遺言書に添えた付言事項です。

【付言事項】

「この遺言書はAとCの2人に私がいなくなった後、仲良く過ごしてもらいたくて書きました。お店を継いでくれて、自分も体をこわしている中、私の面倒までみてくれたAにはとても感謝しています。お店を継ぐと言った時、正直本当によいのかとまどいました。でも、仕事をしている楽しそうなAの姿を見てほっとしました。Cとはあまり話せなくなり寂しい気持ちもあります。仕事が上手くいかず、体調も崩してしまったので躓くことが多かったのかもしれないです。でも一つ屋根の下、世界中どこを探しても兄や弟に代わりはいません。世界で唯一の家族です。家業を継ぎ私の面倒をみてくれたAに財産を渡しますが、どうかこの先AとCが仲良く力を合わせて過ごしていくことを願います。それが私の一番の願いです。2人とも生まれてきてくれてありがとう」

付言事項を書いたからといっても法的な効力があるわけでもないですし、Cが遺留分の請求をしないという確証もありませんが、家族としての本心を伝えることは遺言書としての本質だと考えます。

4 むすび

この事例は、相続診断士として笑顔相続とは何かを自分に問う相談内容でした。根本的な解決になっているのか未だに自分で自問自答しています。家族で話し合い全員が仲良く生前から過ごすことができれば筆者の存在意義があったかもしれません。そういう意味で考えると、相続診断士としては失敗と思う時があります。

家族というつながりは近いからこそ踏み入ることができない心の領域があったり、家族だからこそ言ってはいけない言葉や、言わないと伝わらないメッセージもあります。近い存在になればなるほど言葉足らずになるものです。筆者も改めて考えましたが、家族とはいえ性格の違う人間が一つ屋根の下に住むわけです。ですから、普段からの何気ないやり取りや会話の積み重ねが信頼関係を作り、その後の縁をよいものにしてくれるのだと思いました。今後も家族とのコミュニケーションを取り、いつか仲良く話せる日が来ることを願います。

☺笑顔相続のカギ

時として、相続人の遺留分を無視しても、特定の者に財産をあげたいと考える気持ちは理解できなくありません。しかしながら、相続人による遺留分侵害の請求を遺言者の立場から制止することはできません。できることといえば、付言事項を通じて、相続人に理解と納得をしてもらうことです。

本事例でも、付言事項に母の本心を記しました。念のために、生命保険も準備しました。Cとの関係を諦めず、生前にできることはすべてやったといえるでしょう。将来、母の相続が起こったときに、あのときの付言事項が笑顔相続のカギになったといえることを願わずにはいられません。

事例 12

分岐点は心のこもった手紙

～隠れ借金発覚、遺産分割が困難な状況を変えたもの

東京相続診断士会 会長・上級相続診断士 堀口 実

＜家　系　図＞

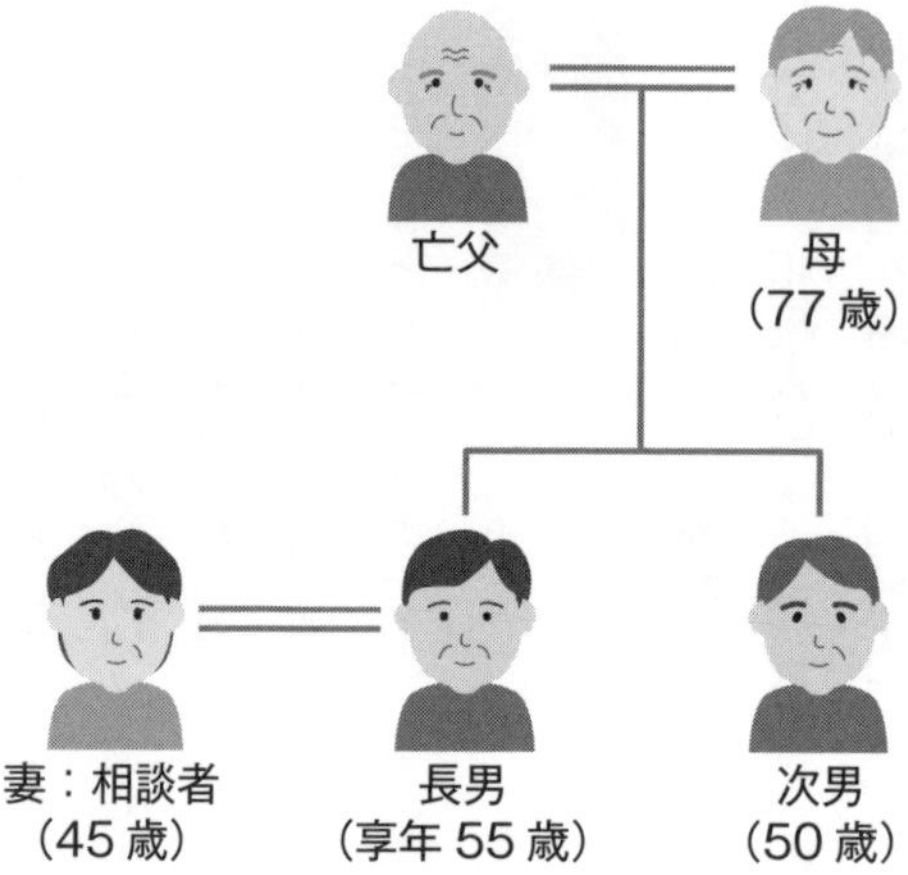

＜主な財産状況＞

・現預金　　1,500万円

＊隠れ借金が約250万円、滞納税金が約150万円

❶ 家族・財産等の状況

ある日、保険をお預かりしているお客様より突然の連絡がありました。聞いてみれば、夫が仕事中に倒れて数日で亡くなってしまい、しかも隠れ借金が発覚してどうしたらよいか困っているとのこと。

すぐにお会いして事情を伺ったところ、夫は脳幹出血で倒れ救急搬送をされ、意識の戻らないまま数日で亡くなり、葬儀を終えたばかりだったとのことでした。

さらには債権者からの通知で隠れ借金が発覚、全く聞いたこともない借金でどうしたらよいか途方に暮れていました。

相談者は、目が不自由で障害者手帳1級、日常の生活はご自身で自立され、移動はアイメイト（盲導犬）を利用しています。状況的に相談者が債権者との直接交渉をすることは難しいであろうと筆者は感じました。

債権者からの内容は見る限り合法的なサービサー業者のようで、脅されたり危害を加えられるようなおそれはないであろうということを伝えて、まず安心をしてもらい、その上で全体像のお話を伺いました。

聞き取った状況は以下のとおりです。

・全体像
・負債の状況
・相続放棄が必要かの情報収集
・債権者への連絡交渉はどうするか

・遺言はなし、法定相続人である相談者と、夫の母の2人で遺産分割協議が必要
・相続税の申告と納税の可能性はなさそう
・加入している生命保険の確認、支払い手続き
この事例の危険度は次のとおりです。

＜相続診断結果による危険度＞

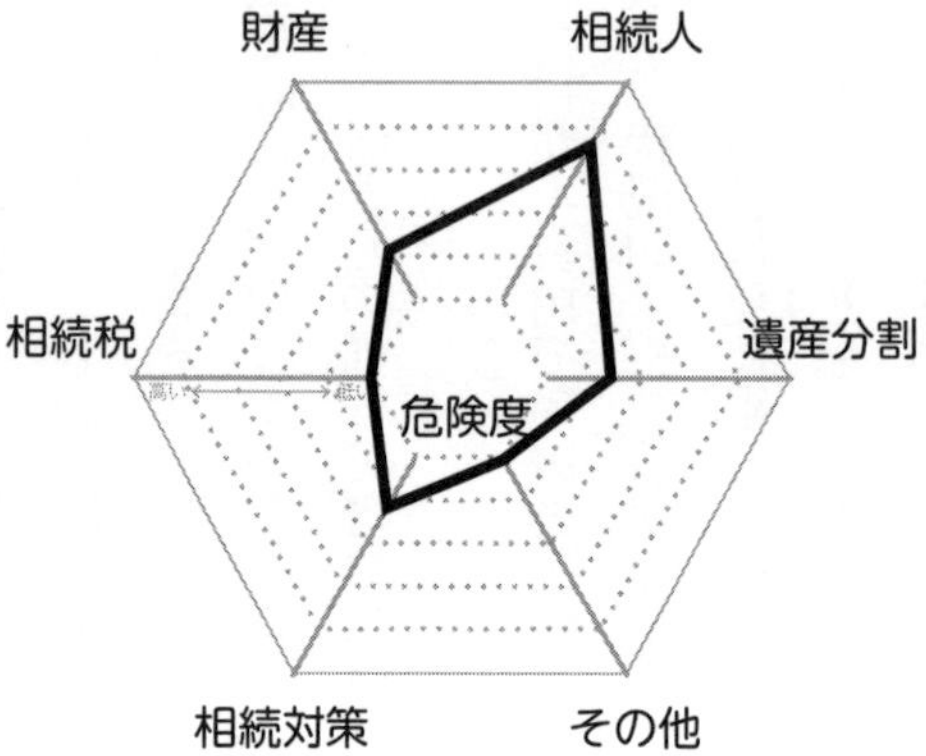

＜相続診断結果による緊急度ランク＞

●緊急度ランクⒶ・B・C・D・E
高い←→低い

相続診断結果をみると、

1　義母との関係が疎遠であり遺産分割が成立しない可能性

2　借金があり財産の全体像がよくわからないため、相続財産の棚卸が必要

3　相続人に障がい者がいる、今回は視覚障がいで判断能力には問題はないが、書面作成などにサポートが必要

4　子どものいない夫婦は配偶者以外に親、兄弟姉妹なども相続人と、遺言書の作成が必要

などの他、携帯電話の契約、銀行口座の整理の問題もありました。

2 このケースにおける問題点

相談者夫婦には子どもはなく、遺言もありませんでした。相続財産の状況は、土地を売却した費用で預貯金が1500万円、不動産、他の財産はありません。隠れ借金は250万円、他に滞納している税金150万円が出てきました。借金については、「聞いたことがなく驚いている。他に借金があるかは全くわからない」とのことでした。

借金の債務整理と遺産分割については、本人には厳しいと判断、弁護士への依頼を提案し、知り合いの弁護士を紹介して会ってみることとなりました。

弁護士には事前に家族関係図、財産状況、借金の状況などの情報をメールで送り、後日相談に伺う段取りを取りました。訪問は相談者及びアイメイトと一緒に訪問しました。

3 対応策とその結果

約束の日に弁護士事務所へ相談に伺いました。打ち合わせをする中でこの弁護士に依頼をしたいということになり、初期費用、報酬などの条件を確認して正式に依頼をすることとなりました。

債権者との交渉についてはすべて弁護士にお任せをするのでご自身での交渉は一切不要とのこと。また借金の調査も弁護士にお任せし、もし他にも財産を超えるような借金が出てきた場合には、相続放棄の手続きも一緒に面倒をみていただけるとのことで、不安だった交渉の重荷が下りてホッとしていました。

弁護士にやり取りをしてもらった結果、時効が成立をしており支払い義務がないことが確定したと報告すると、ご自身で交渉をしていたらとても得られない結果に驚き、とても感謝をされたのを覚えています。

もう一方の遺産分割の話し合いの件は、打合せで弁護士より相続人である義母へ通知を出してもらい、相談者からの気持ちを綴る手紙も同封をすることになりました。弁護士からの通知文は諸刃の刃で、先方の感情を刺激して逆効果となるおそれも考えられるためです。

相談者からの手紙には、最愛の夫が病気で急死をしてしまったこと、あまりに急な逝去で連絡をすることができないままに葬儀、手続きに追われて大事な連絡が遅くなってしまったことをお詫びするものでした。また、弁護士に依頼をした理由と経緯について、今後の手続きについて協力をお願いしたい旨、できれば直接お会いして非礼のお詫びをしたいこと、遺品の形見分けをしたいことが綴ってありました。

また夫婦で撮った家族写真を同封しました。アイメイトのマリアも一緒に写っています。マリアは相談者の眼の代わりのパートナーというだけではなく家族の一員です。マリアは仕事を終えて帰ると帰宅した夫に遊んでもらうのをとても喜び、夫も楽しみにしていたとのことです。

義母は年金受給者で、独身の次男と2人で暮らしていました。相談者が言うには、長男である夫とは、母子間は絶縁状態、結婚5年で義母との接点はほとんどなく一切の交流はありませんでした。

このケースでは遺言がないので子のない夫婦の配偶者には全財産の相続権はありません。法定相続分は相談者3分の2、義母は3分の1となります。義母より遺産の3分の1の相続の権利を主張されれば財産分けをするつもりでした。相談者の想いは義母に長男の最期の連絡をできなかったことをお詫びしたい、借金の整理などはあるが、夫との幸せだった生活を伝えて、円満な相続手続きをしたいということだけでした。後日、義母から訃報の手紙に対する短い電話があったそうですが、その時には財産分けに関する話題には特に触れることはなかったとのことです。

その後、弁護士から借金調査の結果報告があり、これ以上借金はなさそうだとのこと、借金に関して相続放棄はしなくても大丈夫とのことで一安心をしました。

隠れ借金問題が落ち着いた後も、相談者より何度か義母へ葬儀の写真、納骨後の菩提寺を知らせる報告などの手紙を送っていたと聞いています。生前の長男経由では一切入ってこなかった長男夫婦の幸せだった生活を嫁は一生懸命に伝えてくれている。「ありがたいお嫁さんだね」、そのような感情が義母に芽生えていたのでしょう。

当時、相続診断士として私の想いは、相談者は45歳でこれからの人生も長く、ご自身の収入と遺族年金が生活の原資となります。老後の資金としてできるだけ多くの額を残して差し上げたいと考えていました。義母には同居をしている次男が生活を守ってくれます。法定相続分の主張をせずに配慮をしてくれるといいなと思っていました。「遺言があればこんな心配をしないで済んだのに」というのが私の当時の正直な気持ちです。

ある日相談者の携帯に直接義母から連絡がありました。「今までありがとう。相続の件なんだけど、放棄します。あなたには本当に感謝しています」と何度も言われ、以前の電話の時よりもかなり柔らかい口調だったそうです。相談者の気持ちが伝わった瞬間です。相談者から何度も送られた手紙、葬儀の報告、写真で自分の息子はこんなに大事にされていたと感激をされたそうです。

相談者はこう言います。

「義母に対して、夫が一方的に嫌っていただけで、本当は、母親は心配で仕方がなかったのかもしれない。一度言い出すと引かない夫の性格から義母様も辛い思いをされていたかもしれません。今回の遺産相続は、手紙を通じて気持ちが届き結果としてよい方向に進みました」。

このように2つの心配事は相続診断士と弁護士の協力のもと無事に解決をしました。「一人で悩まずに本当によかった。ありがとうございます。おかげで助かりました」という言葉が忘れられません。

4 むすび

後日、相談者からご自身の相続時の遺言の相談をいただき、お気持ちに寄り添い遺言作成のサポートもさせていただきました。内容は相続発生時に遺産は妹に、一定以上の金額があれば一部を「アイメイト協会（盲導犬の育成団体）」への寄付の希望をされ、実現をするために公正証書遺言を作成されました。

あれから5年が経ちますが相談者はお元気です。現在は2代目のアイメイトのエリーと暮らしています。仏壇に飾られている家族写真の夫と先代アイメイト、マリアの写真は今も笑っています。

☺笑顔相続のカギ

本事例では、生前の準備は叶わなかったものの、遺産分割を通じて、相続人がより緊密に連携したことで、それまでのわだかまりも解け、見事に笑顔相続で終えることができました。

ただ、文中で筆者も述べているように、故人が遺言書を残していたら、ここまで大変なことにはならなかったかもしれません。子どものいない夫婦の場合には、配偶者の他に、相手の両親やきょうだいが相続人になることがあります。すでに関係ができ上がっていれば何も問題はありませんが、不仲であったり、疎遠であったりする場合には、遺言書できちんと準備することが笑顔相続のカギといえます。

事例13

良かれと思った養子縁組で争族に

～遺言書と付言事項で想いを残す

上級相続診断士　秋山　千穂

＜家　系　図＞

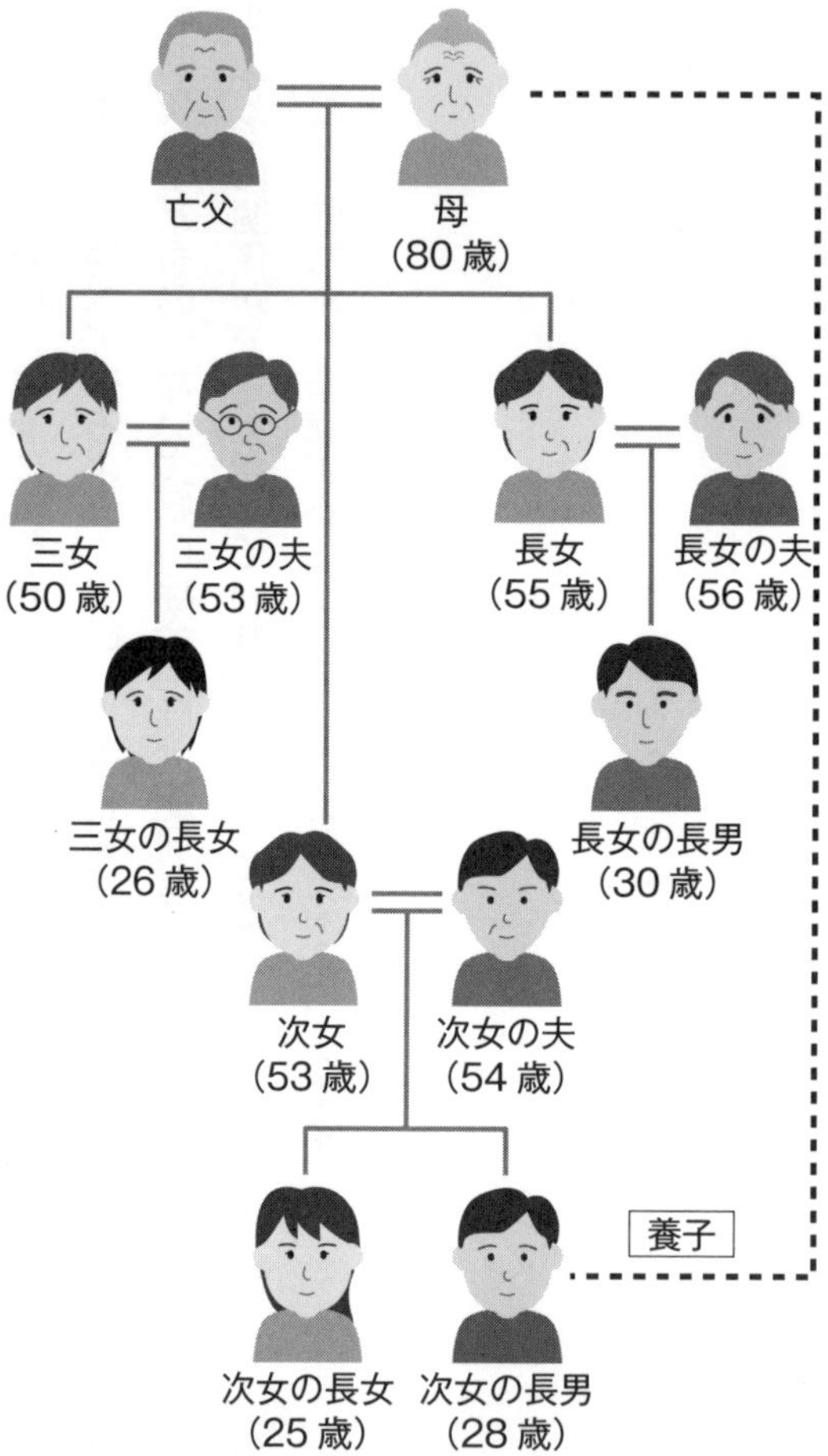

＜主な財産状況＞

・自宅不動産	1,500万円
・預貯金	300万円
・生命保険	1,200万円
合　計	3,000万円

1 家族の状況

相談者は筆者の古くからの友人で50歳女性です。

友人は3姉妹の三女。3姉妹はとても仲が良く、姉2人は県外に嫁ぎ、相談者も結婚して実家の近くに住み80歳になる母親の面倒をみています。

歴史のあるご実家ですが、残念ながら跡継ぎがいませんでした。

2 トラブルの種は跡継ぎ

久しぶりに会った相談者からの何気ない一言から友人一家の相続対策がスタートしました。

「姉（次女）の息子が社会人になって、それと同時に実家に跡継ぎがいないから養子に入ったの」

その話を聞いた瞬間は、ご実家の歴史が途切れなくて本当に良かったと思いました。「お母様も安心したわね」と返したところ、相談者は「そうなの。でもね、長女が『私は養子のことは何も聞いていない。相談されていない』と言い出して。しかもお母さんが亡くなったら私だって相続する権利があると言っているの」と悲しい表情をしました。

どうやら社会人になるタイミングで名字を変えるために家族でよく話し合いが行われず、長女の了解を得ないまま急いで養子縁組の手続きをしたようです。

しかも養子になった孫の生活の面倒を祖母である高齢の母がみており、日々疲れている様子で少し物忘れの症状も出てきて、跡継ぎができたと単純に喜んでいた当時と母の気持ちや考えにも変化が出てきたということでした。

この事例の危険度は次のとおりです。

＜相続診断結果による危険度＞

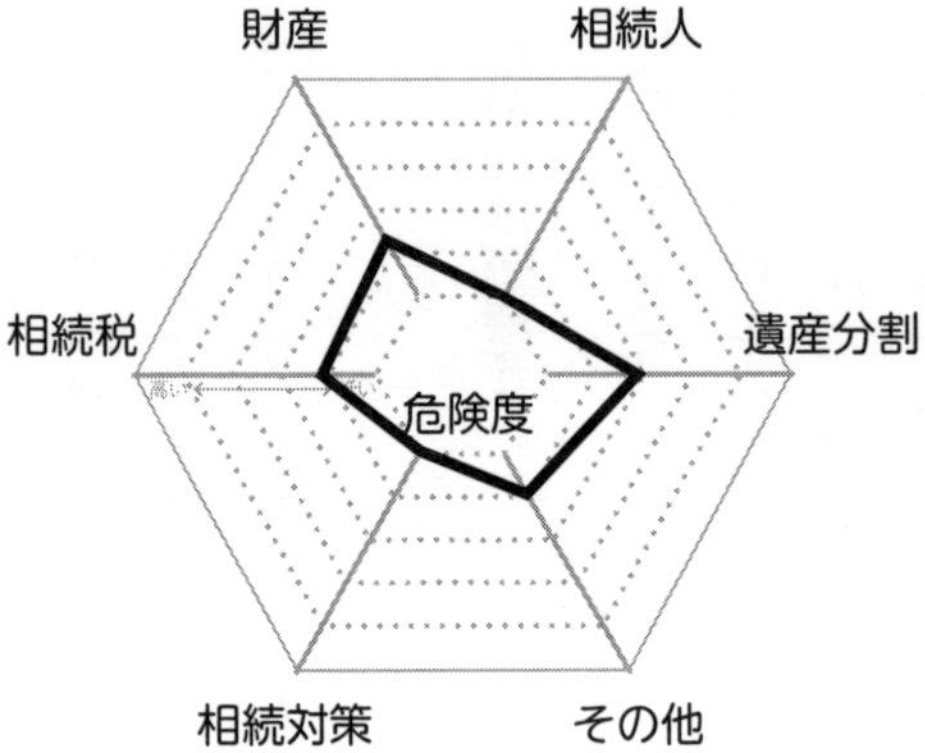

＜相続診断結果による緊急度ランク＞

●緊急度ランク A・B・Ⓒ・D・E
高い←→低い

相続診断結果をみると、

1　親の介護についての貢献度合いに差があることや、一部の子どもや孫にだけお金をあげていることなど、不公平が争族になる可能性

2　次女の長男が養子になっており、養子縁組について長女が納得しておらず遺産分割の話し合いが困難になる可能性

3　家族で相続についての話し合いが一度も行われておらず、遺言書やエンディングノートなども用意されていない

など、遺産分割について大きな問題があることがわかりました。

３ 母の想いと遺言書

相談者から話を聞いた筆者はその話に不安を感じ、昔からよく知る家族のために、相続診断士として何か力になれないかと考えました。相談者に今後母が亡くなられたとき、３姉妹だけの問題でなく養子に入った甥も関わってくることなどを説明し、母と話をする機会を設けてもらいました。

父と母はとても仲の良い夫婦でした。母は父が亡くなり、しばらくは精神的に不安定になってしまい、家に引きこもりがちでしたが友人たちのおかげで趣味もでき、やっと自分の楽しい老後を過ごせると思っていたところに孫からの養子縁組の申し出でした。母としては本家の嫁として女の子しか生まれず、跡継ぎがいないことを義兄弟に対してずっと申し訳なく思っていたようです。そこに養子縁組の話でそれは嬉しかったそうです。

ただ、いざ一緒に生活してみると孫との生活は朝起こすことから始まり朝食の支度から洗濯・掃除・夕食の支度と高齢の母にとってとても大変な生活です。思い描いていたゆったりとした自分の老後ではなくなってしまいました。そんな状況を知らずか養子の母（次女）は「私の息子は実家の跡継ぎになってあげた」と言っているそうです。

母は、こちらから養子になってくれとお願いしたわけではないのに、次女の「うちの息子が養子になってあげたんだから」という言葉にとても傷ついているとのこと。いくら可愛い孫とはいえ当たり前のように面倒をみるのはこの年齢では辛い。跡継ぎで養子である孫に財産はすべて渡すつもりでいたが、最近は、自宅不動産は養子である孫に、そして近くにいて面倒をみてくれている三女を生命保険の受取人に、葬儀代の支払いをして残った預貯金は3姉妹で仲良く分けてくれたら……と、考えが変わってきたと話してくれました。

母に、「ご自身が亡くなった時のことを考えるのは辛いかもしれませんが、このままでは仲の良い娘さんたちがもめて不仲になってしまう可能性もあります。そんな悲しいことにならないように安心できる事前対策をしましょう」と、公正証書遺言と母の想いが書かれた付言事項を残すことを勧めました。

そして家族が集まって話をする場を設けることを提案し、相談者と母、姉2人と養子の甥の5人の家族に筆者が同席し、相続についての話し合いが持たれました。

まずは母から、3姉妹が生まれてきてくれて嬉しかったこと。孫が養子になって跡継ぎになってくれて本当に嬉しかったこと。養子の手続きを急ぐ必要があり、長女には事後承諾のような形になってしまい申し訳なかったこと。そして大切な子どもたちが相続でもめることは絶対しないで自分に万が一のことがあってからも家族仲良くしていってほしいとの心からのお話がありました。

そしてそれぞれ子どもたちから母に対する感謝の気持ちと、次女からは日頃から息子の面倒をみてもらっていることについて感謝の言葉が伝えられました。母の想いが家族に伝わったおかげで穏やかに話し合いは進められ、最終的には母の意向がすべてと全員が承認し、母の想いのままの満足した遺言書を作成することができました。

最初は自分が死んだときのことは考えたくないし、うちは財産なんてないから大丈夫と言っていた母でしたが、時間をかけてゆっくり納得のいくまで話をして、相続は相続税だけの問題ではないことを話し、相続診断士である筆者が最後まできちんと寄り添うという約束で安心してくださり、そして何よりも家族の同意を得られ遺言書と付言事項の作成をサポートさせていただくことができました。

4 遺言書と付言事項

■公正証書遺言

① 自宅不動産1500万円と300万円の生命保険は養子である孫に。
② 生命保険600万円はよく面倒をみてくれた三女に。
③ 生命保険300万円を長女に。
④ 預貯金は3姉妹で均等に分けてほしい。

・自宅不動産は次女と養子であるその息子2人で相続ということにして名義をどちらにするかは親子で相談して決めてほしい。
・養子である孫受取人の生命保険の300万円は自宅が古いので建て直すときに使ってほしい。
・自宅を相続するからにはしっかり土地を守り、お墓を守っていってほしい。

など遺産分割についての母の想いと、母の嫁いでからのたくさんの思い出、そして3姉妹の母になって幸せだったこと、孫が跡継ぎになってくれてとても嬉しかったことなど母の熱い想いと感謝がたくさん記されました。そして何よりも母自身が人生の棚卸ができたと、すっきりした笑顔で喜んでいたことが印象に残っています。

5 むすび

「うちの子どもたちは仲が良いから相続でもめることはないと思う。遺言書は書いていないけどうまくやってね」「自分が死んでからのことだから知らない。子どもたちがどうにかするでしょ」

そんな声をよく耳にします。この本を手にされている人にそんな無責任な考えの人はいないと思いますが、本当に子どもたちに面倒と迷惑をかけず、争族にならずにずっと兄弟仲良く過ごしていってほしいと願うのであれば大切にしてきた想いを伝え、残してください。なぜその遺産分割なのかしっかり想いを伝えることで笑顔相続が実現できるのです。そして日頃から家族のコミュニケーションを大切にしてください。

遺言書と付言事項を準備した友人の母はしばらくして認知症が進み施設に入所しましたが、それから一年後に体調を崩して亡くなられました。遺言書と付言事項のお陰で、相続に難色を示していた長女をはじめ家族全員が納得し、争族にならず、3姉妹仲良く、そして実家の跡継ぎになった養子をサポートしています。

「想いを残す」ことからの笑顔相続の実現でした。

☺笑顔相続のカギ

争族を引き起こす原因にも色々ありますが、中でも悲しいのが、その相続に関わるすべての人が、自身では最善だと思って行動した結果が、コミュニケーション不足やボタンの掛け違いによって、相互で理解し合えず、それが不信や不満につながってしまうことです。

本事例では、母、長女、次女、三女の全員が、誰かの利益を損なわせることを目的に行動していないにもかかわらず、些細なことが積み重なって、何もテコ入れしなかったら、相続のときに3姉妹でもめてしまったかもしれません。筆者の提案により、家族で話し合いの機会を持ったことが、笑顔相続のカギになったことは間違いありません。

事例14

障がいのある子の親なきあと

～遺言があれば成年後見人は不要に

相続診断士・税理士　藤原　由親

<家　系　図>

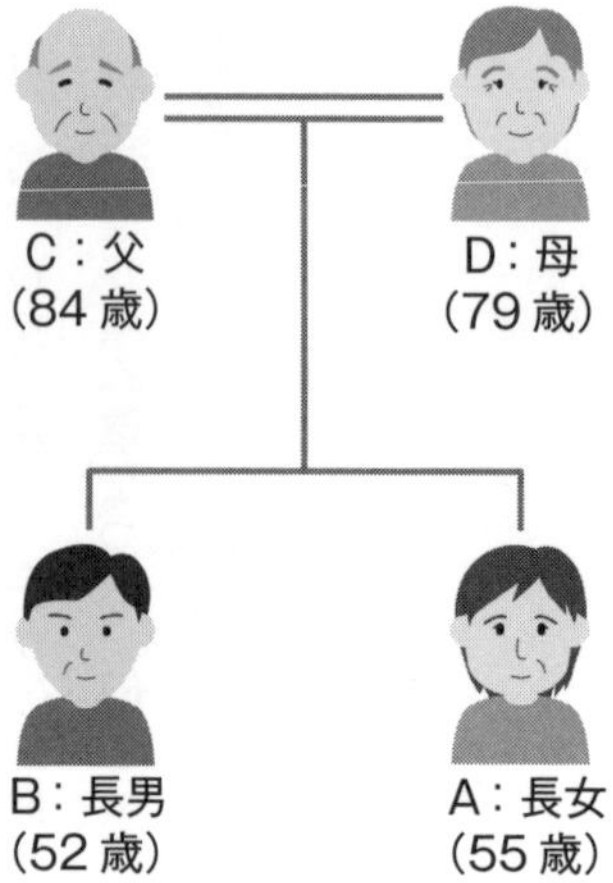

<主な財産状況>

・自宅	1,000万円
・預貯金	4,000万円
・生命保険	1,000万円
合　計	6,000万円

障がいのある子の親の「親なきあと」への不安は尽きることがありません。

「この子はどこに住むのだろう?」「働くところは?」「身の回りのお世話は誰がしてくれるの?」「お金の管理は?」「病気になったらどうなる?」。私も同じ障がいのある子の親として同じ思いです。そして、障がいのある子のためにできる限りのことをしておいてあげたいと思っています。

では、親として具体的にどのような準備をしておけばよいのでしょうか? ここでは、数ある「親なきあと」への準備のなかでも、「実際に障がいのある子の親が亡くなった時」に必要とされる準備について、事例とともに紹介します。

1 家族の状況

Cさん(84歳)一家は妻のDさん(79歳)、長女のAさん(55歳)、長男のBさん(52歳)の4人家族です。長女のAさんはすでに結婚し、家族とともに近所で暮らしています。長男のBさんには生まれつき知的障がいがあるため、CさんとDさんがお世話をしながら自宅で一緒に暮らしています。

Aさんは知人づてに親なきあとへの準備として「遺言」がとても大切だと聞き、CさんとDさんに話をしてみました。しかし、「そんなたいそうなことをしなくても、ウチはもめるわけがないから大丈夫」と聞く耳を持ってもらえません。確かに、甲さん一家の人間関係は良好で、みんなで障がいのあるBさんを支えながら仲良く暮らしていました。Bさんも判断能力には問題があるものの、休日にはビールやカラオケを楽しむなど、自分らしく、楽しく暮らしていました。

「とはいえ、親なきあとのために本当に何もしなくてよいのだろうか？」

Aさんが心配に思っていた矢先、Cさんは脳梗塞で突然亡くなってしまいました。

この事例の危険度は次のとおりです。

＜相続診断結果による危険度＞

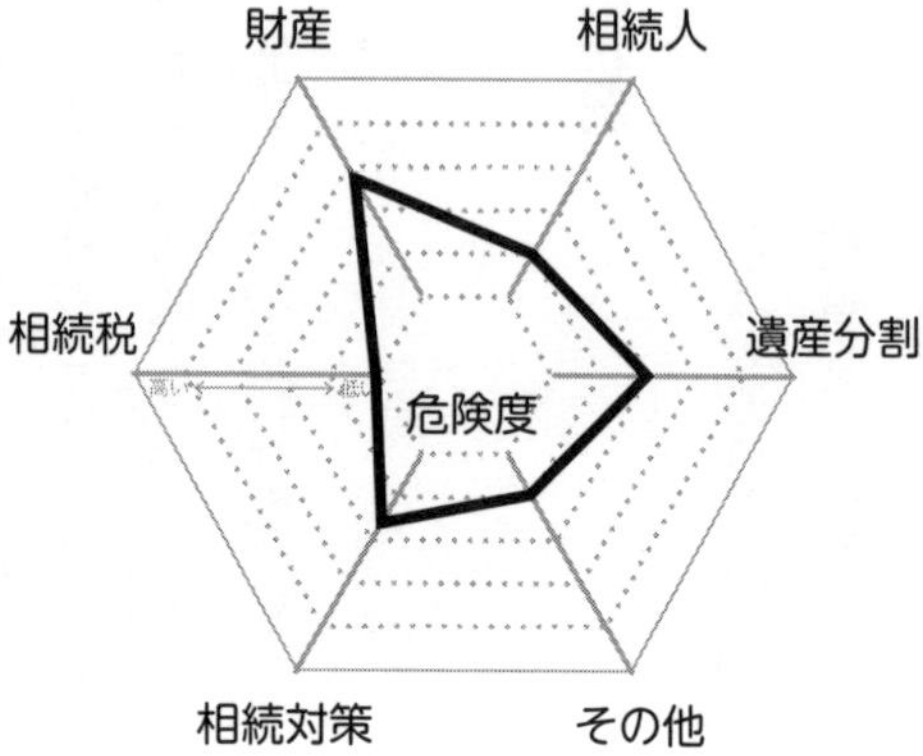

＜相続診断結果による緊急度ランク＞

●緊急度ランク（A）・B・C・D・E
高い←→低い

相続診断結果をみると、相続人に障がいのある人がいるため、遺産分割の話し合いが困難になる可能性があることがわかります。

障がいのある相続人に判断能力がない場合、その相続人に成年後見人を付ける必要があります。成年後見人の選任には手間と時間がかかります。また、成年後見人はその相続人についての法定相続分を確保するよう主張するため、遺産分割の話し合いがスムーズに進まない可能性があります。

■「遺言」がない場合の手続き

四十九日が終わり、DさんとAさんは悲しみに暮れながらも相続の手続きに取りかかることにしました。知り合いの司法書士に尋ねたところ、Cさんの遺言がない場合は残された相続人の間で「遺産分割協議」をしなければならないということです。

遺産分割協議とは、Cさんの財産について誰がどのように引き継ぐのかを、相続人であるDさん、Aさん、Bさんで話し合うことをいいます。相続人全員が合意すれば遺産分割協議は成立します。最終的にその内容を「遺産分割協議書」にまとめ、各相続人が署名押印します。不動産や預貯金の名義変更の際には、この遺産分割協議書が必要となります。ここで予想していなかった問題が発生しました。

2 相続後に浮かび上がった問題点

Cさんの財産の引き継ぎについて、DさんとAさんとの間では特に争いはありません。しかし、遺産分割協議を成立させるためには、相続人「全員」の合意が必要です。もちろん、DさんとAさんは「合意」をすることができます。では、Bさんはどうでしょうか。Bさんは遺産分割協議書の内容を理解することができません。理解をすることができなければ、「合意」をすることもできないことになります。つまり、相続人「全員」の合意を得ることができないため、遺産分割協議が成立しないことになるのです。そのような場合は、Bさんに成年後見人を付け、Bさんの代わりに遺産分割協議書にハンコを押してもらうことになります。

(1) 成年後見人とは

成年後見人とは、判断能力が低下した人、あるいは判断能力がなくなった人のために、その人に代わって契約ごとや財産の管理をしてくれる人をいいます。本人に代わって遺産分割協議書にハンコを押すことも成年後見人の権限で行うことができます。成年後見人は家庭裁判所が選任します。障がいのある子に判断能力がない場合、その子の契約ごとや財産の管理を支援してくれる公的な制度は、現在の日本において成年後見制度しかありません。

(2) 成年後見の注意点

成年後見人を付けるためには家庭裁判所を通して手続きをしなければなりません。それだけでもかなりの手間と時間がかかりますが、問題はそれだけではありません。

遺産分割協議が終わったからといって、Bさんに付いた成年後見人がはずれるわけではないのです。成年後見人は基本的にBさんが亡くなるまで付いたままになります。つまり、Bさんが亡くなるまで、その後見人がBさんの財産を管理し続けることになります。弁護士・司法書士・社会福祉士などの専門家が後見人に付いた場合には、当然ながらその後見人に対する報酬も払い続けなければなりません。

後見人の報酬の目安は成年被後見人の財産額等に応じて月2万円～6万円といわれています。もし、障がいのある子がまだ若いときに後見人が付いた場合は、後見の期間が長くなる可能性が高くなります。中には親なきあと、20年以上生きる子もいるでしょう。後見人への報酬が月2万円だったとしても、20年間払い続ければ、累計で480万円にもなります。

⑶ 後見人を付ける？　付けない？

Dさんと A さんは障がいのあるBさんに後見人を付けることについて迷っていました。

「後見人を付けなければ遺産分割協議ができないことはわかったけれど、それだけのために何百万円も払うことになるかもしれない」

加えて、成年後見人は家庭裁判所が選任するため誰が後見人になるかはわかりません。

「もし、Bの障がいについて理解のない後見人だったらどうしよう。Bのお金の使い道を制限されたらBは今のように楽しく暮らしていけるのだろうか」

そんな心配も頭をよぎります。

しかし、遺産分割協議をしなければCさんの預貯金を使うこともできません。いつかは生活に支障をきたすようになります。相続税の申告期限が迫ってきたこともあり、DさんとAさんはBさんに後見人を付けることにしました。その手続きをしようとしている最中、予想だにしていなかった悲しいことが起こってしまったのです。

3 予想もしなかった悲しい結末

相続税の申告期限も近づいたある日、申告書類の準備をしていた筆者にAさんから一本の電話が入りました。

「弟がコロナで亡くなりました」。筆者はAさんの言葉に耳を疑いました。利用していた作業所でクラスターが発生し、1か月ほど前にBさんも罹患したのだそうです。病院で治療を続けていましたが、あろうことかそのまま亡くなってしまったのです。同じ障がいのある子の親族として、DさんやAさんの悲しみを想うと本当に胸が痛みました。

このような場合、Cさんの遺産分割協議はDさんとAさんの合意で成立します。結果として、Bさんの合意なくして遺産分割協議は成立することになりました。したがって、Bさんに成年後見人を付ける必要もなくなったのです。

4 「親なきあと」のためにやっておくべきこと

このように、障がいのある子に判断能力がない場合は、遺産分割協議のためだけに障がいのある子に成年後見人を付けなければならなくなります。私も親の立場としては、自分の遺産分割協議のためだけに障がいのある子に成年後見人を付けることには抵抗感があります。

今回は、思わぬ悲しい結末により、Bさんに成年後見人を付けることを回避できました。では、このような状況を避けるためには、そもそもどのような準備をしておけばよかったのでしょうか。

このようなケースでは、親が遺言を作成しておくことがとても有効です。Cさんが遺言を残していれば、遺産分割協議を経ることなく、家族に財産を引き継いでもらうことができたのです。遺産分割協議のために障がいのある子に成年後見人を付ける必要もありません。

争いを避けるために遺言を作成することはとても重要です。しかし、障がいのある子の親にとっては、このようなケースに備えるためにも遺言を作っておくことが必須です。

まだ親の年齢が若い場合は、子の将来もどうなるかわからない状態で遺言を書くのは早い、と感じる人もいらっしゃるかもしれません。しかし、今回の事例のように、何が起こるかは誰にもわかりません。予想外のことはいとも簡単に起こるのです。まだ一つ一つの財産の引き継ぎ先までは決められないという場合は、とりあえず「すべての財産を妻（又は夫）に」という遺言でもよいでしょう。私自身も「すべての財産を妻に」という内容の公正証書遺言を作成しています。遺言は何度でも書き直すことができるため、家族の状況が変わればそのときに書き直せばよいでしょう。

愛する家族を守るために、「親なきあと」への準備の第一歩として、ぜひ遺言の作成を検討してみてください。

☺笑顔相続のカギ

「親なきあと」は本当に尽きることのない悩みです。

自分亡き後、どうやって生きていくのだろう？

このようなご相談も多く受けるようになりました。後見人をつければ解決するような、そんな単純な問題ではありません。

一方で、「親なきあと」問題に取り組む、NPOや社団法人なども増えてきました。本事案の筆者である藤原先生もその一人であるし、相続診断士の仲間にもたくさんいます。

1人で悩まず、同じ悩みを持つ仲間に悩みを共有して、少しでも負担を減らしてください。

相続診断協会も、障がいのあるお子さんが大人になっても安心して暮らしていける、そんな日本になることを切に願っています。

第3章

さまざまな家族のかたち

事例15

若いからまだ大丈夫？

～おひとりさまが突然死するとこんなに大変なことに

全国相続診断士会 会長・上級相続診断士　一橋　香織

＜家　系　図＞

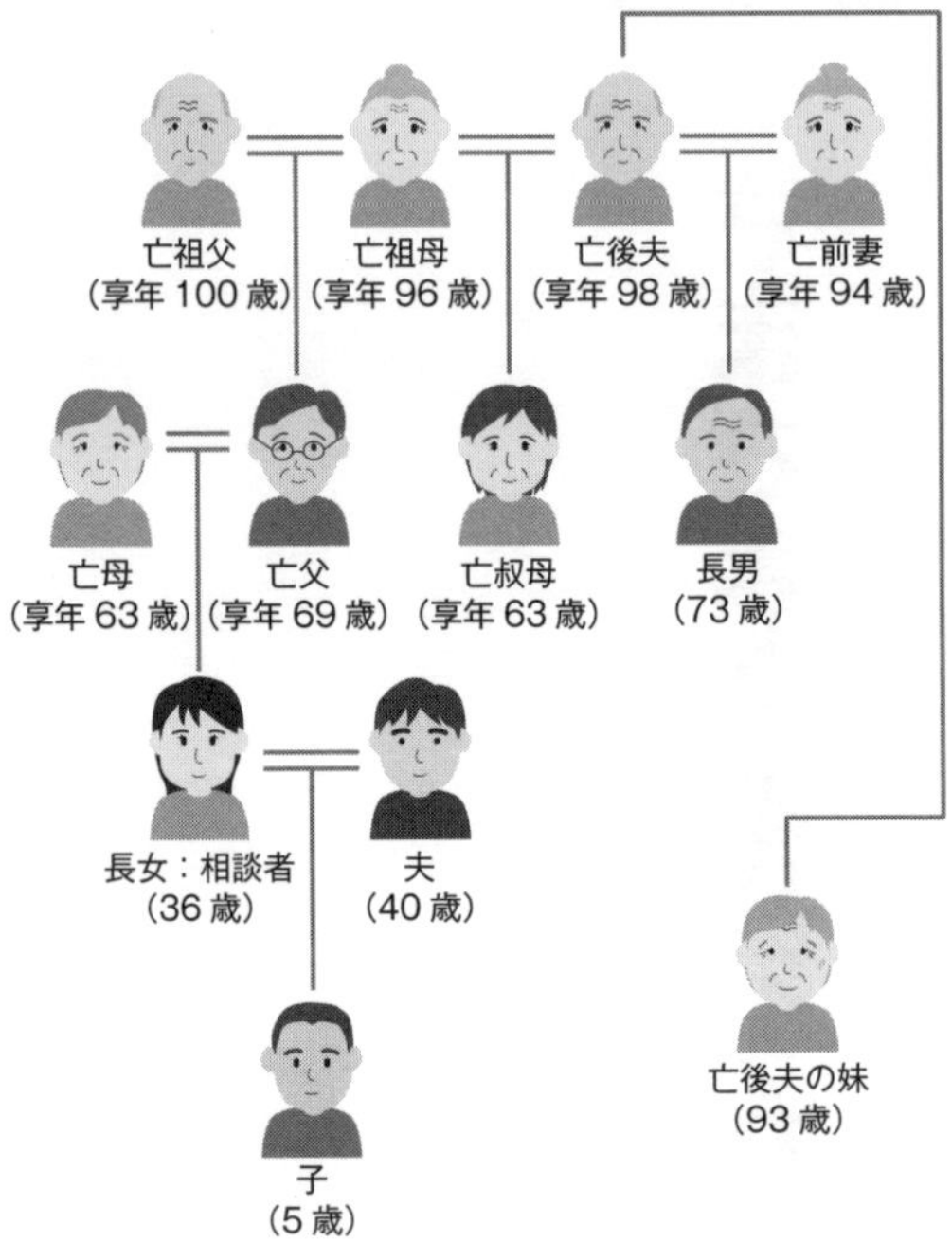

＜主な財産状況＞

・自宅不動産（土地名義は祖母の後夫のまま）　3,500万円
（※事故物件のためもっと安くなる可能性あり）

・現金　1,500万円

・上場株式　500万円
（※亡くなった日の時価）

合　計　約5,500万円

＊その他、外貨建て養老保険10万ドル（死亡時の受取人：相談者）がある。

最近、「おひとりさま」の相続相談が増えていますが、今回は叔母が孤独死をしたという30代の方からのご相談でした。

まだ年齢も60代前半ということで何の対策もされていなかったことが裏目に出たケースで、今後増えると予想される「おひとりさま」の相続対策について考えるきっかけになればと思います。

1 家族状況・財産の状況

・相談者の父は数年前に交通事故で他界。
・亡父には祖母の後夫との間に異父妹が1人。
・その叔母が自宅で孤独死したため、代襲相続人となった相談者からのご相談。
・叔母の相続人は、祖母の後夫の前妻との間の異母兄と相談者の2人。
・叔母の主な財産は、叔母の父名義のままの自宅不動産と現金1500万円及び上場株500万円の計5000万円。
・相談者が受取人の生命保険金10万ドル等。

遺言が残されていなかったため、相続人間で遺産分割協議をする必要がありました。（相続関係が複雑なため相続関係図を参照ください）

2 このケースにおける問題点

相続診断チェックシートの診断結果からみた、今回の事例の危険度は次のとおりです。

＜相続診断結果による危険度＞

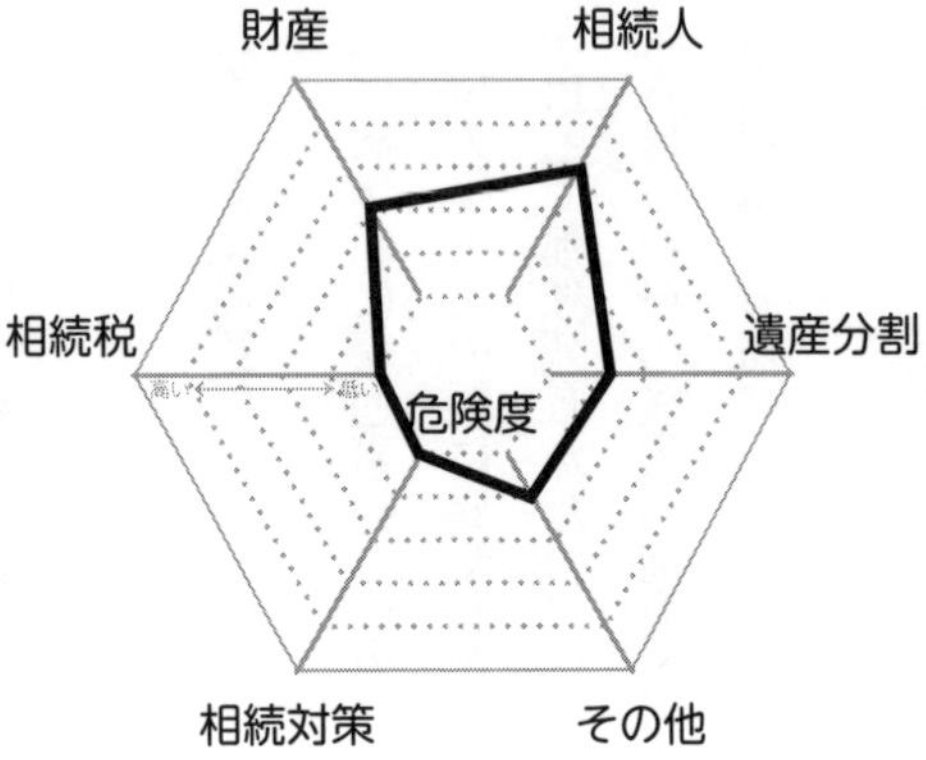

＜相続診断結果による緊急度ランク＞

●緊急度ランク A・B・Ⓒ・D・E
高い←→低い

相続診断結果をみると、

1　相続手続きが進まない可能性
2　遺産分割が成立しない争族の可能性
3　相続手続きが複雑になる可能性
4　相続手続きが煩雑になり、また遺産分割の話し合いが困難になる可能性
5　兄弟姉妹甥姪も相続人になる

などの他、遺品整理・墓の問題や死後事務の問題もありました。

今回すでに相続が発生しており、このすべてが問題となりました。

3 対応をしなかった結果

主な相談内容は、叔母が浴槽で死後1か月ほど経過した状態で発見されたため、叔母の自宅が事故物件となってしまったが今後、

・死後事務及び遺産分割協議はどのように進めればいいか？

・相続人の1人である、叔母の相続人が誰になるのか調べてほしい

というものでした。

その他に叔母の墓はどこにすればいいかなどのご相談もありましたが、ヒアリング後、相続人と相続財産を確定し、遺産分割協議後に事故物件となった不動産を売却するのか相続するのかを決める必要があると判断し、紹介者の司法書士とともに死後事務・遺産分割協議サポートを受任しました。

まずは、相続人確定のため戸籍を取り寄せたところ、附表から叔母に兄がいることがわかりました。もちろん、相談者はその存在は知らず所在も知りませんでした。しかも叔母とは年に数回、盆や法事の際に会う程度でそれほど交流をしていなかったらしく、どこに何があるかもよくわからないということでした。

そこで、特殊清掃と遺品整理を依頼された業者に再度念入りに部屋を調べてもらったところ、エンディングノートが出てきました。

そこには、おおよその財産と叔母の実の父の妹の存在が書かれていて、連絡先も記入されていました。その人に連絡をしたところ、叔母の兄であるもう1人の相続人は運の悪いことに認知症で老人ホームに入っていること

が判明しました。相続人に認知症などの判断能力のないものがいる場合は、成年後見人を付けて遺産分割協議を行う必要があります。

叔母の実父の妹は判断能力はある状態ですが高齢のため、その子が中立人となってくれることになり、成年後見人を選任するための手続きに入ることが決まりました。

まだまだ先の長い話で、家庭裁判所から成年後見人が選任され、その後、遺産分割協議後、法定相続分どおり財産を移転。つまり、会ったこともない相続人と不動産を共有することになります。

相続税はかかるかかからないか微妙なところのため、税理士に相続税評価を依頼。相続税がかかる場合は、相続税の申告納税も必要です。

今後の問題として相談者が一番気にしているのは、共有不動産を成年後見人が付いた状態で売却することは可能なのか？　という点です。

家庭裁判所から売却の許可が出なければ管理は相談者がするしかなくなります。

遺品整理及び特殊清掃費用や葬儀費用は叔母の養老保険から支払ったとはいうものの、就学前の子を抱えた相談者の負担は精神的なものも含めて相当なものとなりました。

4 むすび

これを書いている筆者も相続関係図を見ながらでないと混乱するような複雑な相続関係です。

相談者自身も親交のあまりない叔母の突然死だったため、親族関係ですら把握できていなかったのでヒアリングに時間を要し相続関係図も何度も書き直しました。

運の悪いことばかりのご相談のようですが、一点よかったのは相談者の叔母はエンディングノートを書いて遺していたことでしょうか。

そこには将来、公正証書遺言を70代には作成したいというような意味のことやお墓はどうしようなどと書かれていて、故人もこのままでは大変なことになるという意識はあったようです。ご自身の財産や実父方の親族が書かれていたことは非常に助かりました。

一方で問題意識があったにもかかわらず、具体的な対策は何もされていませんでした。故人もどうしたらいいか誰に相談したらいいのかわからないという感じの印象を受けました。それに健康状態は特に悪いところもなくまさか、ご自分が浴槽で突然死するとは思いもよらなかったでしょう。

普通に考えれば、持病も特になければ60代前半で亡くなるとは誰も思いません。ただ、故人は「おひとりさま」なうえに結果、孤独死となりさらに相続関係が複雑で共有の不動産もあったため対策を先延ばしにしたことが裏目に出ました。

故人がもし生前に筆者や相続診断士のところに相談に来られていれば以下のことをご提案し、今回のことは突然死以外、未然に防げたと考えています。

さすがに突然死だけは防ぎようがありませんが、それでも発見は2、3日以内にできたはずです。

① 見守り契約（孤独死を防ぐため、ＬＩＮＥ等で毎朝安否確認等を実施）

② 委任契約・任意後見契約（判断能力があっても自分で財産管理ができなくなった際のサポートや判断能力がなくなった際の後見）
③ 公正証書遺言＋遺言執行者（遺言の内容を確実に実行することが可能）
④ 死後事務委任契約（遺品整理や葬儀・埋葬及び死後の事務手続き全般）

少なくとも遺言があれば共有不動産以外を相談者が相続することができました。共有不動産に関しては実父側の兄に相続させるとしておけばよかったのです。そうすれば、遺産分割協議は必要ありませんでしたし、当然不動産が見知らぬ相続人と共有になることもありませんでした。

筆者のような相続診断士に①から④を依頼すれば相談者の手を煩わせることもなかったでしょう。

「おひとりさま」は、まだ若いから大丈夫と問題を先送りすることなく、相続対策を早めに実行していただきたいと切に感じた事例となりました。

☺笑顔相続のカギ

「思わぬ人の相続人となる」

結婚していない、していたけれど死別していて、子どもがいない。

このようなケースは、きょうだいが相続人となり、きょうだいが亡くなっていると甥姪が相続人となります。

「おひとりさま」の相続相談が増えてきましたが、相談される人のほうが少なく、「おひとりさま」の多くはお亡くなりになってから相続人となった親戚が苦労をします。

「おひとりさま」の相続財産の調査はとても難しく、相続人も遠方にいたり、認知症になっていたりと相続手続きは困難をきわめます。

幸いにもこの本を手に取っていただいた「おひとりさま」、そして「おひとりさま」のおじやおばがいる人は、すぐにお近くの相続診断士にご相談ください。

事例16

財産管理ができない子どもがいる場合

～家族信託や公正証書遺言、任意後見契約などで対策

上級相続診断士・税理士　若狭　浩子

<家　系　図>

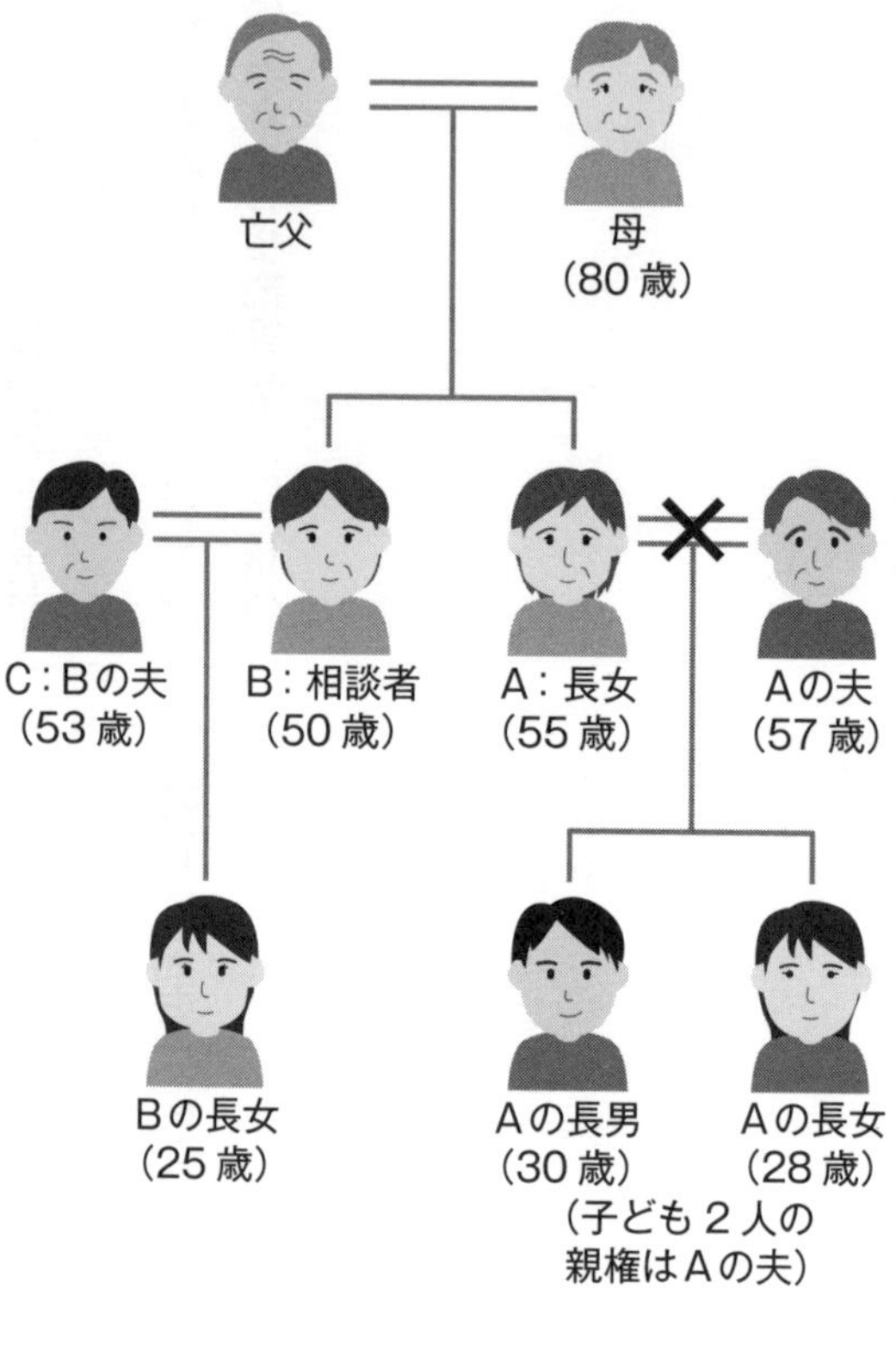

<主な財産状況>

・自宅不動産	3,000万円
・預貯金	5,000万円
・上場株式	7,000万円
合　計	1億5,000万円

＊この他、長女、次女を受取人にした保険金1,000万円がある。

1 家族の状況

相談者は、50歳の次女Bでした。Bは、夫Cが仕事の関係で海外在住のため、Bの長女と2人で暮らしています。近所に住む母とは大変仲が良く、物忘れが増えてきた母の様子を気にしていました。

5歳年上の長女Aは、隣の市に住んでおり、Bとはほとんど交流がありません。Aは1度結婚し、子どもも2人出産しましたが、長男が高校生の時、離婚しました。子どもは夫が親権をとり、Aは1人で暮らすことになりました。離婚後、精神疾患の診断を受けましたが、その精神疾患の影響で非常に浪費が激しくなりました。欲しいものがあると、預貯金を使い果たすだけでなく、多額の借入もしてしまう状況でした。

母は、月に1度Aに連絡を取り、Aに生活費をねだられて、そのつど振り込んでいました。

Bは、そのような状況で、母の良き相談相手となっていましたが、母の物忘れが多くなってきたことに不安を感じていました。認知症及び相続対策が必要ではと、Bは家族信託や後見制度を調べている中で、弊所のホームページをみて、母とともに相談に訪れました。

2 このケースでの問題点と相談内容

Bからの相談は以下のものでした。

・母が認知症等で財産管理が困難となった場合、Bに任せたいが、どのようなことをすればいいのか。

・Aは、母が亡くなった場合の相続でまとまったお金を持てば、すぐに浪費し、その後の生活が困難となってしまうが、解決策はあるのか。

・BがAより早く死亡した場合、できる限りBの長女には負担をかけたくないが、方法はあるか？

この事例の危険度は次のとおりです。

＜相続診断結果による危険度＞

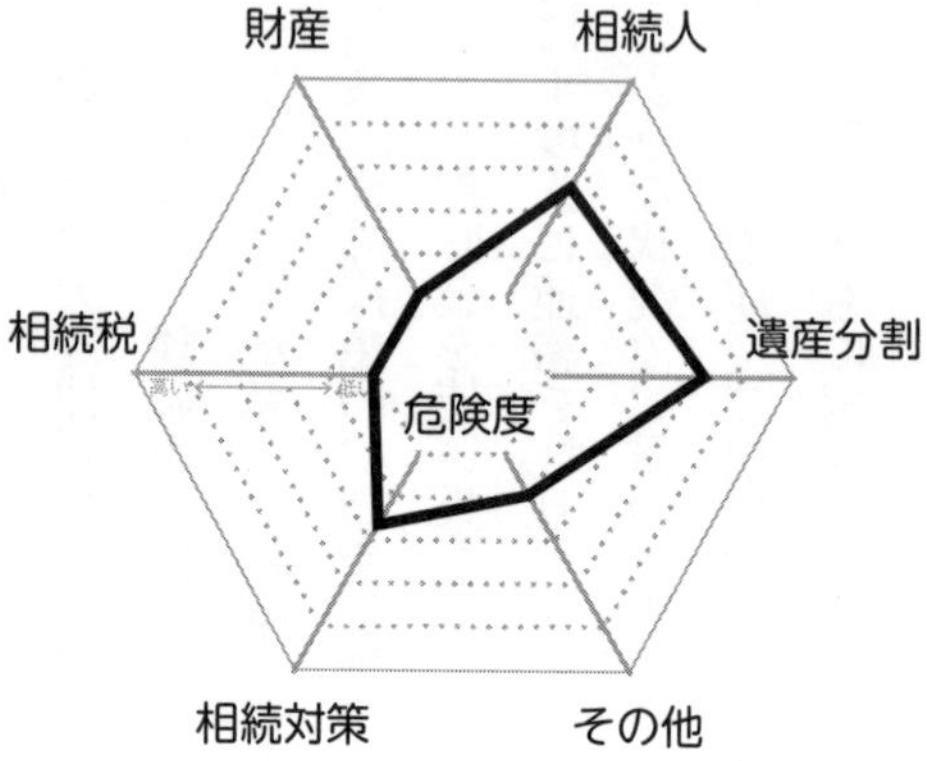

＜相続診断結果による緊急度ランク＞

●緊急度ランクⒶ・B・C・D・E
高い←→低い

相続診断結果をみると、

1　相続手続きが進まない可能性。

2　遺産分割が成立しない争族の可能性があるため、遺言書作成の検討。

3　相続手続きのため、後見人・特別代理人等の選任が必要になる可能性。

4　相続税が課税される見込みのため、納税資金準備も含め、試算が必要。

5　相続対策以外に、母親の認知症対策、親なきあと問題の対策の検討。

どのような制度が適用可能かの検討と提案が必要でした。

③ 対応策とその結果

この相談に対しては、契約書などの作成や信託登記が必要であったため、途中より家族信託に精通している司法書士と連携し、話を進めました。

(1) 家族信託① 母への認知症対策

まずは、家族信託制度を提案しました。判断力がある間に、委託者（財産管理を任せる人）が受託者（財産管理を託される人）を決め、信託する財産も相談して決める制度です。後見制度とは異なり、裁判所が関与することもなく、本当に信頼関係がある場合にお勧めできます。今回は、母とBの信頼関係が強く、財産を委託する母親も、財産管理をする受託者となるBも家族信託を希望しました。

信託財産は、自宅不動産と預貯金のうち4000万円としました。また、状況により、信託財産を追加できるように設定しました。

(2) 家族信託② Aの生活費対策

今回最も問題となったのは、Aの生活費をどのように、また毎月いくら渡すか、でした。

相談時点で、Aは精神疾患の症状があり無職でしたが、障害年金の給付や障がい者認定を受けていませんでした。筆者は、この生活費を決める前に、障害年金の給付や、特定贈与信託などの制度を使えないかと考えました。障害年金の給付があれば、生活費として渡す金額を減らすことができ、相続財産を多く残すことができます。

また、特定贈与信託は、信託会社等を通して、障がいがある子どもなどに贈与をすることができ、預けたお金は、生活や治療などを目的として定期的に受け取ることができます。障がいの程度によりますが、一定額まで非課税で贈与ができ、相続税の節税対策としても効果があります。ただ、手続きには本人の協力が必要でした。Aに協力してもらえるか、母やBから連絡を取ってもらい返事を待ちましたが、承諾してもらえませんでした。

そのうえで、年金の受取額なども考慮し、毎月の生活費を決定しました。この決定の際には、母がAに連絡し、本人の生活状況や必要な金額を推定し、じっくりと相談しました。家族信託は、委託者と受託者のみで、ほかの家族の承諾は必要ありませんが、将来のトラブルを避けるには、家族にも伝えることが理想的です。

(3) 生命保険信託の併用。Aの生活費対策

家族信託で生活費を渡す期間を15年とし、生命保険信託を併用しました。生命保険金は通常相続発生時に、死亡保険金として一時にもしくは年金として受け取ることができます。ただ、このタイプでは、Aが相続により取得した保険金をすぐに浪費してしまう可能性が高いと推測しました。

今回は、Aの生活費を維持するため、毎月Aが受け取ることができる生命保険信託を紹介しました。Bは、Aよりも5歳下ではありましたが、姉妹のどちらが先に死亡するかはわかりませんし、病気などにより受託者としての財産管理ができなくなる可能性もあります。家族信託の契約では、Bが受託者としての業務ができない場合の補助的な受託者をBの長女としました。しかし、Bとしては、自分の子に極力負担をかけたくないという思いがありました。そのため、母の死亡を15年先と仮定し、その後は家族信託ではなく、生命保険で生活費を受け取

る方法を提案しました。15年より先に相続発生の場合は、家族信託と生命保険信託が同時進行となります。

母には、株式のうち1000万円を売却し、一時払いで生命保険の契約をしてもらいました。この保険では、受取人がすべての生命保険金を受け取る前に死亡した場合、残りは誰が受け取るかも決めることができるため、Aの子ども2人を定めました。

(4) 公正証書遺言の作成

母は、自分やAの面倒をみてくれるBに、より多くの財産を遺しておきたいと希望しました。今まで、借金返済ができないAのために、亡父と母は多くの金銭を負担してきたそうです。Bに対しては、金銭面で不公平になっていると、申し訳なく感じていました。また、生命保険金は、遺産分割協議の財産から外れるため、逆に多くの財産をAが要求することを心配しました。

家族信託の契約で、信託終了に伴う残余の信託財産に関しては、Bが取得することを記載し、これ以外の財産を、遺言書で記載することにしました。この際、遺留分侵害の問題が発生しないよう、相続財産を十分確認し、検討しました。

また、公正証書遺言の最後の付言事項で、母から姉妹への愛情を込めたメッセージを伝えることにしました。母は、Aが家族と仲の良かった頃の思い出や、今もどれほど大切に思っているかを書き残しました。Bに対しては、いつも自分の世話をしてくれる娘への感謝の気持ちが記されました。最後には、「姉妹で争わず、仲良く、幸せに暮らしてほしい」と願いが込められました。

遺言執行者は、Bを指定しましたが、Aとのトラブルが発生した場合のことを想定し、筆者が予備的な遺言執行者に指定されました。

⑸ 任意後見契約の締結

後見人というと認知症等で判断力がなくなった後に、法定後見人の申立てをすることが多いのですが、専門職ではなく、母は次女であるBを後見人に希望したため、任意後見契約を締結しておきました。家族信託があれば後見は必要ない、もしくは、後見を併用すべきだといろいろな意見があります。実際に後見人が必要な状況になっても困らないように、任意後見契約をBと締結し、母もBも安心することができました。

4 むすび

公証役場での契約締結、信託口口座の開設に同席し、筆者の業務がいったん完了した際、Bからお礼の言葉をいただきました。

「本当に長い間、面倒な相談にのっていただき、ありがとうございました。実際に大変なのはこれからかもしれませんが、とりあえず肩の荷が下りました。これからも、どうぞよろしくお願いします」

精神疾患やひきこもりの問題は、本人も家族もオープンにしづらい繊細な問題です。今回、家族が問題にしっかりと向き合い、筆者に対してもすべてを打ち明けたことで、貴重な1歩を進めたことは、間違いありません。

☺笑顔相続のカギ

精神疾患などで財産管理などに支障をきたす子どもがいて、両親がその将来を心配しているというケースはとても多いものです。

本事例では、そのようなケースに詳しい税理士と司法書士がチームを組み、家族信託、障害年金の受給、特定贈与信託、生命保険信託、公正証書遺言、任意後見契約といったあらゆる手段を検討して、その中で最適なものを組み合わせて対策をすることができました。

家族信託では、その子どもに生活費を渡す期間を15年と区切り、生命保険信託も併用するなど、時限的な視点もきちんと踏まえられています。このようにたくさんの引き出しを持った相続の専門家と出会えたことが、本事例における「笑顔相続のカギ」といえるでしょう。

事例17

おひとりさまの財産の相続対策

～親の財産で争い疎遠となった兄弟姉妹がいる場合

上級相続診断士　竹内みどり

<家　系　図>

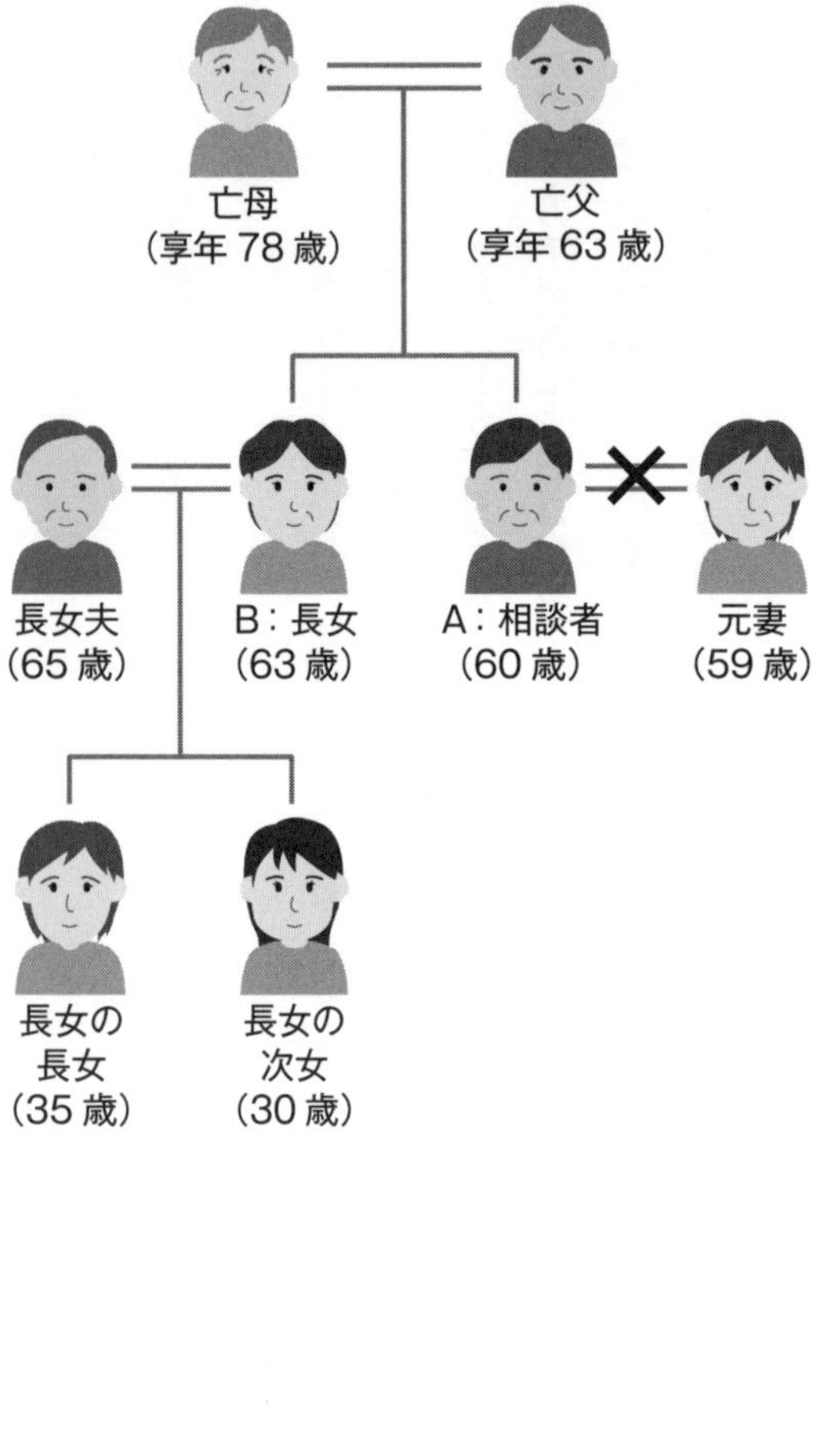

<主な財産状況>

・現金預金　　1,500万円

＊その他、楽器、CD、レコード、時計等の動産。

1 家族の状況

相談者は60歳の男性Aさん。かつては趣味のジャズを流す喫茶店を経営していましたが、病気を機に2年前に廃業しました。相談にいらした時は無職で、賃貸マンションに1人で居住。長い間大腸がんを患い、余命半年との宣告を受けてのご相談です。Aさんは離婚経験があり、かつてのご夫婦の間には子どもがいません。また、Aさんのご両親はすでに他界しており、Aさんには他県に住んでいる実姉のBさんがいます。Aさんの相続人は実姉のBさん1人だけです。ただ、Bさんとは10年ほど前に母親の相続の時に遺産相続の争いをしたため、その後連絡を取り合っていません。

2 トラブルの種

Aさんの話は次のとおりです。

「私は、余命半年の宣告を受けています。自分の死後、子どものいない自分の財産はすべて使ってしまえばいいと思っていました。ところが、友人から、『それでも財産が残ったら、その財産はお姉さんであるBさんにいくよ』と聞きました。それは困るのです。母親の相続の時に姉ともめたので、姉には絶対に財産を渡したくないんです。自分の死ですら知らせたくないです。何かいい方法があれば教えてください」というものでした。

今回の事例の危険度は次のとおりです。

＜相続診断結果による危険度＞

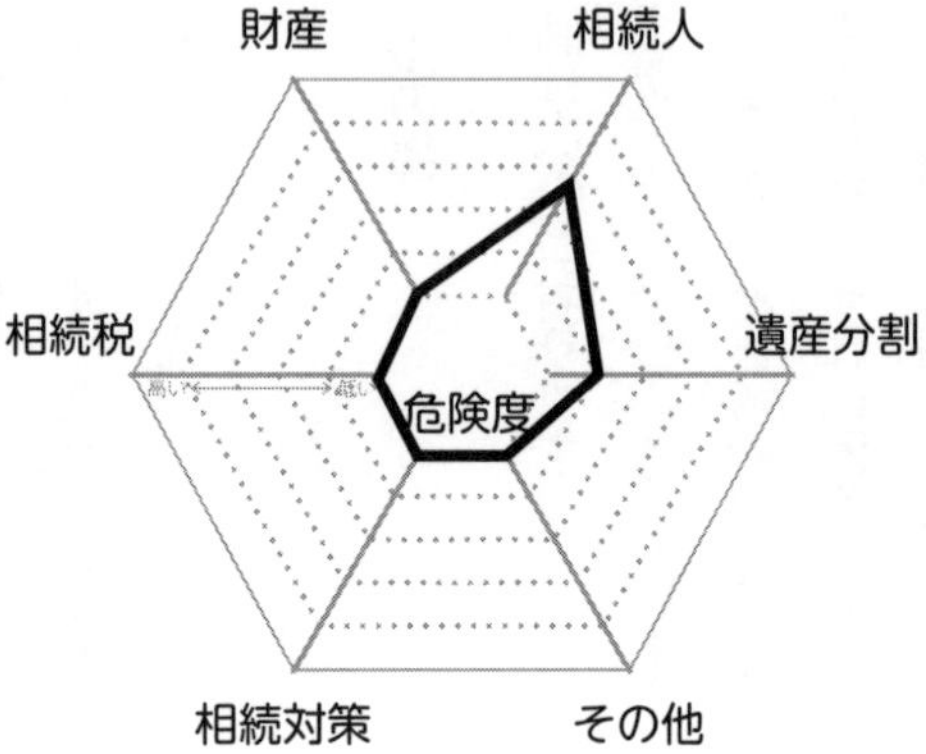

＜相続診断結果による緊急度ランク＞

●緊急度ランク A・Ⓑ・C・D・E
高い←→低い

相続診断結果をみると、

1　被相続人の想いどおりの相続にならないという問題
2　被相続人が動けなくなった時の問題
3　被相続人の生前の間の財産管理の問題
4　遺産整理の問題
5　墓の問題
6　死後事務の問題

などがわかりました。

❸ 今回の解決策

話を進めていくうちにたくさんの心配なことが出てきて、弁護士とファイナンシャルプランナーである相続診断士を中心に解決していきました。

(1) 今後の自分のエンディングへ向けての方法

① 見た目は元気そうですが、予断を許さない様子でした。ただ、最終的にはホスピス（緩和ケア病棟）で最期を迎えることにしましたが、相談時の段階では、病院にはいられません。かといって自宅で倒れるのも怖いので、ホスピスへ行くまでは、医療系のサービス付き高齢者住宅で生活をするように手続きをしました。

② 後見契約でもれてしまう「身上監護」という日常の生活支援を、身上監護をしてくれる団体に依頼しました。また、終末期には、家政婦をつけて日常のお世話をしてもらいました。

③ Aさんはご自身の死後については特段こだわりがなく、死後にお金をかけたくないというご希望でした。よって、通夜や葬儀はせず、納棺後簡単に親しい友人とお別れ会をする形をとり、火葬後は、お墓を作らず、共同墓地で永代供養をすることにしました。

(2) 法的な問題

法的な面では、弁護士とともに解決を図りました。

① 遺言書を作成

Aさんのような相続人が兄弟姉妹のみの場合、兄弟姉妹には遺留分がないため、実姉であるBさん以外の人に遺贈する内容の遺言書を作成すれば、Bさんへ財産は渡りません。よって、Aさんの希望が実現され、かつ、子どもの生活支援をしている団体へ寄付する内容の遺言書を作成しました。また、遺言の執行人には弁護士がつきました。

② 任意後見契約・財産管理契約

Aさんの体が動かなくなったり、自分で物事の判断ができなくなってしまったりした場合に、病院の手続きや財産の管理を、Aさんに代わってしなければなりません。そのための、任意後見契約、財産管理契約を締結しました。

③　死後事務委任契約

Aさんがお亡くなりになった後、免許証の返納、年金の手続き等の様々な手続きをする必要があります。そのために、死後事務委任契約を締結しました。

(3)　心とお金の問題

心とお金の面は、相続診断士が担当しました。

Aさんは相談時には収入はなく、預金を取り崩す生活をしていましたので、家計管理から見ていきました。

①　Aさんは無収入なのですが、役所に収入の報告をしていなかったので、国民健康保険料が現役並み所得者の保険料となっていました。市民税、県民税の申告（無収入の申告）をして保険料を下げ、さらに将来に向けての医療費（限度額適用認定証の申請など）及び介護保険の手続きと、過去の保険料等の還付手続きをしました。

②　Aさんは、自営業者だったので、国民年金と国民年金基金に加入していました。年金は65歳からしか受け取れないのですが、Aさんは年金交付の65歳までの生存は難しいので、国民年金の繰り上げ受給（60歳から受け取れる手続き）の手続きをして、生前に年金がもらえるようにしました。

③　医療保険、がん保険の給付金請求が未請求でしたので、過去の入院分もさかのぼり、その手続きをしまし

た。

④　アパートや動産については、Aさんのたっての希望で「亡くなるまでそのままにしたい」ということでした。今後は預金残高と相談しながら決めていくことにして、アパート代は支払う形にしておきました。

④ 遺言例

以上をふまえてできた公正証書遺言がこちらです。

第1条　遺言者は、その有する財産全部を換価し、その換価金から遺言者の一切の債務（日常家事債務、租税公課、入院・介護費用を含む）を弁済し、かつ、遺言の執行に関する費用（遺言執行者に対する報酬を含む）及び遺言者の葬儀に関する費用を控除した残金を次の者に遺贈する。
名称　特定非営利活動法人○○○○（子どもの生活支援をしている団体）
主たる事務所　名古屋市東区○○○1－1
2　遺言者は、遺言執行者に対し、口座の解約、預貯金の払戻し、名義の変更、金融債の換金、貸金庫があるときはその開扉及びその内容物の授受等本遺言に必要な一切の行為を単独でなす権限を付与する。

5 Aさんの終活のお手伝いを通して感じたこと

(1) がんは自然に終活ができるが他の病気は事前準備が必要

がんは自分の最期がおおよそわかるので、Aさんは思い残すことなくスムーズに終活ができました。例えば、余命半年といわれていましたが、サービス付き高齢者向け住宅、ホスピスは実際に自分で見て、納得して選ぶことができました。しかし、他の病気や老後については終わりがみえません。「いつかする」のではなく、自分のためにも残された家族のためにも、早めの対策が必要です。

(2) 争っていても最期は許したい

ホスピスに移られてからは、家政婦さんにいつも手を握ってもらっていて、「ありがとう」と口にするようになり、穏やかな日々を送っていました。そこで、「その他に何か望みはありますか?」と聞いたところ、「姉と仲直りがしたかった」ということでした。すぐにBさんに連絡をして、Aさんの状態をお知らせしました。結果的にはお2人は生前に会えなかったのですが、Bさんはお別れ会には参加でき、お別れ会で仲直りができたのかなと思います。たとえ争ってはいても、最期は恨みなく許せることが幸せだと思います。

(3) 改善点

遺言への付言事項についてです。今回は、相談時に実姉であるBさんのことを大変警戒していたので、付言事項をつけない形をとりました。しかし、よりよい遺言にするためには、Aさんの想いが伝わるようなものを作成しておいたほうがよかったです。つまり、付言事項に「将来の子どもたちのために使ってほしい」という遺贈する目的が書かれていたら、Bさんが遺言書を見ても、Bさんは不快な思いをしないで済みます。今つけるとしたら、こんな付言事項をつけたいです。

【付言事項】

私の財産は、将来の日本を背負っていってもらう、子どもたちに使ってもらいたいと考えています。私の死後にはなってしまいましたが、子どもがいなかった私ができることをしたいと思います。生活に困っている子どもたちの学費、生活費等に使ってもらえたら、こんなにうれしいことはありません。ご理解いただけるとうれしいです。

☺笑顔相続のカギ

本事例は、いわゆる「おひとりさま」、しかも病気で余命宣告をされた方から終活・相続の全般的な相談を受けて対応したというケースです。弁護士が遺言書、財産管理契約、任意後見契約、死後事務委任契約といった法的側面を担い、ファイナンシャルプランナーである相続診断士が心とお金の問題をフォローするという形でバランスのよい役割分担がなされています。

特にお金の問題は相談者の余命をいかに充実して過ごさせるかという重大な問題ですが、家計管理、年金の繰り上げ受給、医療保険といった多岐にわたる対応がなされており、大変参考になるケースといえます。

「おひとりさま」からの相談は、少子化や未婚者の増加から年々増えており、今後は本事例のような「チームでマルチに対応できる専門家」がますます求められる時代になるでしょう。

事例18

「知らなかった」では済まないのが相続

～再婚する人は必ず知るべき自分の相続

上級相続診断士・宅地建物取引士　小林　幸生

＜家　系　図＞

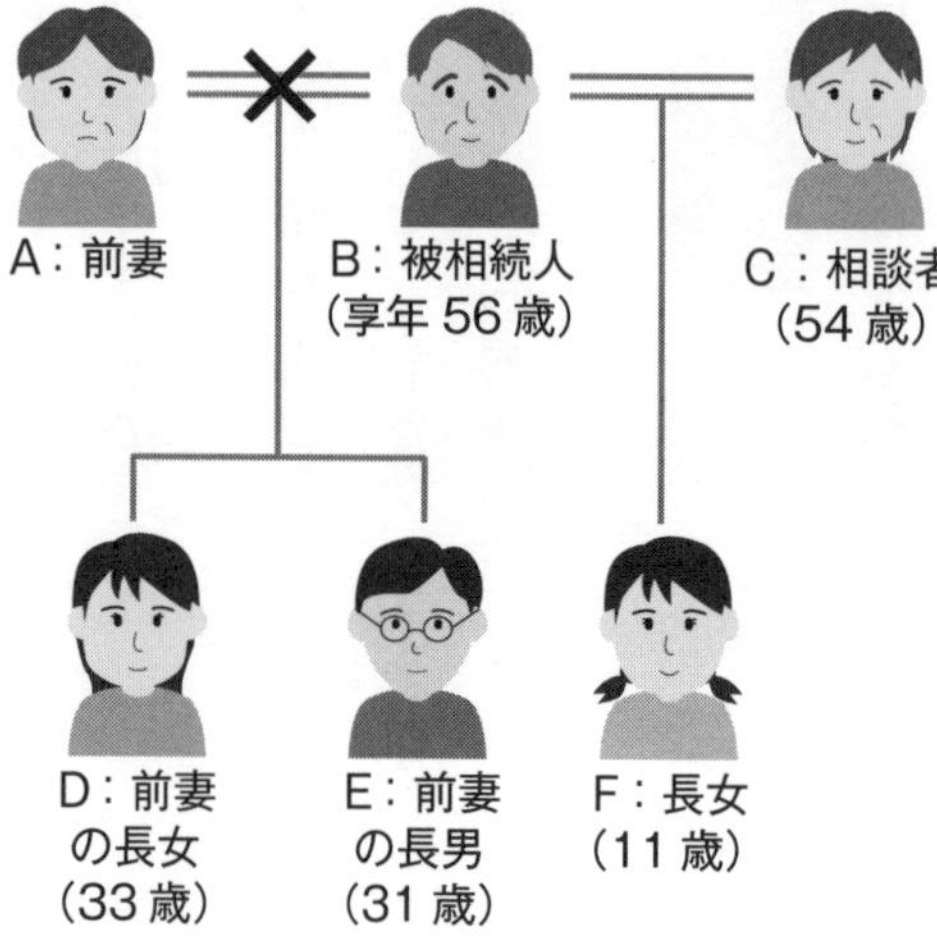

＜主な財産状況＞

・土地建物（自宅）	1,600万円
・預貯金（葬儀代）	100万円
・共済死亡保険	50万円
合　計	1,750万円

本件は今から6年前、筆者が相続診断士として初めて相談を受けた事例です。相続のことを知らない、何も対策をしないと、とんでもないことになることを身に染みて知ることになり、多くの家族に、相続を考えることは家族の幸せを考えることであることを知ってもらいたい、と思うに至った事例です。

1 Cさんからの相談

相談者はBさん（自営業）の後妻であるCさん54歳。当時、筆者は賃貸不動産管理会社に勤務しており、その会社で管理していた賃貸物件（Bさんの事業所：倉庫兼駐車場）の解約を、Cさんが突然連絡してきたことから、Bさんの事業が思わしくないのかと心配になり事情を尋ねました。すると、Bさんがガンで急死したことにより、その事業を継続することができなくなったとの話を聴き、急なことで大変だろうと「何か困ったことがあればいつでも相談してください、私は相続診断士として相続全般の勉強をしています、きっと何かの力になれますよ」とお伝えし、その場は話が終わりました。

それから3か月後、賃貸物件の解約手続きが終わるころに、Cさんから相続手続きについて相談に乗ってもらいたいと連絡があり、筆者はすぐにCさんと会いました。

Cさんから、「相続手続きを依頼した葬儀社から紹介された士業が、金銭の話ばかりしてくるのですが、そういうものなのでしょうか？」と尋ねられ、よくよく話を聴いてみると、その士業は相続人調査が終わった段階で遺産分割協議の説明をしたことが判明しました。Bさんの死を受け入れることができずにいる精神的に不安定な

Cさんが、その士業の説明が親切さを欠いていると不信感をもってしまったことが原因で、筆者が話を聴くことになりました。

「Bの相続人って誰がなるのですか?」と質問されたので、「Bさんの相続人は配偶者であるCさん、それから前妻の子であるDさんとEさん、そして後妻の子であるFさん」であることを告げました。するとCさんがため息をついたかと思うと人目もはばからず泣き出しました。何とかなだめていると今度は、「遺産は法定相続分で分けることになると士業から聴かされたのですが本当ですか?」と質問されたので、「確かにそういうケースもありますが、分け方については相続人全員による話し合い、つまり遺産分割協議で決めることになります」と告げるとまた泣き出してしまいました。

筆者もこのような相談は初めてで、ただ黙って見守ることしかできなかったのですが、Cさんは落ち着きを取り戻された時に、「実は遺産は自宅しかない、その自宅はBとやっとの想いで手に入れた大切なものです、前妻の子と分けるなんてあり得ない、分けないで済む方法はないですか?」と話されました。そこで、「知り合いの士業に相談してみるので今日のところはここまでにしましょう」と相談を終えました。

2 CさんとBさんの出会い・Bさんの元の家族関係

ここでBさんとCさんとの出会いの話をしておきます。その当時から約28年前、N県のスナックで働いていたCさんの店にBさんが飲みにきたことがキッカケでした。Bさんにはその当時妻のAさん、それから幼い子どものDさんとEさんがいました。CさんとBさんは不倫関係となったのです。Cさんがその事実を知って別れを切り出したのですが、どうしても別れることができずCさんの実家のあるO県へいわゆる駆け落ちをしました。それからBさんはAさんに離婚について申し出ると、意外にもすぐに応じる返事があり慰謝料や養育費の支払いも要求されることなく協議離婚が成立、そしてCさんとBさんは結婚することになりました。Bさんはそれっきり、子どもであるDさんやEさんと亡くなるまで連絡を取ることなく、時間が経過してしまいました。

この事例の危険度は次のとおりです。

＜相続診断結果による危険度＞

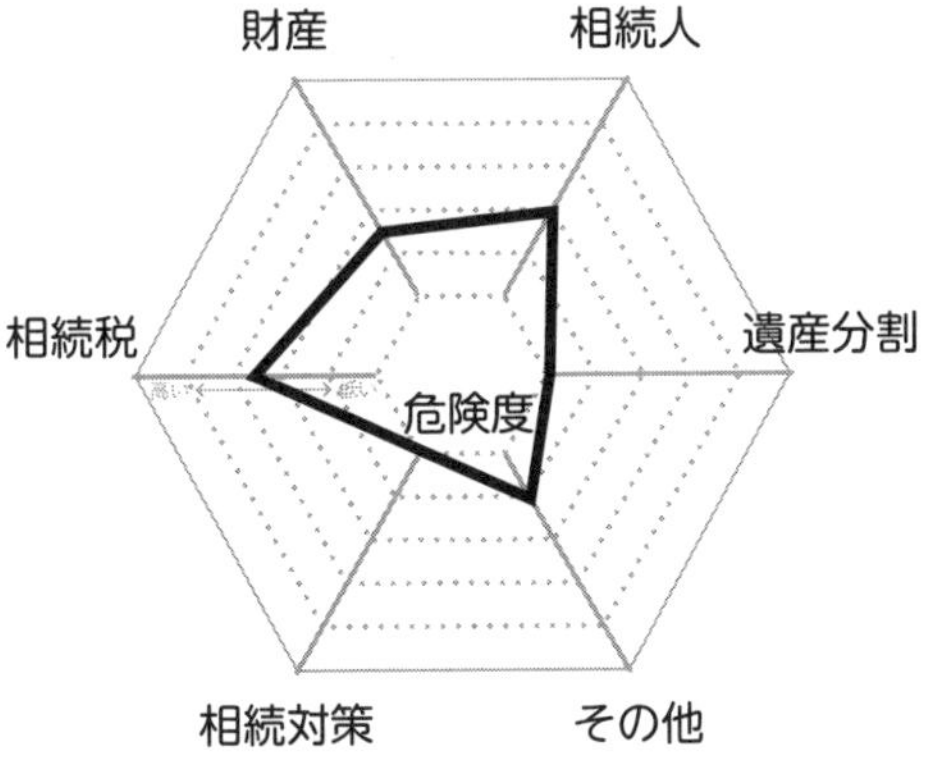

＜相続診断結果による緊急度ランク＞

●緊急度ランク A・B・Ⓒ・D・E
高い←――――→低い

相続診断結果をみると、以下が挙げられます。

1　相続人が誰なのか調査しましょう。
2　不動産、預貯金、有価証券、自社株、負債等の確認をしましょう。
3　相続手続きが進まない可能性があります。大至急専門家にご相談ください。
4　遺産分割の方法、配分等について話し合っておいたほうがよいでしょう。
5　相続手続きが滞る可能性がありますので、エンディングノートの作成をご検討ください。
6　生前贈与、エンディングノート、遺言作成、生命保険の活用をご検討ください。
7　先妻との間に子がいる場合、遺産分割が難航する場合があります。
8　後々相続人が困らないよう、契約関係を整理、相続人にわかるようにしておきましょう。

3 相続の現実

筆者は、とある士業に何かよい方法はないものか相談しました。その士業から「我々はその遺産分割に口を出してはいけない」と前置きをされ、「DさんやEさんに、CさんとFさんが自宅を相続することの理解を得るしか方法はない」とアドバイスを受けたので、その話をCさんに伝えました。

Cさんから、「どんな方法が考えられるか、一緒になって考えてほしい」と相談されたので、人様の人生がかかったこの場面で筆者が何を言えようかと、正直なところ困りました。するとCさんが、「手紙を出す」と言い出しました。DさんとEさんの居場所はわかっていたようで、すぐに自身の想いを込めた手紙を郵送したと連絡がありました。

その後、DさんからCさん宛てに返信がきました。「どうして父の葬式に呼んでくれなかったのですか？ 親の葬式に出ることも叶わず、あなたは幼い私たちから父を奪った人です。恨んでいます。私たちも父の正当な相続人として遺産を受け取る権利はありますよね？ 自宅をくださいとは言いません、法定相続分相当のお金を準備してください。それがあなたにできる償いではないですか」と書かれていました。

予想された返信ではありましたが、現実を突きつけられたCさんは茫然とするしかありませんでした。Cさんは、「こんなことなら相続手続きを放置する」と言い出しました。そうすることでしばらくは自宅に住むことはできるかもしれませんが、もしCさんに何かあったら、今度はFさんを巻き込んでさらに複雑な相続になることは目に見えています。

「それは問題の先送りに過ぎずFさんに尻拭いをさせることになりますが、それでよいのですか？」と伝えると、「それはダメ！　この問題は私が解決する」と、この遺産分割に向き合う決心をしてくれました。

そしてほどなく今度はEさんから手紙が届きました。「父とCさんが手に入れた自宅の事情など知らない。僕たちが父を失ってどれほど苦労して生きてきたか想像してみてください。母の苦労を。できないでしょう。同じですよ。だから僕は姉に従います」と、Eさんも法定相続分相当の金銭を要求してきました。

Cさんはどうしたらそのお金を準備することができるのか考えました。自宅の時価は成約事例から約1600万円、相続人第1順位である子どもが3人いるので、DさんとEさんに約266万円ずつ準備しなければならず、Cさんにはとても準備できる金額ではありませんでした。

そこで、「自宅は団体信用生命保険で住宅ローンがなくなったので、自宅を担保に銀行からお金を借りることはできないでしょうか？」と相談されました。Cさんは代償分割を検討したようでした。気持ちはわかるのですが、身の丈以上である返済原資のないお金を借りても、パート勤めであるCさんはやがて返済に困窮し自宅を手放すのは時間の問題と思われます。そこで、親や兄弟・知人から援助してもらうことはできないか提案したところ、親や兄弟・知人はそれだけのお金を持ち合わせてはいないとのことで、お金を準備することはできませんでした。

残す道は自宅を売却したお金でDさんとEさんに支払うことですが、これもCさんにとってリスクがないわけではありません。

まずは自宅を売却するには売買価格の4％ほどの諸経費がかかります。次に自宅を売却するとCさんとFさんは住むところを失いますので、これからは賃貸住宅で暮らすことになりますが、当時54歳だったCさんが賃貸住宅に遺産を使うと早い段階で枯渇します。ですが、ほぼ貯蓄がなかったCさんがこの相続を解決するには、自宅を売却してそのお金を分けるしかありませんでした。

そして自宅を売却して遺産分割を進めたある日のこと、DさんからCさんにまた手紙がきました。「墓参りに行きたいから父の墓を教えてくれないか」とのこと。

そして、Cさんはその墓参りに同行しBさんとのことを詫びた、ということを話してくれました。

結局Cさんは自宅に住み続けることは叶いませんでしたが、きちんと相続手続きを済ませたこと、それからDさんに過去の過ちを詫びることができたことで少しスッキリしたと話されていたのがよかったと思う反面、誰も笑顔になったとはいえない結末でした。

④ 対応をしなかった結果

Bさんが相続について何も対策をしていなかったことにより、Cさんは自宅を売却しなければならなくなり、Fさんとともに引っ越すことになりました。またDさんやEさんも遺産分割の知らせによって父の死を知ることになり、Bさんの死に目にも葬儀にも参加することができませんでした。Bさんに文句を言う機会すら失われたのです。この相続では、遺族の誰も幸せになったとはいえない相続を迎えることになりました。

5 経験から学ぶこと

なぜBさんの相続はCさんを笑顔にできなかったのでしょうか？　また遺産を要求してきたDさんとEさんは間違っているのでしょうか？　それはBさんが自分の相続を知らなかった、そして知らなかったがゆえ、何も相続対策をしていなかったことが原因です。

Cさんは、出会いこそ決して許されるものではありませんが、長い期間Bさんを献身的に支え、やっとの想いでマイホームを手に入れました。それを継いで住み続けたいと願うことはむしろ当然の感情ではないでしょうか。それとも前妻のAさんや幼いDさんとEさんからBさんを奪った当然の報いなのでしょうか。またDさんとEさんは幼いころに父から捨てられたと思って生きてきました。決して裕福ではない生活でとても苦労したとのこと。その原因であるCさんからの遺産分割の申し出に、法定相続を主張しても無理からぬことであると思います。

では、Bさんは何をすべきであったのでしょうか。それは自分の相続を知るべきでした。知らなければ遺言を作る必要性が理解できないし、生命保険に加入する重要性に気づくことはできません。

それにCさんとの間にFさんを授かった時に、BさんはDさんやEさんのことを思い出さなかったわけではなかったと思います。DさんやEさんから拒絶させる・されないは別の話として、会いに行くことはできたはずです。いえ絶対に会って詫びるべきでした。これまで一度も会うことなく父の死を知ることになったDさんとEさんは複雑な想いが交錯したに違いありません。そんな子どもたちに少しでも申し訳ない感情があったなら、他方で現在の家族を心から愛していたなら、自分の相続を知らなかったでは済まされないことではないでしょうか。

Bさんは、ガンが発見されてからあっという間に亡くなってしまったとのこと。ガンが発見されるまではとても元気で、家族で行きつけのお店で楽しく食事をしにいったりしていたとのこと。誰にでもあるごく普通の生活を送っていて、まさか自分たちがこんなことになるなんて夢にも思わなかったことでしょう。

我々相続診断士がもっと早くCさんから相談を受けることができていたなら、少しは笑顔で相続を迎えることができたのではないかと思うと、相続診断士の役割はとてつもなく大きいものだと思う事例でした。

☺笑顔相続のカギ

自分の配偶者が再婚の場合で、前妻や前夫との子どもがいる場合には、その子どもとの遺産分割となります。

ご本人にはどちらも大切な家族ですので、相続対策を考えておかなければいけないケースですが、なかなか現在の妻や夫には相談し難い問題です。

しかし、相続対策をしていなければ、本人の死後、どちらも嫌な思いをする可能性がとても多いです。前妻や前夫との間に子どもがいる人は、相続対策は必須です。

遺言書に財産の分割方法を定め、付言事項をしっかりと記載して、どちらも大切な家族であることを伝えてください。

遺言書があれば、嫌な思いをしても、遺産分割などの相続手続きは進められますので、最低限の義務とお考えください。

事例19

何もしなかったおひとりさまの相続

～相続人のいない従兄弟のために使ったお金

相続診断士　辰巳　博

<家　系　図>

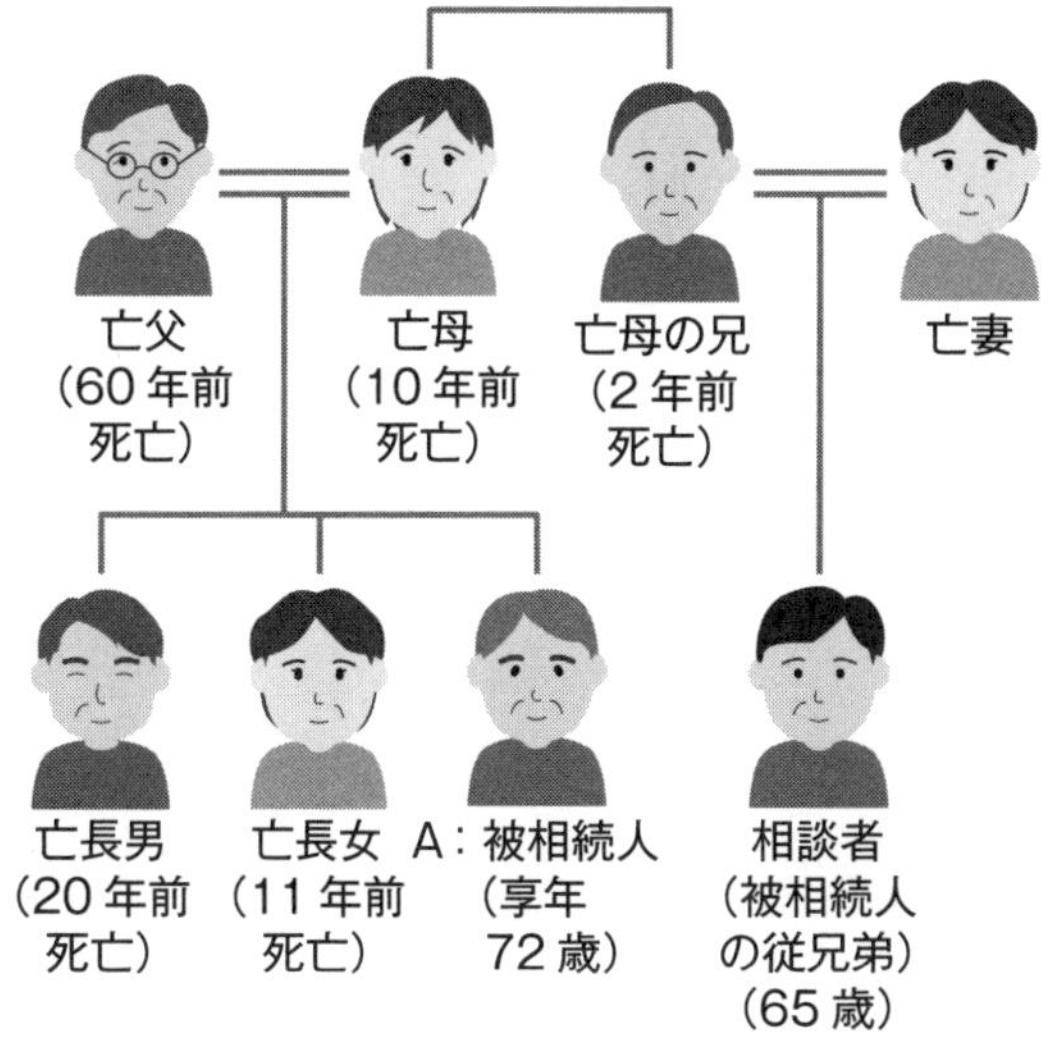

<主な財産状況>

・自宅（分譲マンション）	
	500万円
・土地（3,000㎡）	1,000万円
・預金	500万円
合　計	2,000万円

＊債務：不明

とある土曜日の午後、高校時代の同級生から電話がかかってきました。その内容は、「何年も会っていない従兄弟が今年の始めに亡くなった。親きょうだいはすでに他界されていて独身、亡くなった遺体を引き取る身内が誰もいないので、従兄弟である自分に警察から連絡が入った。放っておくわけにもいかず、一部の遺品の整理をしたり、お葬式をしたりで結構お金を使った。このお金が戻ってこないだろうか？」というものでした。

1 被相続人の状況

72歳で亡くなった被相続人であるAさん（相談者の従兄弟）は、天涯孤独の身です。3人きょうだいではあるが、長男は20年前に事故死、長女は11年前に病死、3人とも一度も結婚せずに独身でした。

母は長女が亡くなった後に認知症になり、徘徊中に事故死。父はAさんが小学生の時にすでに亡くなっており、母子家庭に近い状態でした。そこで、相談者の父（Aさんの母の兄）は、時には父親代わりとして色々な手助けをしていたとのことでした。

その縁で相談者は、従兄弟の中でも亡くなったAさんとは一番近しい存在だったようです。

Aさんの死因は、自宅マンションにおいて原因不明の突然死で、死後2か月ほどが経っていて遺体はすでに腐敗が始まっていました（他殺や自殺の痕跡はなかったとのこと）。その異臭による苦情が出たので、警察と管理人が合鍵で部屋へ入り亡くなっているのがわかったとのことでした。

❷ 相談者の状況

特殊清掃や、マンションの一部修繕（遺体の下の床が腐っていた）などの費用も相談者が立て替えました。立て替えたといっても、誰かにそのお金を返してもらえる目途があったわけではありません。結果として１００万円ほどのお金を使い、無事に供養もできて気持ち的にはスッキリとしましたが、好意で使った１００万円ではあるがせめて半分ほどでも戻ってこないだろうか？　という相談です。この事例の危険度は次のとおりです。

＜相続診断結果による危険度＞

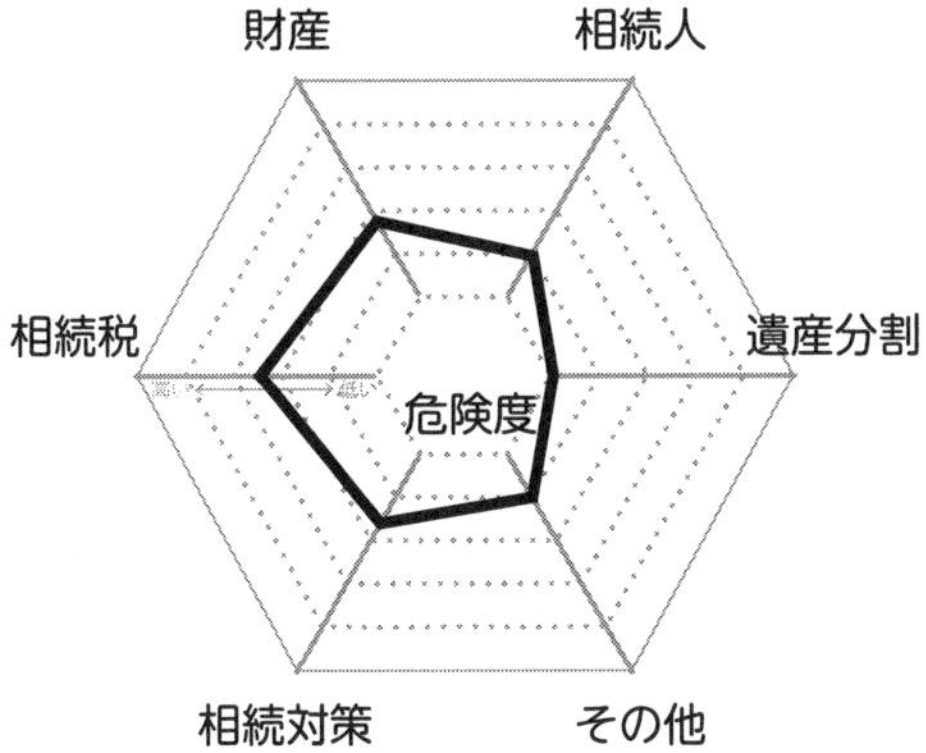

＜相続診断結果による緊急度ランク＞

●緊急度ランクⒶ・B・C・D・E
高い←→低い

相続診断結果をみると、緊急度ランクがAになっています。これは、被相続人が自分の相続人は誰もいないということを理解していたであろうに、何も対策をしていなかったからです。

１人住まいでの死因が何であろうと、死後の整理はどこかの誰かに降りかかってきます。今回は従兄弟が執り行いましたが、それも容易に推測できることです。もしも被相続人の近くに、相続の相談ができる人がいれば、ご本人も安心して旅立たれたであろうと心が痛む案件です。

Aさんには法定相続人がいないので、すべての財産が国庫に納められることになります。相談者は従兄弟のために出したお金であっても、法定相続人ではないことから、相談者にAさんの財産の一部がもらえるわけではありません。

3 今回の解決策

すぐに日頃からチームを組んでいる弁護士に相談をしました。今回の場合は、家庭裁判所へ申立てをすれば、相続人でない従兄弟ではあるが、葬儀費用などが戻ってくる可能性が高いという回答をもらいました。

手順は以下です。

財産管理をする弁護士が、被相続人の全財産を調べ、相談者が使ったお金の内容と金額が妥当であれば返しますよ、という制度です。流れを簡単に書きましたが、現実にはかなりの手間と時間、そしてお金もかかります。

①　家庭裁判所に「相続財産管理人選任の申立て」をする。

そのための、戸籍などの申立添付書類の収集をしますが、これが一つ目のハードルです。何度も役所へ足を運んだりして、1か月以上かかりました。

②　家庭裁判所が「相続財産管理人」を選任する。

二つ目のハードルがここにあります。申し立てる側が、財産管理人を選ぶことはできません。さらに予納金という形で80~100万円のお金を収めることになります。財産管理人も仕事なので報酬が発生しますが、その報酬は被相続人の財産の中からもらいます。もしも借金があり、財産がマイナスであれば困るので、申し立てた人が立て替えておくわけです。今回の場合は、借金は多分ない（相談者の推測）から、予納金は戻ってくるはずです。

③ 相続人は本当にいないのか？　全財産はどれくらいあるのか？　債務は本当にないのか？

これらをわかっている本人はすでに亡くなっているため、調べるのに時間がかかります。それを財産管理人が調べます。三つ目のハードルは時間です。最終的には1年、またはそれ以上かかることもあります。

④ 財産管理人が自分の報酬を取り、債務があればすべて清算をして、相談者に被相続人のために使ったお金を渡せるくらい残っていれば、相談者が使ったお金を返すかどうか検討してくれます。四つ目のハードルがこれです。１００％戻ってくる保証がないということです。

4 解決策のその後

この相談案件は、実はまだ終結はしていません。現在、債務がないかを財産管理人が調査中です。

しかし、筆者のチームの弁護士は別件で相続財産管理人の経験があるので、必ず相談者の意向に沿った形で終結すると信じています。その根拠は、選任された相続財産管理人に、相談者が好意として行った各種の行為（つまり葬儀費用など）に説得力を持って論理的に説明のできる力があるからです。

将来、立て替えた葬儀費用などが返ってきたら次にやることがあります。

5 次の解決策

それは、「特別縁故者に対する財産分与の申立て」です。特別縁故者とは、亡くなった被相続人と特別に親しい関係にあった人のことで、法定相続人がいない場合に限って認められることがあります。

今回、相談者は自分がAさんのために使ったお金だけが返ってきたら満足で、Aさんの財産までもらおうとは思っていません。また、従兄弟だというだけで（仮に兄弟同然の仲であったとしても）特別縁故者になれるとは限りません。

しかし、相談者と話をしている中で、1枚の契約書がありました。それは、被相続人の財産の一つに国道沿いの3000㎡の土地があり、それをコンビニに貸与した時のものでした。相談者は、その時の契約書に保証人として署名と実印を押していました。身寄りのない被相続人にとって、相談者の存在がいかに頼りになるものであったかを証明する1枚になります。

実際の申立ては、相談者の気持ちと、特別縁故者として認められる可能性を弁護士とよく相談してから決めることになります。

6 今回の問題点

被相続人は天涯孤独のおひとりさまでありながら、何も相続の対策をされなかったことにより、多くの人に迷惑をかけてしまったということです。死んでしまえば無になり、どこかの誰かが後の始末をしてくれるだろうではなく、元気なうちに相続の専門家に相談をしていれば本人も迷うことなく、悩むこともなく人生を生ききることができただろうに……と残念に思います。

おひとりさまの相続財産は、相続人がいないと国庫に帰属します。それに問題があるとは思っていません。ただ、Aさんがもしもお元気であれば、自分の相続財産をどのようにしたいと思われていたでしょうか？　相続財産の行き先を自分自身で決めておかなければ、それらはすべて国の財産の一部になってしまうということをご存じだったでしょうか？　ご本人が信頼している人や、関心のある団体へ寄付をすることなどもひょっとしたら選択肢にあったかもしれません。

そのように考えると、Aさんの財産はAさんに関係のある人に相続してほしいと個人的に思うだけでなく、Aさん本人もそうしたかったのではないかと思います。

そのための方法の一つが遺言書の作成です。また一人の老後が心配ならば、「見守り隊」や「死後事務委任契約」などいくつもの方法があります。でも多くの人はそれらの制度があるということを知りません。

私たち相続診断士は、それらの必要性をもっともっと世に広げる使命があると感じた案件でした。せめて迷惑をこうむった相談者には、本文の中で紹介した制度を使って満足していただきたいと思います。

☺笑顔相続のカギ

おひとりさまにとっては、一見、無関係そうに思える相続対策ですが、本事例からもわかるように、おひとり

さまこそ相続対策は必要といえます。自身の財産の最終的な帰属先や、自身亡き後の身辺整理を含めた死後事務の委任先など、生前にきちんと道筋を立てておかないと、思わぬところで迷惑をかけてしまうことになります。

相続人同士で争わないことだけが笑顔相続ではありません。残された人が、故人に感謝し、笑顔で見送ってあげられることもまた、笑顔相続の実現といえるでしょう。あなたにとってかけがえのない人や、お世話になっている人を思い浮かべながら、自身の相続対策を考えてみてください。

事例 20

実家の売却における認知症対策

～重要なことは「現状把握」と「真の問題点の明確化」

相続診断士・行政書士
細谷　洋貴

<家　系　図>

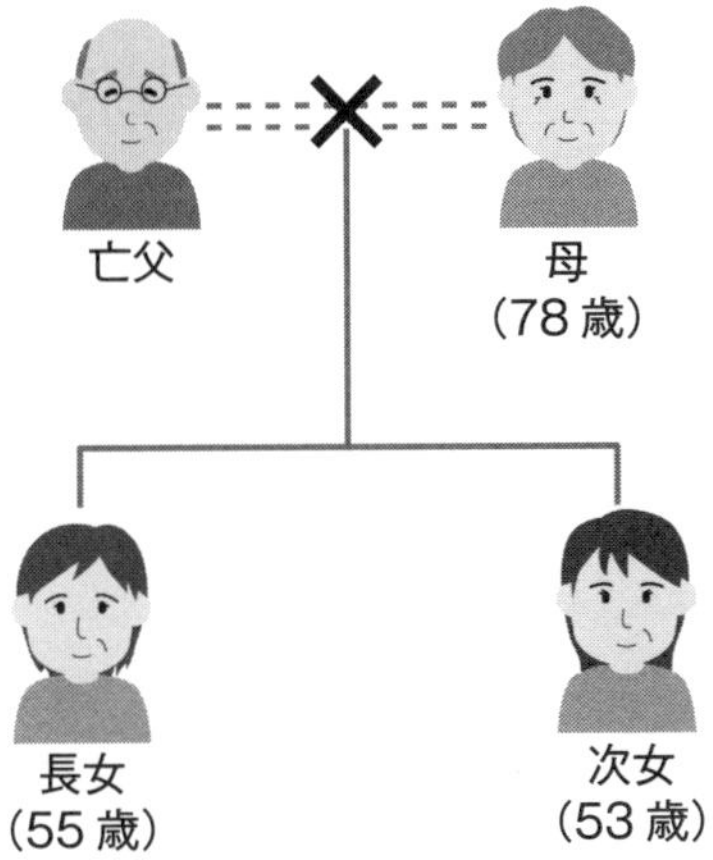

<主な財産状況>

・土地建物	2,000万円
・預貯金	6,000万円
合　計	8,000万円

1 家族の状況

母は、約50年前に父と離婚しました。1年前から足腰が悪くなってきたことで、現在は施設で暮らしています。

長女と次女は結婚をしていて、それぞれが母の入所する施設の近くに家を購入して暮らしています。2人とも母のことを献身的に支えています。いつも、3人で相談をしながら母が今後も幸せに暮らせるように考えている仲の良い家族です。

2 心配していること

最近、母の物忘れが気になるようになり、認知症になった場合の財産管理が心配になってきました。特に心配なのは、母が祖父母から引き継いだ実家です。母が施設に入所してからは、空き家になっています。現在、長女と次女が管理をしていますが、古い家のため台風などで近隣の方へ迷惑をかけないか心配しています。実際、隣の家との間にある壁が傾いている、雑草が伸びてきているなどで隣人に注意をされるようになってきていました。3人で話し合いをした結果、売却を検討することになりました。しかし、母が認知症等になり、判断能力が不十分な状況となった場合には、後見制度を利用しなければ売却ができなくなります。このような場合に備えて、何か対策ができないかとご相談をいただきました。

この事例の危険度は次のとおりです。

＜相続診断結果による危険度＞

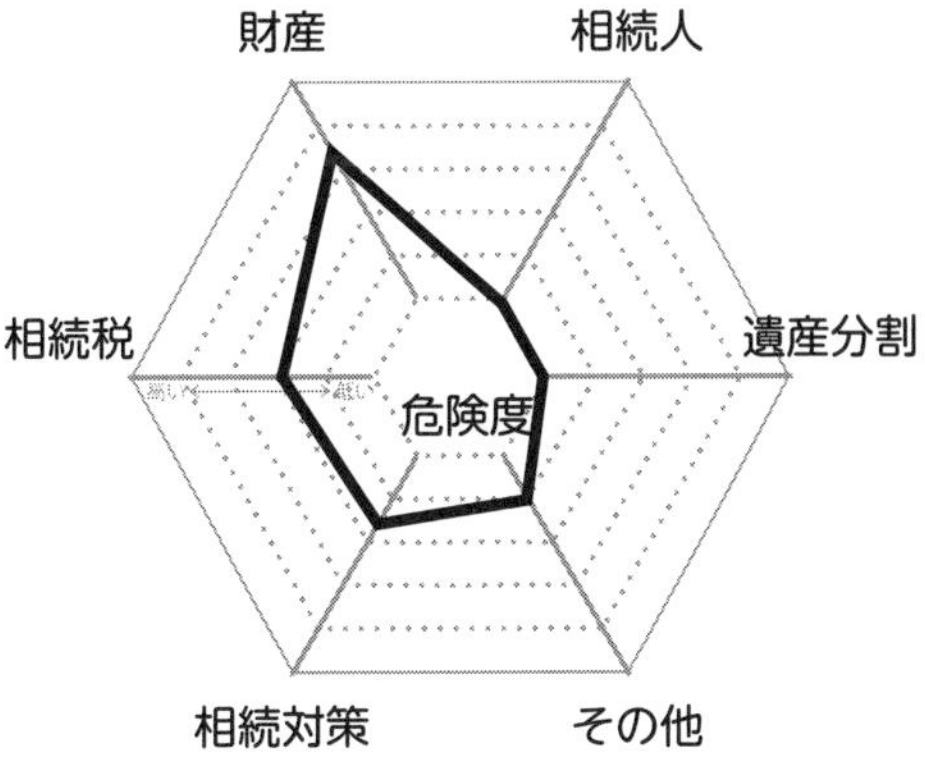

＜相続診断結果による緊急度ランク＞

●緊急度ランク Ⓐ・B・C・D・E
高い←→低い

相続診断結果をみると、

1　遺産分割の方法、配分等の話し合い
2　相続手続きが滞る可能性
3　相続税の概算での試算
4　相続税がかかる場合の納税資金の確保
5　相続人との情報共有

などのほか、認知症対策として不動産、預貯金等をどのように管理していくかということも問題になりました。

3 対策方法

母の判断能力が不十分になった場合でも、後見制度を利用せずに不動産を売却するための対策方法はいくつかあります。代表的な対策方法は以下の2つです。

(1) 生前贈与

母から、長女または次女に実家を贈与する方法です。これにより、長女または次女が所有者となりますので、母の認知症を心配することなく、実家の売却が可能になります。

しかし、居住者（母）と所有者（長女または次女）が違うため、マイホーム（居住用不動産）を売却した場合「譲渡所得から最高３０００万円の控除ができる特例」の適用ができません。

現在、母は施設で暮らしていますが、母が所有者の場合には「住まなくなった日から3年を経過する日の属する年の12月31日までに売る」という条件を満たしていれば、特例の対象になるケースもあります。

また、登録免許税が相続時であれば「固定資産税評価額×１０００分の４」ですが、贈与時には　固定資産税評価額×１０００分の20」となります。他にも、贈与税や売却が完了した際の譲渡所得税など、税金面での負担が大きくなる傾向にあります。

(2) 信託

母から、長女または次女に実家を信託する方法です。

【信託例】

目的：信託不動産の適切な管理・運用・処分を通じた、受益者の生涯にわたる安定した生活の支援

委託者：母

受託者：長女

後継受託者：次女

受益者：母

これにより、長女または次女が所有者となりますので、母の認知症を心配することがなくなるので「⑴　**生前贈与**」と同様の効果を得ることができます。

そして、信託であればマイホームを売ったときの特例を受けることができますし、登録免許税や贈与税の負担も軽減することができます。ただし、信託を組成するためには専門家の協力が必要になる場合が多いです。組成に要する専門家への費用などを考慮し、有効的な対策かを判断する必要があります。

④　対策前に確認すべき重要なこと

前述の⑴・⑵の対策方法をご説明し、信託を検討することとなりました。しかし、信託をする以前に必要なことがあります。それは「現状把握」をすることです。今回のケースでは、実家の不動産について「信託ができるのか」ということや「本当に信託が効果的なのか」ということです。

【信託ができるのか】

信託を行うためには、所有権を母から長女または次女に移し、登記を行う必要があります。そのために確認すべきことがあります。

・所有者は母になっているのか？

祖父母から引き継いだ不動産の場合、相続登記が行われていない場合があります。このような場合には、母へ名義変更をする必要があります。また、共有者がいる場合には、信託が効果的でない場合もあります。

・住所、氏名など登記簿上の表記は正しいか？

登記簿上の住所と現住所が違う場合には、まずは住所変更をする必要があります。また、結婚をしていた際の氏名で登記がされていた場合には、氏名の変更を行う必要があります。

・抵当権の有無

抵当権が設定されている場合、債権者の同意が必要になります。同意を得ずに所有権を移転した場合には、一括返済を求められる可能性があるからです。また、返済が完了している場合でも、抵当権の抹消が行われていないケースでは、まず抵当権の抹消を行うべきです。

・登記済証又は登記識別情報の有無

信託により所有権を移転する場合には、登記済証又は登記識別情報が必要になります。これがない場合には、手続きに別途書類や費用が発生する場合がありますので確認を行っておく必要があります。

【本当に信託が効果的なのか】

信託だけに限らず、遺言など各種生前対策は想いや願いを叶えるための1つの手段です。今回の想いと願いは「実家をいつでも売れるようにしておくこと」です。ここでポイントとなるのは、「実家は売却できるのか？」ということです。信託をしたとしても不動産の売却が難しい場合、そもそも信託をする意味がありません。事前に「売却が可能なのか」を確認しなければ、本当に信託が効果的かを判断することができないのです。

5 実家の不動産を調査・確認した結果

上記を相談者へ説明をし、まずは調査・確認をすることとなりました。

調査・確認により「信託ができるのか」については、特に問題がありませんでした。しかし、「本当に信託が効果的なのか」については、検討の必要があることが判明しました。

この実家があるのは「市街化調整区域」だったのです。市街化調整区域とは、市街地の拡大を防ぐ地域です。そのため、建物の建築にあたり、建て方や建てられる規模など多くの制限があります。これに加えて、建築確認についても問題があることが判明しました。建物の築年数が経っているため、建替えが必要な物件でしたが、建替えが難しい可能性が判明したのです。これでは物件を購入したい人も少なく、売却ができるかという根本的な問題となります。

改めて、相談者の皆様と不動産業者を含め、調査・確認の報告と今後についての打合せを行いました。不動産については、売却ができないことはないが、売却価格が低くなることや売却までに時間がかかる可能性があることを説明しました。結果、価格の問題ではなく、今後の管理が難しいために売却をしたいとのご意向でした。また、売却までに時間がかかった場合、母の判断能力が心配なので信託を行うことを決断していただきました。

6 対策を行った結果

その後、信託の組成が完了しました。また、連携した不動産業者の努力もあり、時間はかかりましたが不動産の売却を完了することができました。その間、母親の認知症が進行していたため、売却時には判断能力が不十分な状態となっていました。売却価格は低くなってしまいましたが、長女、次女からは売却できなくなる不安の解消ができ、最終的には売却できたことで母親をより支えていくことができていると嬉しい報告をいただきました。

7 真の問題点を明確にすることが重要

生前対策において、遺言・委任契約・任意後見契約・死後事務委任契約・信託契約など、多くの対策方法が存在します。しかし、この対策はあくまで手段でしかありません。

大切なのは、

・叶えたい想いや願いは何か？

・なぜそう考えたのか？

ということを相談者の皆様と共有すること。その想いや願いを叶えるための問題は何かを一緒に検討していくことです。遺言書の作成1つにしても「○○にあげたい」「○○にあげたくない」ということだけでなく、遺言書を書いた結果として「争ってほしくない」という想いがあれば、遺言書の内容が変わってきます。

対策方法に固執せず、まずは「現状把握」をし「真の問題点」を明らかにすることが「笑顔相続」につながる第一歩となるのです。

☺笑顔相続のカギ

本事例では、空き家になっている実家の処分について、生前贈与と信託の2つの解決策が考えられる状況でした。まずは客観的な調査を尽くして現状把握を行い、相談者の真の問題点を掘り下げて、現実の売却可能性まで見据えた結果、信託という方法を選択したというのですから、相当な時間や労力がかかったことでしょう。

最終目的であった実家の売却を実現することができたのも、こうした慎重なプロセスを経たからこそといえます。

相談者のお悩みに対していくつかの解決策が考えられる場合、悪質な業者であれば、自分にとって得意なことや利益になることを優先して相談者に勧めることがあるかもしれません。

本事例のような「現状把握」と「真の問題点の明確化」という視点は、まさに「笑顔相続のカギ」といえるでしょう。

事例21

一人っ子の相続
～意外と問題になる母と娘の確執

相続診断士・宅地建物取引士　橋本　玄也

<家　系　図>

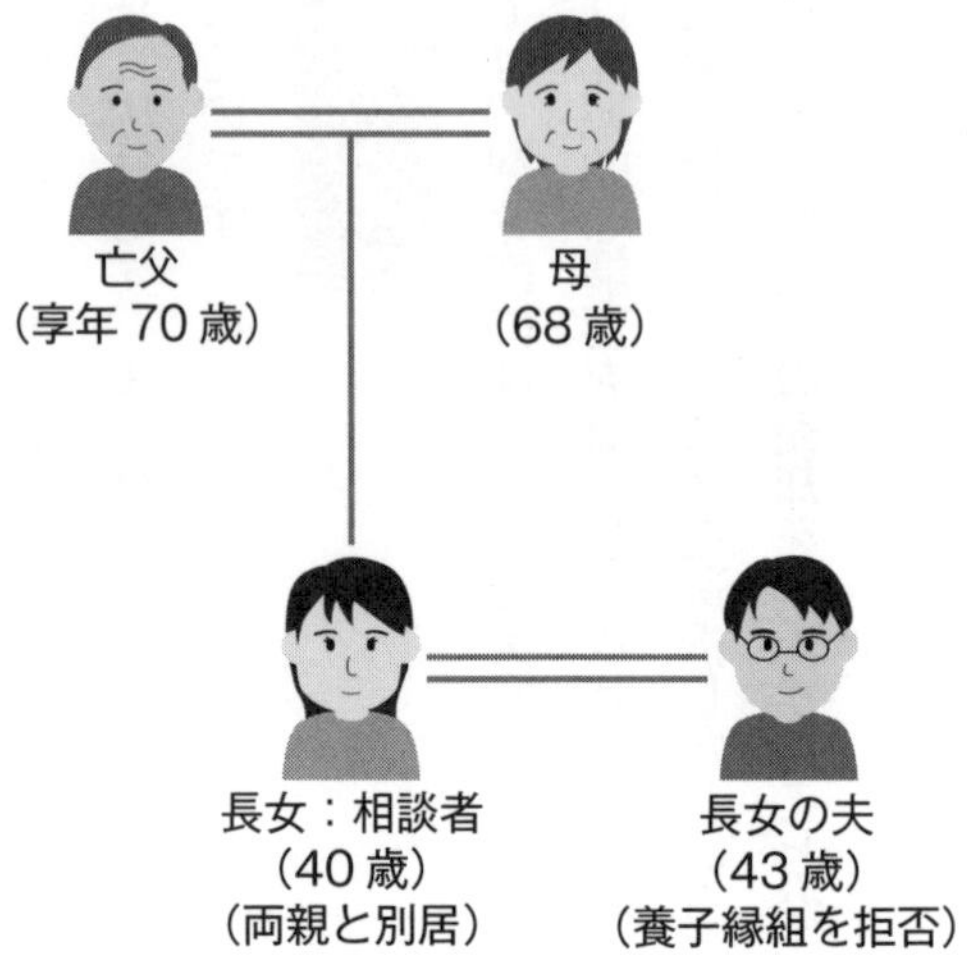

<主な財産状況>

・不動産	3,600万円
・預貯金	6,400万円
合　計	1億円

「相続税が安くなるのに、その対策に乗ってこない父の気持ちがわかりません」

筆者は、この言葉を何度聞いたことでしょう。相談者は「相続税が安くなるのに、なぜ贈与してくれないのか」と主張されます。相談者は、遺産を受け取る側＝相続人である子の場合もあれば、その配偶者の場合もあります。確かに、亡くなる人の相続人であれば、相続開始前3年よりも前に贈与をする、また相続人以外の人に贈与すれば3年以内に関係なく、原則相続財産の加算対象から外れ、相続人の支払う相続税は安くなります。

でも、今度は遺産を渡す側で考えてみましょう。父は、生前に相続税を払うわけではありません。子に贈与し、年間に１１０万円を超えれば贈与税が発生する場合もありますが、贈与税を払うのは、あげた父ではなく、もらう側の子が払うのでここは注意が必要です。

節税の恩恵を受けるのは、遺産を相続する側の話です。あげる側でいえば、現金を生前にあげてしまえば手持現金がその分減り、生きてゆくためのお金が不足してしまうことになりかねません。長生きリスクも考えれば、あげたくないと思うのも自然なことです。

1 家族・財産等の状況

筆者が、会計事務所に勤務していた時の話です。相談者（長女）の父が70歳で亡くなり、相続の相談にみえました。相続人は、母と長女の2人です。遺産は総額1億円で、内訳は不動産３６００万円と預金等が、おおむね６４００万円とのことでした。相続人は2人ですので、相続税の基礎控除３０００万円＋６００万円×２＝４２

00万円に対し遺産1億円と、はるかに超えていますので相続税の申告は必要です。相談者（長女）は、以前相続セミナーを聞きに行った際に、父が亡くなった時、母が遺産を多く取得すると、結果的に子は、父の相続の時の相続税＋母の相続の時の相続税の合計で相続税が高くなるという話を聞いたといいます。

この事例の危険度は次のとおりです。

<相続診断結果による危険度>

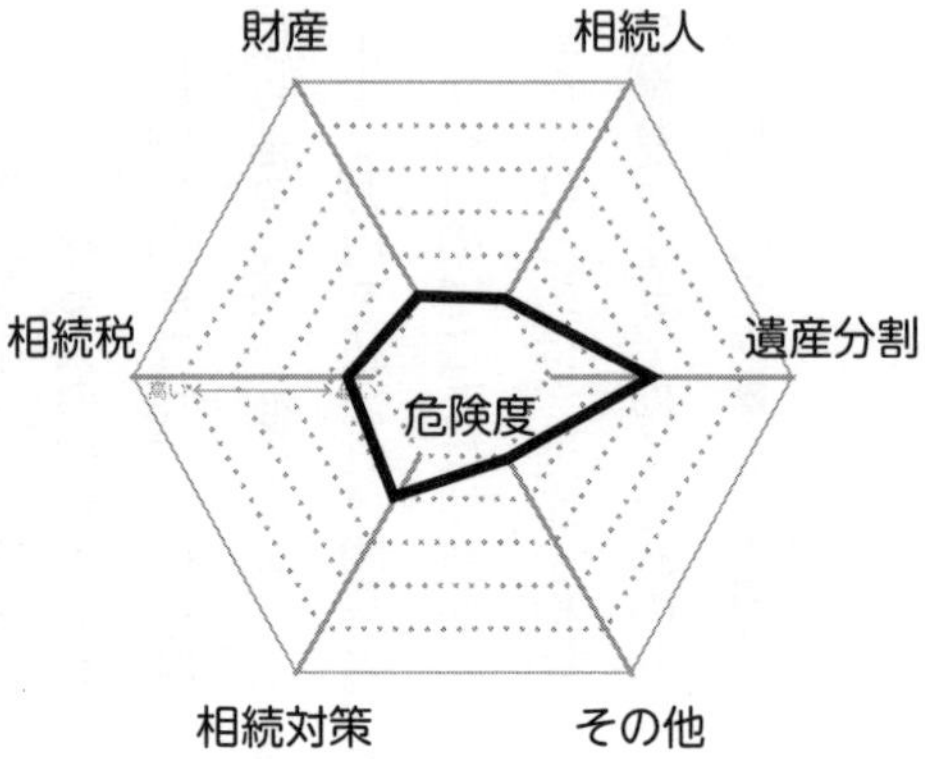

<相続診断結果による緊急度ランク>

●緊急度ランク A・(B)・C・D・E
高い←→低い

相続診断結果をみると、遺産分割がまとまらず、争族となる可能性があります。

1　相続税対策＝争族対策ではない。

2　過去に、争族となる火種があった。

・親と同居していないことで、いさかいがあった

・養子縁組に対し意見の対立があった

3　相続人全員のことを考えての相続税対策か。

4　配偶者の税額軽減も、遺産分割がまとまらなければ、適用できない。

まとまるためには、「お互い相手を思う気持ち」が大切です。

❷ 配偶者の取得割合が子の相続税に影響する、二次相続対策とは

セミナーでの話です。相続人が、配偶者と子（1人）の2人。遺産が1億円とします。この遺産を法定割合である、配偶者と子で各2分の1にて取得をした場合（一次相続）、配偶者の相続税はゼロです。これは、配偶者には、法定割合までか1億6000万円までは、相続税がかからない「配偶者の税額軽減」という制度があるからです。

さて、子には385万円の相続税が発生します。この金額は、本来、1億円の遺産に対し相続税は全体で770万円かかるのに対し、子は、1億円の50％である5000万円を取得するため、770万円×50％＝385万円となるわけです。

では次に配偶者が亡くなった時（二次相続）の相続税はどうなるかというと、配偶者より引き継いだ5000万円の遺産（配偶者に固有の財産はないとします）に対し相続税は160万円かかり、子は、父と母の遺産を相続するのに385万円＋160万円＝545万円を負担することになります。

では、一次の相続時に配偶者が1億円すべて相続した場合はどうなるかというと、配偶者には「配偶者の税額軽減」が適用（1億6000万円以下のため）され相続税はかかりません。子は、遺産を取得しないため、やはりゼロです。では二次相続時には、引き継いだ1億円に対し1220万円の相続税を払うことになります。つまり、子の立場から言うと、父母から結果的に同じ1億円を相続するのに一次相続の取得割合が一次と二次のトータルの税額に大きく影響するため、一次の時の分割には、二次の時の税負担も考えた分割が大切であるという話

■表1

父死亡

遺産1億円		相続人：母と子（1人）の2人			単位：万円
一次相続（父の相続）：1億円					
母			子（一人）		①一次相続税合計
母の取得割合	母の取得財産	相続税	子の取得財産	相続税	
0%	0	0	10,000	770	770
10%	1,000	0	9,000	693	693
20%	2,000	0	8,000	616	616
30%	3,000	0	7,000	539	539
40%	4,000	0	6,000	462	462
50%	5,000	0	5,000	385	385
60%	6,000	0	4,000	308	308
70%	7,000	0	3,000	231	231
80%	8,000	0	2,000	154	154
90%	9,000	0	1,000	77	77
100%	10,000	0	0	0	0

です。

3 セミナー後、長女が母に提案

長女は、さっそく家に帰り、母に言い放ちました。

「うちの場合、お母さんが相続するのは、4割ぐらいが一番いいんだよ」

確かに、計算上は、4割だと父母の両方の税金は、462万円＋40万円＝502万円で最適解です（表1、2）。もっとも、母に固有の財産があればもっと少ないほうがいいことになるかもしれません。

しかしそれは、あくまで長女自身の税金を考えての提案です。母にしてみれば、遺産は、先祖より守り発展させ、夫婦で築いてきた財産です。一度は、母名義で自由に使いたいかもしれません。父が70歳で亡くなり自身の老後資金についても不安があるかと思います。母は、長女の分割の提案を嫌だと断ったそうです。そこで、母の

■表２

二次相続（母の相続）	
母の遺産	②２次相続税（子）
0	0
1,000	0
2,000	0
3,000	0
4,000	40
5,000	160
6,000	310
7,000	480
8,000	680
9,000	920
10,000	1,220

一次＋二次相続
①＋②相続税合計
770
693
616
539
502
545
618
711
834
997
1,220

考えを確認するためにも事務所に来ていただき、「二次相続対策」の話をしました。母は、「いずれにしても私の税金はかからないのでしょ？　娘が負担する税金分ぐらいは娘を受取人にした終身保険に加入していますし、私の貯えもあります。そもそも、私が、全部相続しても、私が亡くなるまでに使い切れば、娘の支払う税金も必要なくなるわけでしょ」といいます。

４　一人っ子の相続こそ問題に

きょうだい間でもめるのは、二次相続の時が多く、一次相続では片親がいるからかあまりもめた経験がありませんでした。実は子が2人以上いればお互いけん制しあって上手くいきますが、一人っ子の場合、親子に遠慮がなくなり、かえって難しいことがわかりました。親とけんかしても、一人っ子の場合、順番でいけば、いずれ子がすべて相続することになるからです。

5 母の気持ちを推しはかる

実は、事例の母と長女も、昔はとても仲が良かったそうです。長女も保育士であった母と同じ道に進みました。

転機は長女の結婚でした。母としては、一人っ子の娘の相手方には養子に来てもらうことが一番の望みでしたが、相手の人は、養子になることは承諾しませんでした。そのため母は、長女の結婚に反対していましたが、最終的に長女は家を出てその人と一緒になることを選びました。筆者が母と話をした時も、「娘がその連れ合いと仲良くしているところを見ただけで怒りが湧いてくる」と話されていました。

父の相続を考える時、長女は相続税のことしか頭にありませんでした。確かに母は配偶者の税額軽減で相続税はかからないのは事実です。一次（父の）相続の時に母と子の割合を考えるのも大切です。しかし母にしてみれば、結婚時に自分を裏切った長女に遺産を渡したくない思いでいっぱいでした。さらに、長女に渡った遺産は最終的には養子になってくれなかった長女の連れ合いに渡ることになるかもしれない事実が受け入れられなかったようです。

夫が亡くなった後の生活費の問題もあります。実質は夫婦2人で築いた故人（夫）の遺産を一度は、自分の名義にしたいと本音では考えている配偶者も多いかと思います。

もし、長女が母に、「父の遺産は、お母さんがすべて相続してください」と提案していたら、母は長女に「私は、年金があるからいいよ」と提案してくれたかもしれません。大切なのは相手を思う気持ちです。そしてそれを伝えることです。確かに机上では40％が一番相続税は安くなる計算になります。もっとも母の固有財産があれば、もっと少ない割合のほうがお得かもしれませんし、現実には母が亡くなるまで生活費等で財産は減少します。自身の介護費用もいくら必要になるか不明です。また長女や孫等に母から生前贈与をすれば、母も感謝され節税もできるわけです。

配偶者の税額軽減も遺産分割がまとまらなければ適用できません。

子が複数でなければ、遺産分割でもめることがないだろうというのは思い込みです。一人っ子だからこそ、親子に行き違いがあると問題は大きくなります。過去にトラブルのある親族は要注意です。節税も、笑顔相続がなければできません。

☺笑顔相続のカギ

推定相続人である子が、親の財産をあたかも自分の物のように考え、親の気持ちに配慮せずに物事を進めてしまった結果、親からの信用を失ってしまうという残念なケースです。平成27年に相続税の基礎控除額の改正が行われて以降、相続税を気にするあまり、こうした親子のトラブルが目立つようになりました。

親の財産は、親自身がその人生を通じて築き上げてきたものであり、守ってきたものです。その気持ちを差し置いて子が行うべき対策は、笑顔相続という観点からは、ないといえるでしょう。

親しき仲にも礼儀あり。親を敬い、感謝する気持ちを忘れてはいけません。

事例22

避けたかった未分割の状態での申告！

～遺産分割案がまとまらず、払わなくてもよい相続税を納税

相続診断士　安井　正幸

<家　系　図>

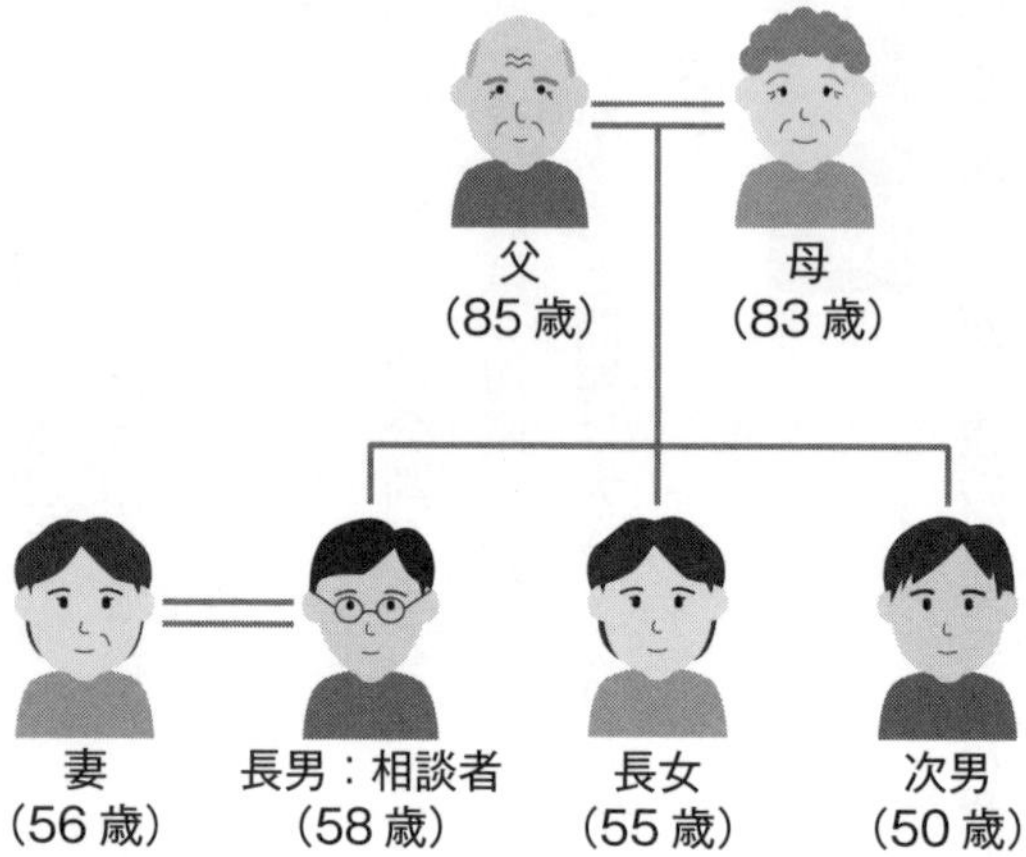

<主な財産状況>

・土地建物（実家）　4,000万円
（※相続税評価額。土地30坪）
・土地（長男自宅）　2,000万円
（※相続税評価額。50坪）
・現金預金　2,000万円
合　計　8,000万円

1 1年前の相談内容と父親の財産の状況

相談者：長男。

相談内容：両親の相続、特に父親の相続発生時に相続税がかかるか否かについて。

財産：父親の財産は、主に①不動産2か所と、②現預金のみ。

(1) 不動産

① 都内にある実家。家族全員で暮らしていた思い出のある土地建物。父親は要介護4で施設に入所、長男は所帯を持ち引っ越したので、現在は1階に母親とその世話をしている長女、2階は次男が住んでいます。建物は、木造2階建てで父親名義になっています。出入口は別々にありますが、登記は1棟であり区分建物登記にはなっていません。

② 郊外にある長男の持家が建つ敷地。父親所有の土地に長男は念願のマイホームを建てました。地代の支払いのないいわゆる使用貸借です。

(2) 現預金

・老後の生活費としての現預金2000万円のみ。

また、母親も要介護2であり、リハビリに通所。長男は家族を持ち会社員、長女と次男は独身で定職に付いておらずアルバイトをしています。

この時点では相続税がかかるかのご相談でしたので、一般的な相続税の計算方法について説明しました。相続税評価としては、相続税の基礎控除額（3000万円＋600万円×4人＝5400万円）をオーバーしそうですが、実家については、現在同居している母親・長女・次男が相続し小規模宅地等の特例が適用できれば、相続税の基礎控除額の範囲内に収まりそうだという程度の話をし、詳細は税理士に確認してくださいと伝えました。併せて、この小規模宅地等の特例の適用については、相続税の申告手続きが必要なことを付け加えました。

同時に、父親が施設入所、要介護4と聞いていましたので、父親の遺言書の有無を確認したところ「ない」との返答であり、また、すでに認知症を発症しており新たに遺言書作成することは難しいとのことでした。父親の相続発生時に、相続人4人の遺産分割協議書がまとまればよいのですが、母親も要介護2であり認知症発症懸念もありうることから今のうちに母親の遺言書作成もお勧めしました。

帰り際に、長男が実家より引っ越した以降は、次男との接触がほとんどないようなことを聞いたので、家族間で遺産分割等、今後のことについて話し合いをもつこともお勧めしました。

❷ 初回面談から1年後

相談者（長男）あてに、定期的に相続セミナー・個別相談会の案内をしていたのですが新たな連絡はありませんでした。

ところが、初回面談より1年後に、父親の容態が急変したとの連絡がありました。早速状況を確認すると同時に、税理士・司法書士との個別面談もセットしました。

2回目の相談に来られたのは父親の葬儀の直前。その際聞いた内容は以前より深刻でした。父親の容態急変以降は、母親にも認知症らしき兆候が出ている状況、母親の遺言書も未作成。また、家族での話し合いもできておらず、次男との家族の関係もうまくいっていないということでした。

3 このケースにおける問題点

長男と税理士との個別税務相談の結果、実家につき小規模宅地等の特例を使えば、相続税はかからないことがわかりました。ただし、相続人4人の遺産分割協議書が相続税申告期限（相続開始から10か月）までにまとまらない場合は、相続税が発生するという内容でした。

ここで重要なのは、遺産分割協議が相続税申告期限までにまとまるかということです。葬儀当日に、長男は家族と会い遺産分割の話をしたそうですが、その場では具体的な話まで至らなかったとのことでした。

長男の提案した遺産分割案の内容は、母親に現預金すべてを、長男は持家自宅の敷地を、長女と次男は実家を相続するというものでした。母親は遺族年金給付がありますが、今までの父親の年金額より減額が予想され、生活資金の不足、さらには母親の施設入所ともなれば、まとまった資金も必要となることから現預金はすべて母親にという内容です。

今回の事例の危険度は次のとおりです。

＜相続診断結果による危険度＞

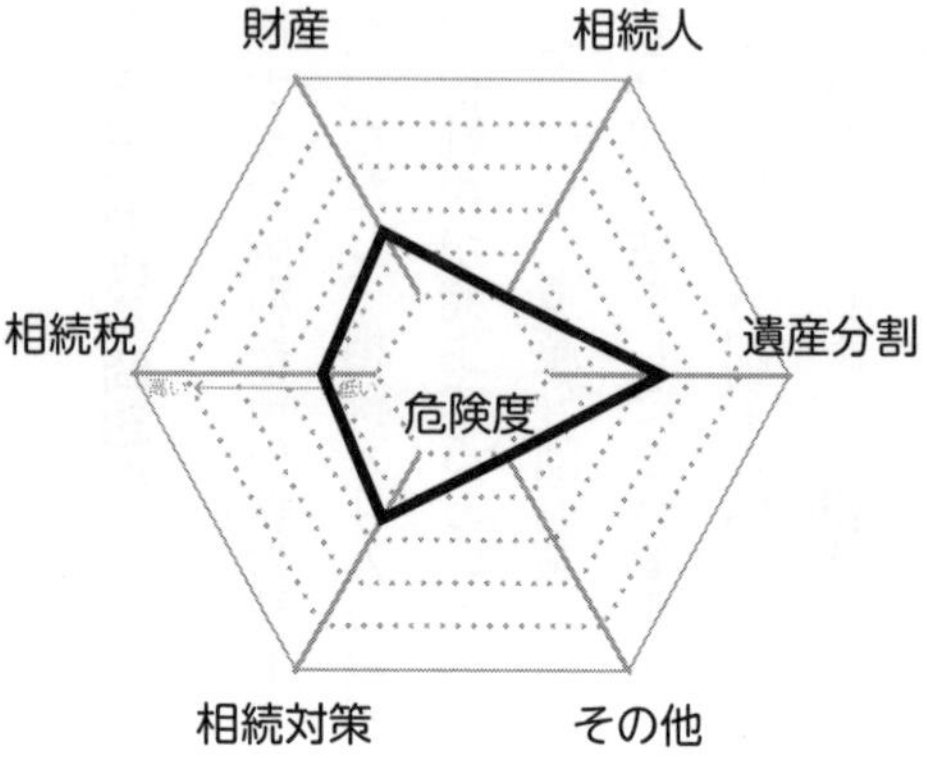

＜相続診断結果による緊急度ランク＞

●緊急度ランクⒶ・B・C・D・E
高い←→低い

相続診断結果をみると、

1　遺産分割が成立しない争族の可能性

2　親の介護貢献度合いの解釈をめぐり争族に発展する可能性

3　遺産分割の方法・配分等についてもめる可能性

4　相続手続きが滞ると相続税の軽減措置が受けられない可能性

5　相続税がかかる場合は納税資金の確保が必要

などの問題がありました。

④ 対応策とその結果

長男の遺産分割案については、母親は同意、長女からも同意を得ており、長男は相続税申告期限までには合意はとれるであろうとの見込みでしたが、次男は何が不満なのか相談に応じる様子もなく時間のみ過ぎました。

その間、両親の面倒を看ていた長女から母親が亡くなった後は、次男と一緒に住みたくないとの理由で、実家を処分し現金が欲しいと新たな要求も出てきました。

相続税申告期限1か月前になっても遺産分割協議がまとまらない状況をみた税理士から、今回はいったん、未分割の状態で申告し納税してはどうかと提案を受けました。

具体的には、

① 相続財産を法定相続分で按分した金額をもって相続税額を計算し申告・納税すると同時に「申告期限後3年以内の分割見込書」を提出する

② さらに、この手続き後、遺産分割成立の翌日から4か月以内に、小規模宅地等の特例による更正の請求を行い相続税の還付を受ける

というものです。

また、遺産分割が決まらず期限内に申告を行わないと、無申告加算税の対象になるので、これは避けるべきとアドバイスがありました。

残念ですが、税理士の提案を受け入れ未分割の状態で申告し、相続税を納税しました。

5 むすび

本件、結果としては、遺産分割協議がまとまれば払わなくてもよい相続税を払ったことになりました。

長男が作成した遺産分割案は前述のごとく母へ生活・介護資金としての現預金を、長男は持家自宅の敷地を、長女・次男は実家を各々相続というバランスをとり作成したものでした。長男は最後までまとまると思っていたのですが、日頃からの家族間での会話のなさが、お互いの想いを十分理解できていなかったのが残念な結果になったのではないかと推察します。

未分割の状態ですと、被相続人の財産は法定相続分での共有状態であり、相続人が単独で自由に処分行為等はできなくなります。

遺産分割協議は振り出しに戻ったわけですが、母親の認知症懸念もあり施設入所さらには二次相続対策も必要なので、今からでも母親の想いを含め遺言書の作成及び認知症対策をお勧めしています。

実家については、長女・次男の相続ですと、将来の売却処分等については、この2人ではまとまらない可能性もあり、長男が実家の権利の一部を相続し、調整役を務めるということも検討しています。または、実家の相続人の同意をとりつけられれば、長男を受託者とする家族信託のスキームも使うことができるでしょう。

今後は、実家の遺産分割について一日も早く、相続人全員の意見をまとめ、遺産分割協議書を作成することが最優先の課題です。

最後に未分割の状態での申告につき説明します。

相続税申告期限に未分割の状態の場合は法定相続分で取得したものとみなして申告期限までに申告、納税。申告時に「申告期限後3年以内の分割見込書」を提出。（理由、分割見込み、適用を受けようとする特例等選択）

⬅ 申告期限後3年以内

遺産分割成立後、4か月以内に更正の請求または修正申告。

※ 申告期限後の3年を経過する日において、係争中などやむを得ない事由があるときは、「遺産が未分割であることについてやむを得ない事由がある旨の承認申請書」を提出し所轄税務署長の承認が必要となりますが、承認されれば遺産分割成立後4か月以内の更正の請求または修正申告は可能となります。

☺笑顔相続のカギ

相続税の申告には、いろいろな優遇規定があります。

その中で一番大きいのが、配偶者の税額軽減と小規模宅地等の特例の規定です。

配偶者の税額軽減は、法定相続分と1億6000万円のいずれか大きい金額まで、税額が0円となります。小規模宅地等の特例は、最高で80%の評価減となります。

被相続人亡き後の配偶者や相続人の生活をサポートするための優遇規定ですが、10か月以内の遺産分割協議の成立が条件となっています。

争族の場合には、この優遇規定は棚上げとなり、いったん、法定相続分で相続税を納付することになります。3年以内に分割が成立すれば、納めた税金は還付されますが、財産の種類や金額によっては払えない相続人も多くいます。

遺言書があれば、遺産分割協議は必要ありません。そういう意味では、遺言書は最高の節税対策といえるかもしれません。

第4章

去りゆく人と相続人の交錯する想い

事例23

お仏壇はどうなるの？

～見落としがちな祭祀財産がもめごとの原因に

相続診断士・行政書士　梅園　浄

＜家　系　図＞

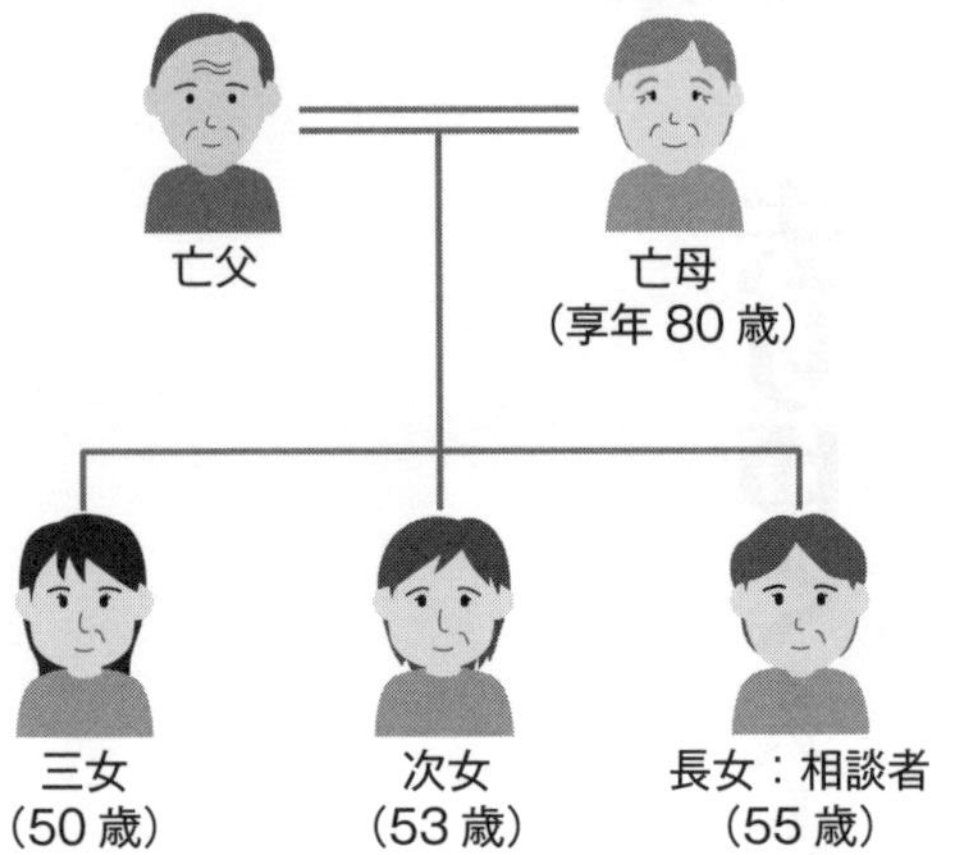

＜主な財産状況＞

・預貯金　　850万円

1 家族・財産等の状況

「母親の家にある仏壇をどうするべきか悩んでいるそうなのです」

このような内容の相談の電話が、以前より面識のあった税理士から入りました。

内容としては、相談者は被相続人である母の長女で、このたびその母が亡くなり、相続手続きの相談をその税理士が受け、お手伝いをしていたそうです。相談者とその税理士はもともと知り合いであったため、相続手続きの相談に乗っていたようです。

相談者の母は、知り合いの管理物件であったアパートに入居していたのですが、3人の子ども（3姉妹）はそれぞれ結婚して、別世帯にて生活をしていました。

相談者である長女は、母の住まいの近所に住んでいたため、3人の子どもの中では、一番母親の面倒をみていたようです。他の2人の子どもも隣接市に住んでおり、たびたび様子を伺いに、母のもとへ通っていたようです。

母は最期、入院をされそのまま入院先で亡くなったとのことで、家族の中で、相続に関する話はしたことはあまりなかったそうですが、自身の財産は預貯金だけということは子どもに伝えていたようでした。相続手続きに関わった税理士によると、調査の結果、財産は預貯金のみで、一番面倒をみていた相談者に多く預貯金の分割をすることで全員が納得し、特にもめることなくスムーズに進んだとのことでした。3人の子どもの仲は良かったため、話もうまくまとまったのでしょう。

しかし、アパートを解約する際、部屋の片づけを子ども3人でしているとき、その部屋にあった仏壇のことで、仲の良い子ども同士の意見が割れてしまい、険悪な雰囲気になっていったそうなのです。

そこで、その税理士から筆者のところへ連絡が入ったわけですが、なぜ筆者の所に仏壇に関する相談が入ったかというのは、筆者が相続診断士、行政書士として活動しているなか、普段は浄土真宗のお寺の僧侶として生活していたからのようでした。

なぜ、預貯金の分割ではもめなかったのに、仏壇のことで険悪な雰囲気になってしまったのでしょう。

相談者とお会いし話を聞いていると、その仏壇というのはずっと母の住まいに置いてあったもので、母は家にいるときは毎日その仏壇に手を合わせていたそうです。先に亡くなられた夫の写真などもそこにあり、とても大切にされていたようです。

そして、険悪な雰囲気になってしまったのは、その仏壇が、先に亡くなった夫つまり相談者の父の手作りの仏壇だった、ということが大きな要因でした。

相談者の父は手先が器用で、ちょっとした家具など、さまざまなものをよく手作りしていたそうです。設計図を作成し、数か月かけて自らの手で仏壇を作成したのです。筆者が最初見たとき、それが手作りのものと気づかないほど精巧に作られており、非常に驚いたことを覚えています。

そのような仏壇だったからこそ、相談者の母は大切にされていたのです。その仏壇に対して、3人の子どもの考えは次のようなものでした。

長女「この仏壇は大切なものだから処分しないでおきたい。しかし自分は引き取れない」

次女「大切なのはわかるけど自分も引き取れない」
三女「母が大切にしていたものだから引き取ることができればいいけど、自分は引き取れない」

3人に共通していることは「できれば処分はしたくない」「自分は引き取れない」ということでした。このままでは、仏壇の行き先、対処が決まらないばかりか、3人の子どもの仲に亀裂が生じてしまうことになってしまうかもしれません。大切な母の、大切にしてきたものが原因となって。

❷ このケースにおける問題点

このケースにおける問題点は、家族で相続について話はあまりされていなかった中で、母の財産が預貯金のみということを、3人の子どもは母親から聞いていたため、その時点で相続に関する安心感を持ってしまい、その他の財産のことについて話をしなかったことが挙げられます。

相続が発生したとき、引き継がれていくものとして、預貯金や有価証券、不動産などをイメージする人も多いと思いますが、仏壇やお墓などは祭祀財産といい、そのような相続財産とは別の方法で引き継がれていくのです。祭祀財産というのは、相続の中では案外見落としてしまうものでもあるように思います。相続診断による危険度の点数は高くないかもしれませんが、何が財産であるのかの共有が不十分な点は危険なものであり、祭祀財産のことを含めて考えると、本事例の危険度は次のとおりですが、数字以上に危険なものと考えます。

＜相続診断結果による危険度＞

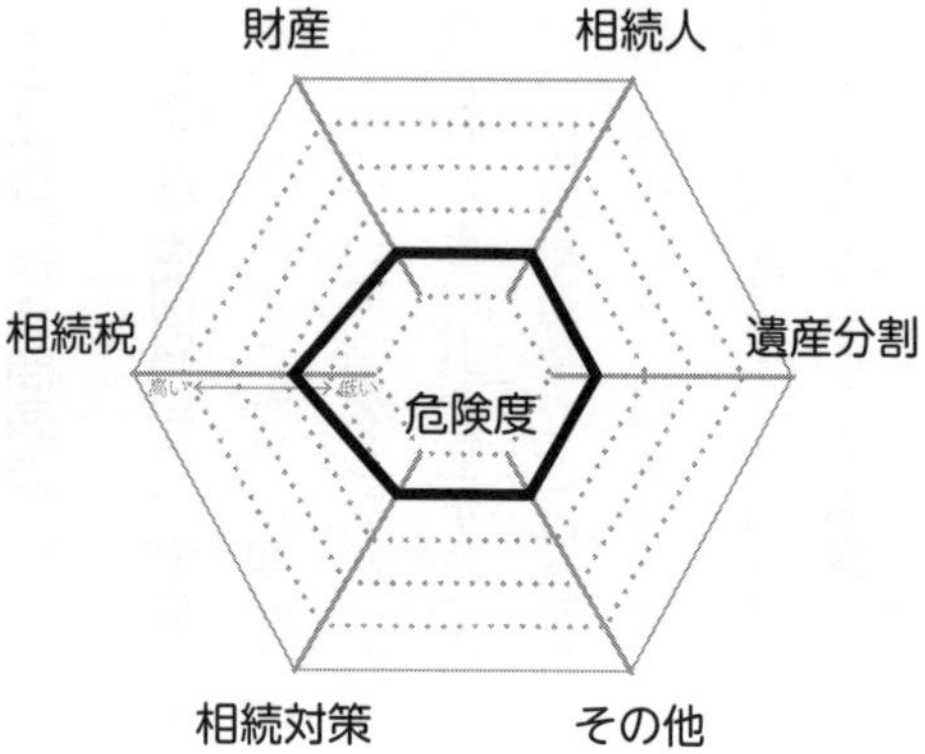

＜相続診断結果による緊急度ランク＞

●緊急度ランクⒶ・B・C・D・E
高い←→低い

相続診断結果をみると、

1　今まで家族間で相続についてあまり話し合いが行われていない
2　しっかりとした相続財産の把握ができていない（他に財産がないのか、相続税が発生するのかどうかなど）
3　遺産分割でもめてしまう可能性
4　祭祀財産の引き継ぎ方の見落とし

などがあります。しっかりとした相続財産の把握ができていないことや、祭祀財産の引き継ぎ方の見落としなどにより、危険度は想像以上に高いと思われます。

では、その祭祀財産はどのように引き継がれていくものなのでしょうか。

③ 対応策とその結果

民法では、祭祀財産に対して以下の順番で引き継ぐことを規定しています。

① 被相続人の指定した者

② 慣習

③ 家庭裁判所の決定

この規定によると、今回のケースは遺言もなく、また別の方法での指定もなかったため、慣習により決定していくか、それでも決まらなければ、家庭裁判所の決定をもって、承継者を指名することとなります。

慣習により決定していくということは、例えば「長男が引き継ぐ」などということがイメージしやすいのかもしれませんが、それは法律で定められているものではなく、法律で定められた相続人以外の人を承継者とすることもできます。今回は、仏壇の具体的な対処について、3姉妹間での話し合いにより、承継者の決定を目指すことにしました。

ここで考えることは、なぜ、3人の子どもはそれぞれ引き継ぐことができない状況なのかということです。話を聞いていると、それぞれの事情は次のとおりでした。

まず、長女ですが、自分の夫の家庭の仏壇がもうすでにあり、他の仏壇を置くスペースもないということ、次女は、夫が別の宗派で、同じく仏壇がもうあることと、その宗派以外の仏壇を置くことは難しいということ、そして、三女については、夫が仏壇を引き継ぐことに反対していて、話がつかないということでした。

その仏壇は現在、母が住んでいたアパートはすでに解約してあったため、次女がいったん預かっているようでしたが、それもあまり長くは預かれないとのことでした。

大切な母の大切な仏壇だからこそ、本当は誰かが引き継ぐことができればいいのですが、慣習による決定についても少し触れましたように、祭祀財産は法律で定められている相続人が必ず引き継がなければならないものというわけではなく、親族や、その他の人でも引き継ぐことができることになっていますので、そのような提案も準備していました。

後日、次女の家で仏壇を確認していると、仏壇の引き出しの奥のところに、何かが落ちているのが見つかりました。死角になっていたため、誰も気づかなかったようです。その落ちていたものとは、ポチ袋に入った一通の手紙でした。

手紙を書いたのは相談者の母で、相談者を含む3人の子どもに宛てられたものでした。内容は、3人の子どもたちへの感謝の気持ちと、遺品の扱いについて記してあり、そこには仏壇についても記してありました。仏壇は、夫の手作りで、大切なものではあるけれど、誰かに引き継いでほしいという思いはなく、自分が亡き後は、誰も引き継ぎたくなければ処分してほしい旨が記されていました。

その手紙を3人の子どもとその夫に披露したところ、突然、三女の夫が引き継ぐと言いました。もしもこのまま話がまとまらなければ、他の承継者を見つけるか、他の方法を検討していくしかないかと思っていたところ、その手紙を通して、いかにその仏壇が大切にされてきたものかということを実感され、気持ちに変化が生じたようです。三女も賛同し、現在はその三女の家にその仏壇は置いてあり、毎日手を合わせているそうで、姉妹3人の仲も良好のようです。

4 上記の経験から学ぶこと

今回は、母の手紙が見つかり、結果的に家族間での話し合いはまとまり、争いへとつながることはなかったのですが、このようなケースは稀で、手紙が見つからなければそのまま姉妹の仲は険悪なままで、付き合いもなくなってしまっていたかもしれません。それは亡くなった母の望んでいたことではないはずです。

相続の中における財産でも祭祀財産は、後回しにして考えたり、見落としてしまったりしてしまうことが多いものではないでしょうか。しかし実際は、本事例のような仏壇や遺骨、お墓や納骨壇のことでもめてしまうというケースは少なくないのが現状です。そのためにも、相続が起こってしまう前に、家族間で、預貯金や不動産のことだけでなく、仏壇やお墓などのことも話を少しでもするということがとても重要になりますが、いきなりそのような話をしようとしても難しいかもしれません。

そこで、エンディングノートを活用したり、遺言を作成したりすることで、そのような話し合いをすることができ、争いを避けることへとつなげることができると考えます。

エンディングノートはそれだけでは法的な効力はないですが、自分の財産のことや感謝の気持ちを家族に伝えていくものとして、とても重要なものです。また遺言で祭祀承継者を指名することもできますし、付言事項で、そこに感謝の気持ちや、大切な家族などへの想いなどを残すこともできます。家族間で相続の話し合いをすることや、相続の準備にはとても役立つものです。

本事例は、相続について家族間での話し合いをできるときにしていくこと、そしてそれをエンディングノートや遺言などの形で残していくことが「相続」を「争族」に変えないことにつながる重要なポイントであることを改めて感じた事例となりました。

☺笑顔相続のカギ

祭祀財産といわれるものの中で、お墓に次いで管理処分に困るのは仏壇です。特に本事例のように、父親が手作りし、母親がそれを大切にしながら亡くなったという家族のストーリーがある場合にはなおさらでしょう。

3姉妹がそれぞれの家庭の事情で仏壇を引き取ることができず、姉妹仲に亀裂が生じ始めた矢先に僧侶でもある相続診断士と出会い、丹念に仏壇を確認してもらったら母親からの手紙が見つかったというのですから、まさに母親が天国から子どもたちを心配して手紙を書き送ったようにさえ思えてしまいます。

本事例ではこのように手紙が見つかったからこそ、三女の夫が受け入れてくれることになりましたが、見つからないまま争いに発展してしまう可能性もありました。

遺言書もエンディングノートも、書いただけで誰にも読んでもらえなければ存在しないのと同じです。生前にこれらの保管場所を家族に伝えておいたり、自分が亡くなった後のことを話し合ったりしておくことの大切さを、改めて実感させる一事例でした。

事例 24

協議がまとまりかけたところへ遺言書が

～相続人それぞれの想いを調整することの必要性

上級相続診断士　諸隈　元

＜家　系　図＞

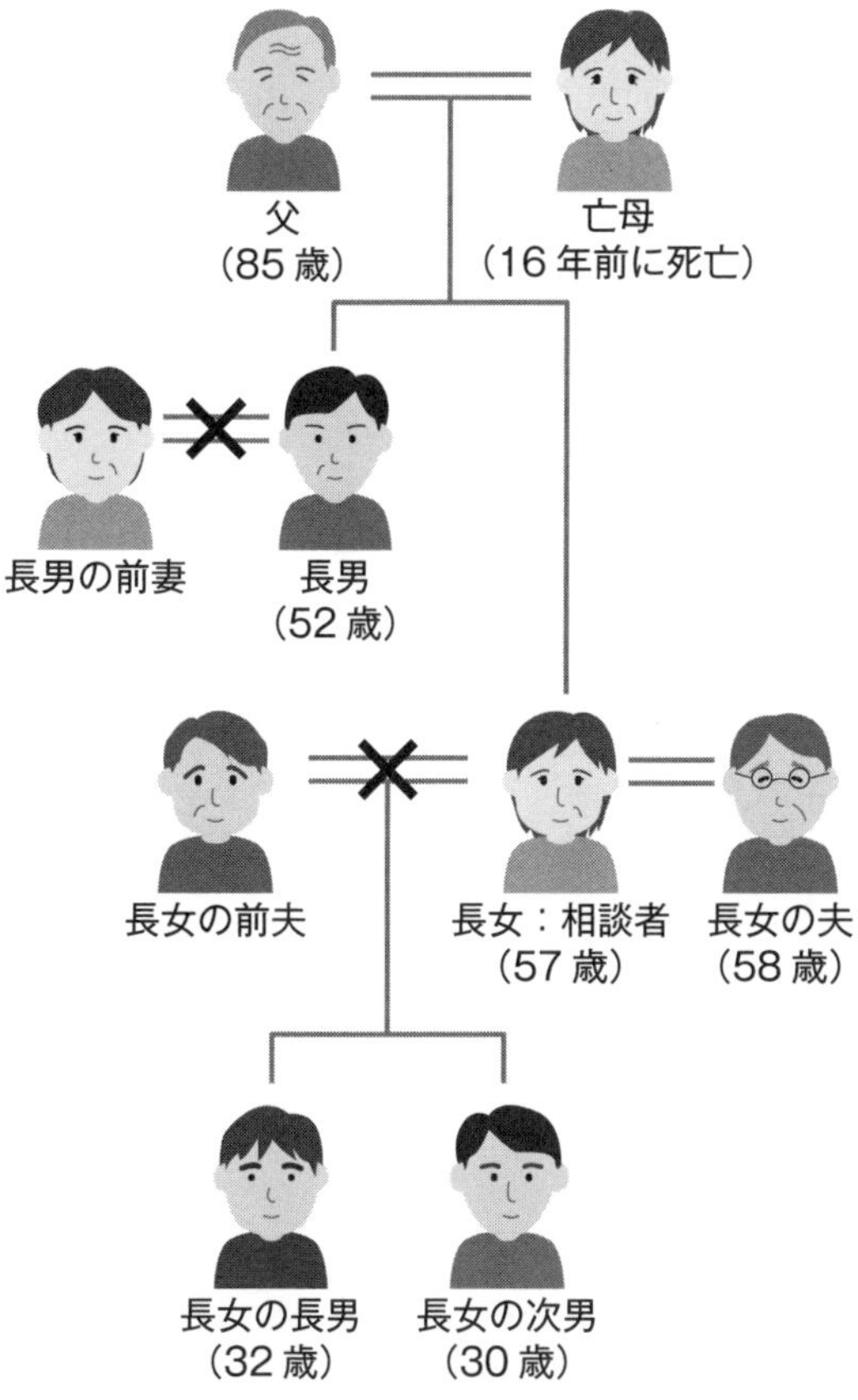

＜主な財産状況＞

・自宅建物	1,000万円
・預貯金	2,500万円
・有価証券	500万円
合　計	4,000万円

1 家族・財産等の状況

相談者は57歳の女性。一度離婚して実家に戻り2人の子どもとともに父と同居していましたが、12年前に再婚して現在は隣町に住んでいます。

父は相談者の再婚後は一人暮らしをしていましたが、母の死後間もなくの交通事故で足を痛めてしまい、不自由な生活を余儀なくされてしまいました。しかし痛めた足が悪化し、さらに認知症も発症しはじめたため5年前から介護付き有料老人ホームに入所していました。

相談者には52歳の弟が1人いるのですが、弟も離婚しており子どもはなく現在は首都圏に住みながら2週に1回、実家の管理や介護付き有料老人ホームに入所している父の面倒をみるために帰ってきます。

姉弟の仲は良く、年末年始やお盆などに一時帰宅した父と相談者の家族とともに会食をするなどの交流があり良好な関係です。母は16年前に亡くなっており、その時に母名義であった実家の土地を弟が相続しています（建物は当時から父名義）。

介護付き有料老人ホームに入所中の父が体調を崩して病院に入院することになり、意識も混濁して容体がかなり深刻になったときに相談を受けることになりました。

財産については建物が父名義であること、土地は母からの相続で弟名義であること、父の預貯金の額は弟が管理していたので知っていましたが、有価証券の金額について父からは知らされておらず、遺言書の有無についてはわからないという状態でした。

有価証券の評価額次第では相続税の課税対象になることをお伝えして、建物については土地を所有している弟に相続してもらい、建物の評価額を含めた総額の2分の1を相談者が相続するという遺産分割協議を行ってはどうかと提案しました。

相談後3か月が過ぎようとしたとき、父が亡くなり、相談者は提案のとおり弟と遺産分割協議に入りました。有価証券についても金額が判明、相続税の課税対象にはならず、円満に遺産分割協議が行われると思われましたが、話し合いの中で弟が父の介護付き有料老人ホームの支払いをしていたことがわかり、その総額は約1200万円にのぼっていました。

弟は負担した1200万円を引いた残りの金額の2分の1が相談者の相続分として妥当であると主張、相談者はそれを受け入れ遺産分割協議は無事終了するかに思われました。

数日後、遺産分割協議書を作成するために必要な手順や書類を伝え、司法書士を紹介するために、相談者と弟と筆者の3人で会うことになりました。

ところが席上で弟が険しい表情で一通の遺言書を差し出したのです。公正証書遺言です。遺品整理をしていた弟が前日にタンスの奥から見つけたとのことでした。

「遺言者は、遺言者が所有する財産の全部を遺言者の長男○○に相続させる」

内容は弟にすべての財産を相続させるというこの一文だけで、その日付は相談者が再婚した直後でした。相談者の表情がみるみるうちにこわばっていくのがわかりました。

2 このケースにおける問題点

相談者は、再婚前から実家の近くの会社に勤めていたため、再婚後隣町に転居してからも会社帰りなどに、頻繁に一人暮らしをしている父のもとを訪れて、身の回りの世話をしていましたが、隣町からの通勤距離が遠いこともあり、近くの会社に転職してからは実家から足が遠のいていました。その後、父が介護付き有料老人ホームに入所してからは、弟が父の面倒をみるようになり、金銭管理その他をすべて弟が行うようになっていましたが、相談者は介護付き有料老人ホームの利用料を弟が負担していたことを知りませんでした。

弟は大手企業の部長職で子どもはなく、離婚後はずっと独り身で経済的に余裕があるため、支払いに苦労することはなかったと思われます。認知症が進んだ父の預金口座から利用料を引き出すこともできずに立て替えたつもりで支払っていたのでしょう。しかしそのことは相談者も気に留めて弟に聞くべきであり、弟も姉である相談者に伝えておくべきことであったと思います。

父は6人兄弟の次男で家督相続制度の考え方が色濃く残る昭和30年代に相続を経験しており、そのためこのような遺言を遺したのではないかと考えられます。また、公正証書遺言が作成された日付が相談者の再婚直後であり、離婚して子連れで実家に戻ってきた愛娘の身を案じていたけれど、再婚して再出発してくれて一安心しての遺言だったのではないでしょうか。しかし、今となっては父の本当の気持ちはわかりません。

なぜそのような遺言を遺したのか、その心情を「付言」や「エンディングノート」として残してくれていたら、それよりも前に親子3人で相続について話し合ってくれていたらと、いつもながら思わざるを得ません。

この事例の危険度は次のとおりです。

＜相続診断結果による危険度＞

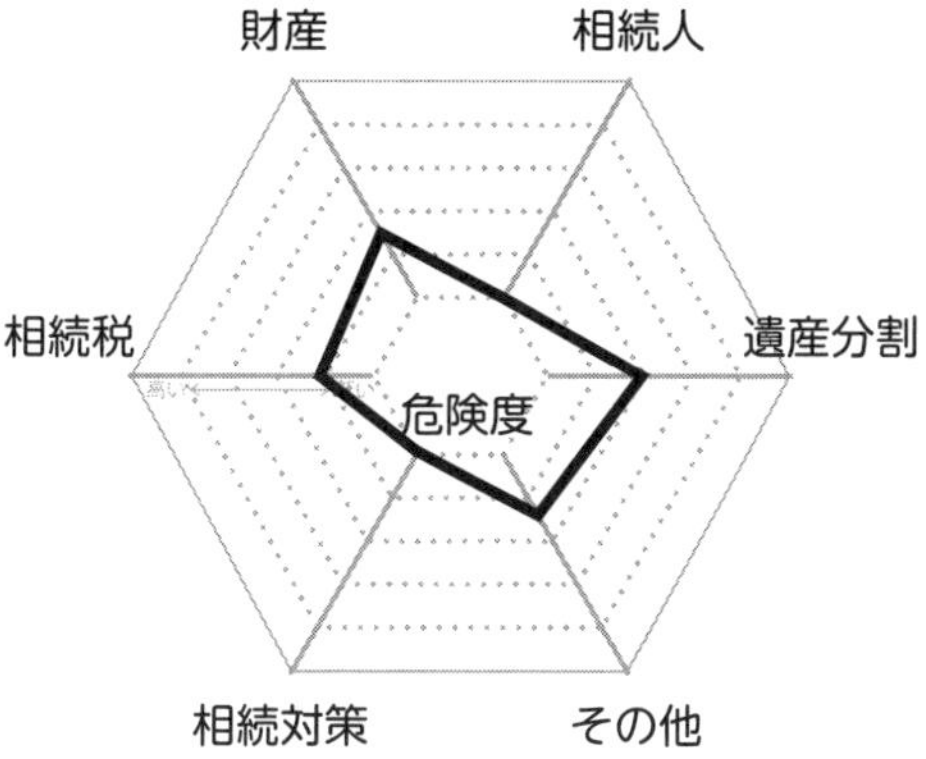

＜相続診断結果による緊急度ランク＞

●緊急度ランクⒶ・B・C・D・E
高い←→低い

相続診断結果をみると、親の介護貢献度合いにより争族を生む可能性や遺産分割が滞る可能性があります。

また遺言書がある場合は法的に有効なのか確認の必要があり、財産目録等できるだけ詳細に記しておく必要があります。相続税についても、課税されるかどうか相続財産の不動産評価額などを事前に把握しておくとよいでしょう。

3 対応策とその結果

まず、遺留分の話はせずに公正証書遺言は父の遺志であり法的に有効であることを相談者と弟に伝えました。

そのうえで、いつか弟にも被相続人になる日がやってくること、そしてその時には姉（相談者）が相続人になること、姉（相談者）がその時存命でなければ甥である姉（相談者）の2人の子が相続人になることを伝え、今回の相続で先日の遺産分割協議のとおりにしても、遺言書のとおりにしても、いずれは弟の甥である姉（相談者）の2人の子に相続されていくことを、家系図を書きながら説明しました。また、現在の姉（相談者）の婚家へ遺産が渡らないようにすることも可能であることを併せて説明しました。

すると弟は「このような公正証書遺言が出てきた以上、遺言に従わなければならないということなのでしょうか?」と筆者に質問してきました。遺産分割協議で相続人同士の合意ができれば必ずしも遺言に従わなくてもよいことを伝えたところ、険しい表情で話していた弟の表情が少し緩み、「先日、姉（相談者）と話し合って決めたとおりにしてもよいということですか?」と質問してきました。問題ないことを伝え、当初の遺産分割協議どおりに決着することになりました。皆が笑顔でその場を離れたことは言うまでもありません。

4 成否を分けた分岐点

まず、何よりも姉弟の仲が良かったこと、そして時期は別々ではありましたが2人の相続人とも父の介護や身の回りの世話をよく行っていたことで、お互いに不公平感を持っていなかったことが一番だったのではないでしょうか。また、弟は離婚して独り身であり、金銭的に比較的余裕があるため、遺産への強い執着がなかったことは大きく影響したと思います。父が亡くなる少し前からの相談でしたが、当初から遺産を相続する者には役割があってしかるべきであり、その役割とともに次の世代への流れまで考えて相続に向き合うことがとても大切であるということを伝えました。また、姉弟とはかけがえのない存在であり、争族によって姉弟の仲が裂かれるようなことにならないためには時として譲歩も必要であることを強く訴えました。

公正証書遺言の存在が明らかになったときに、遺留分侵害額請求権を持ち出すと相談者が対決姿勢をとることになると感じ封印しました。当初の遺産分割協議の合意内容を着地点にするためにはどのような助言が必要かを第一に考え、結果としてそれが功を奏したと感じています。

本件は一見単純に見えますが、対応によっては一気に崩れてしまうような危うさをはらんでおり、相続人の想いのバランスが崩れないようにすることが笑顔相続につながっていくのだとさらに胸に刻むことができました。

☺笑顔相続のカギ

本事例は、姉弟間の遺産分割協議がまとまりかけたところへ、弟に全遺産を相続させる旨の遺言書が出てきたというケースです。「遺言書があればよかったのに」というケースがある一方、このように「遺言書などなくてよかったのに」というケースもあるのです。

遺言書には絶対に従わなければならないと思っている人が多いのですが、本事例のように、相続人等の利害関係者全員で合意すれば遺言書とは異なる遺産分割協議をすることもできます（事例6参照）。

本事例の被相続人が、相談者の再婚直後である12年近く前にどのような意図で遺言書を書いたのか、また、弟がどのような気持ちでこの遺言書が見つかったことを相談者に知らせようと思ったのか、謎は多いものの、弟が遺言書による相続を主張せずに法定相続分に従った遺産分割協議が成立したことは幸いでした。親子やきょうだいで財産の話はなかなかしづらいものですが、生前によく話し合っておくに越したことはありません。

事例25

相続人が認知症！ 相続はどうなるの？

～長寿化に向けての生前対策の大切さ

上級相続診断士 小笹 美和

＜家 系 図＞

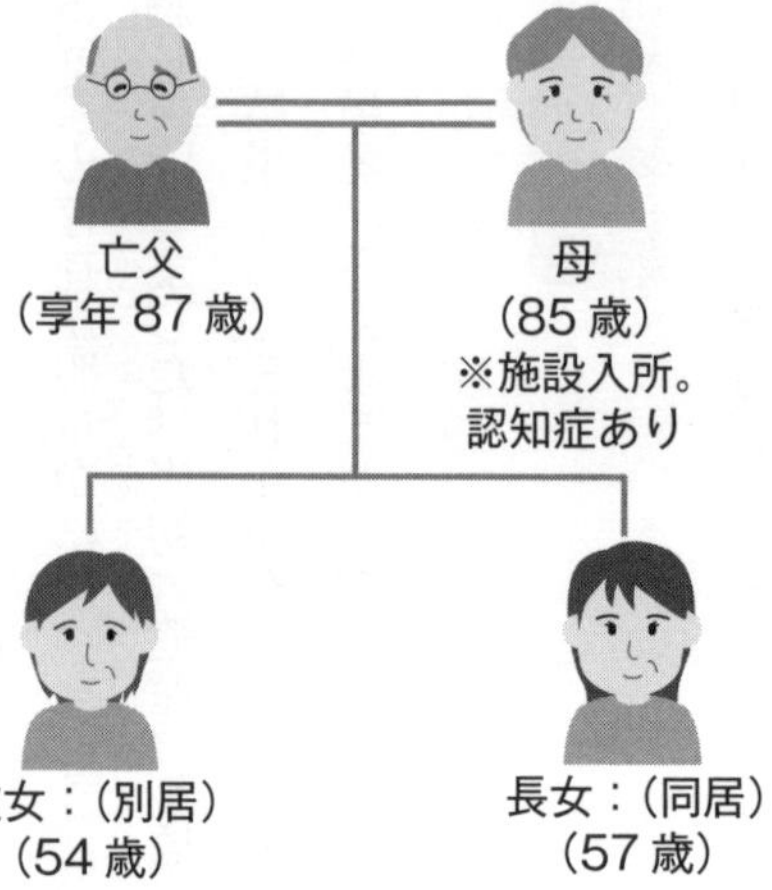

＜主な財産状況＞

・自宅不動産（二世帯住宅）	
	4,000万円
・預貯金	1億2,000万円
合 計	1億6,000万円

1 家族・財産等の状況

父が他界。実家不動産は二世帯住宅で長女家族と同居。母は数年前に圧迫骨折がきっかけで入院。その後、認知症状が進行し施設に入所しています。相続人は、認知症の診断のある母と、同居していた長女、他府県に住む妹の3人です。

2 このケースにおける問題点

父が他界した時に、父の書斎から手紙が出てきました。

自宅不動産は一緒に住んでいた長女が相続し、入所している妻の面倒は長女がみてほしい。妻に預貯金を半分相続させ、母の面倒とお墓などを長女がみるのだから預貯金は長女が多めに相続し、残った分を次女が相続するように、と書かれていました。

この手紙には父の想いが書かれてはいたのですが、名前の記載がなく遺言書として認められませんでした。

このケースは、認知症の診断のある母を交えて遺産分割協議ができるかどうかが大きな問題点となります。

相続人の中に、認知症の人がいる場合、その人も相続人としての権利を有しているので、その人を無視して遺産分割協議をすることはできません。

もしもその人を除外して遺産分割協議を行っても、遺産分割は無効となり認められません。遺産分割協議においては、各相続人に意思能力があることが前提となります。

母の認知症のレベルは中度~重度の間で、意思能力はなく遺産分割協議の参加は困難な状況でした。

その場合、遺産分割協議が進まず、①法定相続分に従うか、②成年後見制度を利用して遺産分割協議を進めるかの2つから選択することとなりました。

しかし、①を選択すると、相続税に対応して遺産分割ができないうえに、自宅不動産を共有財産にすることとなり、父が遺した想いを実現することができません。この事例の危険度は次のとおりです。

<相続診断結果による危険度>

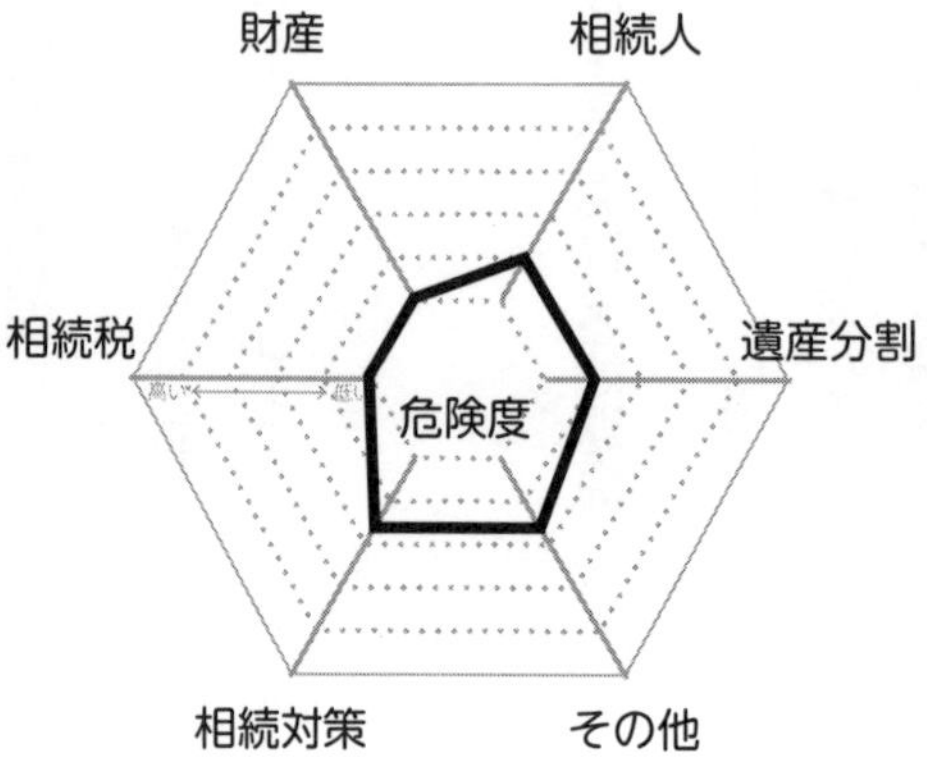

<相続診断結果による緊急度ランク>

●緊急度ランク Ⓐ・B・C・D・E

高い ←→ 低い

相続診断結果をみると、親の介護の貢献度合いの解釈をめぐって争族に発展する可能性や、相続人の中に認知症を患っている人がいる場合、相続手続きのために「後見人」の選任が必要になる可能性があります。

法的に有効な遺言書なのか、専門家による確認をおすすめします。相続対策は、相続人（家族）と情報を共有しておくことが重要です。

③ 対応策とその結果

姉妹で相談をした結果、②の成年後見制度を利用して遺産分割協議を進めることを選択しました。

この姉妹は仲も良く、遺産分割協議が整ったあとは、父の意思どおり姉が母の面倒（金銭管理や身上監護）を行いたいとの希望でした。

成年後見は、判断能力を失ってしまった人に代わって代理人が不動産や預貯金などの財産を管理したり、身の回りの世話のための介護サービスや施設への入所に関する契約を結んだりします。そして、遺産分割協議も本人の不利益にならないように後見人などが代理で行います。

【成年後見制度とは】

認知症や精神障害、知的障害などで判断能力が不十分な人に対して、本人の権利を法律的に支援・保護するための制度です。

本人の判断能力の程度や本人の事情に応じて、「補助」「保佐」「後見」の3類型の代理人に分けられます。

・「補助人」……精神上の障害により判断能力が不十分な者の場合
・「保佐人」……精神上の障害により判断能力が著しく不十分な者の場合
・「後見人」……精神上の障害により判断能力を欠く常況にある者の場合（※常に判断能力が失われている状態）

判断能力の有無や程度は医師の診断書などで判断し、類型により、後見人等に与えられる権限や職務の範囲が異なります。

申立てができる人は、本人・配偶者・四親等内の親族等・市町村長・検察官などに限られます。家庭裁判所に選任申立てを提出し、後見人等を選任してもらうこととなります。

多くの場合、申立てから後見等開始までの期間は4か月程度かかります。遺産分割協議を始める前に、まずは成年後見人の選任の申立てをしないといけないため時間と手間が余分にかかってしまいます。

また、後見人になってほしい人として、身内の名前を書くことができますが、あくまでも裁判所が選任するため、面識のない専門職（弁護士、司法書士、社会福祉士など）が後見人等になってしまうことが多々あります。

今回のこのケースは、姉妹の仲も良く、父の想いを引き継ぐため、遺産分割協議完了後には長女が母の後見人になることが希望としてありました。

しかし、長女が後見人に選任されても遺産分割協議はできません。なぜなら、後見人になった長女自身が相続人で自らも遺産分割協議に参加する立場となります。被後見人である母の利益と自分自身の利益が相反する立場になるからです。

家庭裁判所の判断は、遺産分割協議を進めるために遺産分割協議が完了するまでは申立てを行った弁護士が後見人となり、終了後「後見制度支援信託」の利用を条件に長女が母の後見人になることを認められました。

後見人の使命は「母の財産を守ること」です。後見人として父の相続で母がもらえる権利（法定相続分）を主張します。今回、長女が母の面倒をみていくからと長女の取り分を多くすることは認められず、自宅不動産を長女、預貯金で母の法定相続分を守り、次女の取り分が少なくなったのですが、話し合いで長女から次女への代償金の支払いはない形の遺産分割協議を整えることができました。

【後見制度支援信託】

後見制度支援信託とは、後見制度による支援を受ける人（被後見人）の財産のうち、日常的な支払いをするのに必要十分な金銭を預貯金等として後見人が管理し、通常使用しない金銭を信託銀行等に信託する仕組みのことです。成年後見と未成年後見において利用することができます（保佐や補助及び任意後見では利用できません）。この制度を利用すると、信託財産の払戻しや、信託契約を解約するにはあらかじめ家庭裁判所が発行する指示書が必要となります。

被後見人の財産を適切に管理し利用することにあり、被後見人にとっては、自分の財産が後見人に不正に使用されるリスクを低減させることがメリットですし、後見人にとっても、主な管理の対象が日常的に必要な金銭に絞られるため、後見人の業務負担が軽減できます。

しかし、この制度を利用すると、後見人が手元で管理している金銭だけでは足らない場合に、信託財産から払戻しを受けるための手続きが必要となります。家庭裁判所に、必要な金額とその理由を記載した報告書を裏付け書類として提出し、家庭裁判所が報告書の内容に問題がないと判断すれば、指示書が発行され、それを信託銀行等に提出して払戻しを受けることとなります。

専門職後見人への報酬支払いの発生と後見制度支援信託の仕組みに沿った信託商品を提供している金融機関によって、最低受託金額、費用（報酬・手数料）などが違うのもデメリットといえます。

（参考：家庭裁判所「後見制度において利用する信託の概要」）

④ むすび

相続人の1人が認知症などにより判断能力がない場合、遺産分割協議をすることができません。今回のケースは、父が生前に「遺言書」を作っておくことが必要でした。

遺言で「誰に何を相続させるか」を決めていれば、遺産分割協議をせず不動産や預貯金について相続手続きをすることができました。

父が亡くなったあと、父の想いが書かれた手紙が見つかりました。確かに、父の手紙のおかげで父の想いを反映し姉妹がもめることなく遺産分割協議を整えることができたのは笑顔相続だったかもしれません。しかし、父が専門家に相談をし、公正証書遺言を作成、付言事項で想いを託すことができた事例です。

長寿化が進む中で、相続が発生した時に配偶者が認知症の診断を受けているケースは今後ますます増えます。遺産分割協議ができなくなることを想定し、遺言書の作成と家族信託の利用や任意後見契約などの検討などその家にあった生前対策をしておくことが大切です。

☺笑顔相続のカギ

数年前まで相続の問題は、①節税（納税資金）と②遺産分割の2つでしたが、最近では、③認知症が加わり、大きく3つとなりました。

財産をたくさん持っている本人が認知症になると、相続対策が一切進まなくなるという問題については、多くの人がご存知ですが、財産をたくさん持っている人の配偶者が認知症の場合、相続手続きが進められないことをご存知の人は少ないです。

後見人の選任をするだけでも、多くの時間と手間がかかり、お亡くなりになるまで費用がかかります。

遺言書があれば、遺産分割の手続きは進めることができますので、相続人の中に認知症の人がいる場合には、遺言書の作成をお近くの相続診断士にご相談ください。

事例26

遺言書がなく、考えのすれ違いで争族

～亡き父親の想いが伝わった時に家族が笑顔に

相続診断士　浜田　政子

＜家　系　図＞

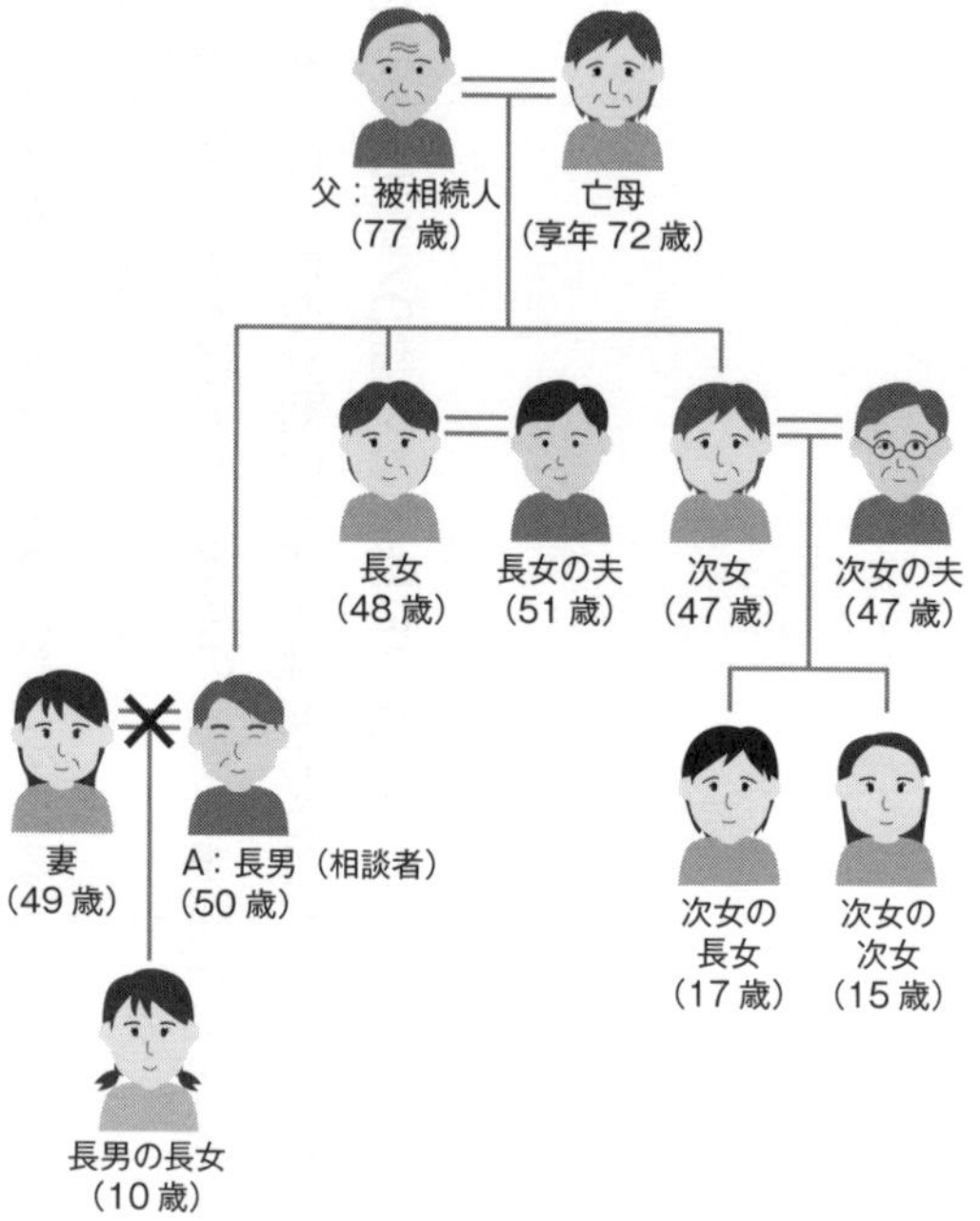

＜主な財産状況＞

・自宅不動産（一戸建て）	
	1,000万円
・預貯金	500万円
・生命保険	100万円
合　計	1,600万円

1 家族・財産等の状況

これは筆者が相続診断士の資格を取り、初めて関わった家族の話です。

相談者は外資系保険会社で働く長男A。家族構成は10年前に離婚後、両親と同居をしていて母は3年前に肺ガンで他界。その後父が持病の糖尿病が悪化して入退院を繰り返すようになり、体調が心配とのことでした。Aには妹が2人いて、長女は結婚して子どもはおらず、隣の県に夫の親の土地に家を建て住んでいます。次女は実家から歩いて5分ほどの所に家を建て、夫と子ども2人の家族4人で住んでいます。

母の入院中は、長女、次女2人で病院にも頻繁に来て買い物や介護も進んでしていたので、安心してまかせることができたようです。しかし、いざ父が入院することになり、交代で付き添いをしようと相談したところ、2人からは「同居している兄ちゃんがみればいい、私たちは無理」との返答に唖然としました。介護はプロに任せるといいますが費用もかかります。それもあり、男1人で介護するのはかなり不安があったので、入院先の病院で相談しケアマネージャーや看護師のアドバイスにより訪問介護も活用するようにしました。

2 このケースにおける問題点

想定内のことでしたが、「これでは父が亡くなった時はもっと大変なことになる。今のうちに何か対策を」と相談を受け、司法書士と税理士にお繋ぎし、財産の状況や生前対策のことを話していただきました。

長男Aは父と自宅で同居していたため、小規模宅地等の特例（亡くなった人が住んでいた土地に一定の要件を満たす人が相続した場合、相続税が最大80％減額される特例）を適用することはできますが、妹たちは適用できないと説明しました。

また、生命保険の受取人は長男Aなので、受取人個人財産ではありますが、非課税枠範囲内のため相続対象外となります。

預貯金は現在わかっている金額では相続税はかからないとのことですが、普段金庫の管理は父がしていてAは中を見たこともないらしく、隠れ財産の可能性も踏まえ遺言書作成の提案をしました。

遺言書作成は、「自分の意思表示ができる時しか作成できないので、早めに作成を」と、父に伝えたところ、

「財産もないし、もめるほどではない」

「まだ死ぬわけではないからそんなものは書かない」

「お前はわしを殺す気か」

など、典型的で頑固な反応しかなかったそうです。

また、父の話から、次女はお金に困ったら泣きつき、結婚した時も住宅資金や夫婦ともども仕事が続かず、生活費に困ったら援助して返済は一度もないことが判明。Aが「それではダメだ、なぜそこまでするのか」と怒っても、「末っ子でかわいそうだ」と、父は言ったそうです。

そこまで親のスネをかじって甘やかされていた次女の態度に呆れ、Aからの声かけにも集まることなく何も進まないまま3か月が経過したある日、父が肺炎のため、急死したとの連絡が入りました。

この事例の危険度は次のとおりです。

＜相続診断結果による危険度＞

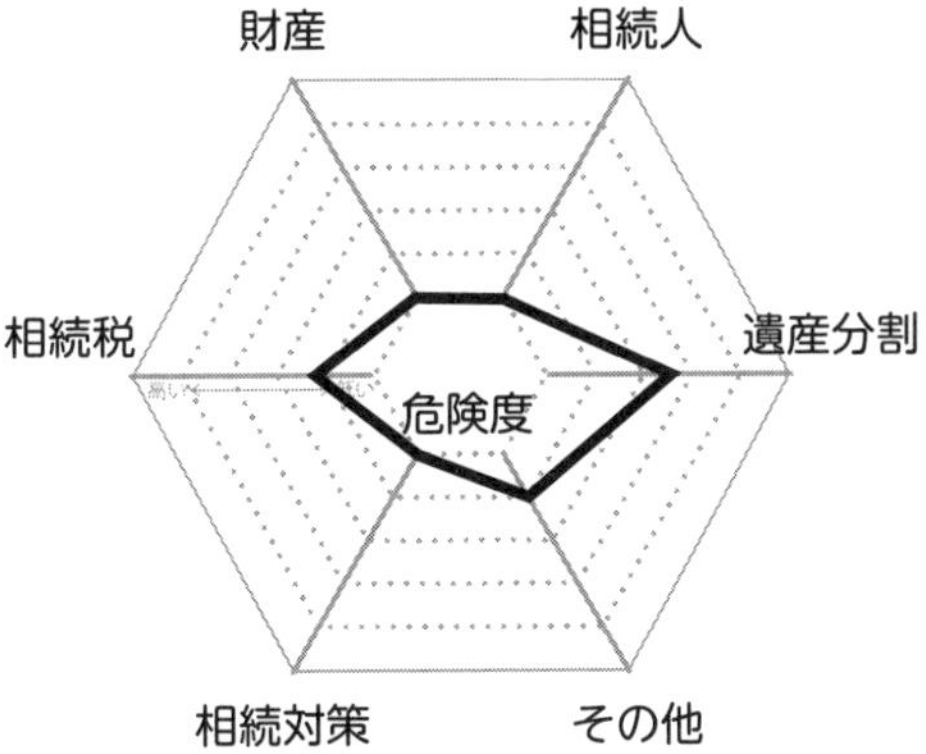

＜相続診断結果による緊急度ランク＞

●緊急度ランク(A)・B・C・D・E
高い←→低い

親の介護について、相続人の仲が悪いと話し合いもなく、負担を強いられる人が出てくる可能性があるので、相続人の関係性の構築を検討してください。

相続財産の大半が不動産の場合、遺産分割が厳しい状況で財産分与が公平に行われないことも考えられ、争族を生む可能性もあるので遺言書作成をお勧めします。

相続財産の確定をして相続税の有無や相続の進め方など専門家に相談しておく必要があります。

③ 対応策とその結果

葬儀が終わった日に長女夫婦、次女夫婦の意見で今後のことを話し合いました。父の自宅不動産については、妹たちもそれぞれ家があるので必要ないが、預貯金の金額が3人で分けるには少ない。だから自宅を売ってその金額をプラスして分けることを妹たちから言われ、そこに相続人でもない妹の夫たちが口を出してきて1対4となってしまい、Aもどうしていいかわからない状況でした。

それからAとの話では、兄妹仲はよくないのはわかっていたが、まさかここまでお金に執着しているとは思いもよらず、自分が仕事も休み親の介護に専念したのに理解をしてもらえなかったのが残念、とのことでした。ただ、兄妹だから「ありがとう」の一言でもあれば、気持ちも落ち着いてもっといい話し合いができたのではないか、とも言っていました。

いざ遺産分割協議書を作成するときになっても、妹たちは手続きに非協力的で、しびれを切らしたAから再び筆者が相談を受けたので、「ここはダメもとで父の想いを妹に伝えてみてはどうか」と助言しました。

そしてAは妹たちを集め、父を介護していたときにAが父本人から聞いた話をしてみることにしました。

■父の想い

・自分は慎重な性格で、自分が築いた財産は、たとえ実の子どもでも管理を任せると安心できず、最後まで自分で管理したいと思っていたこと。
・Aには自宅とお墓は守ってほしい。
・父亡き後は長男であるAが兄妹をまとめ、誰かが困ったときは兄妹で助け合うこと。
・長女には子どもがいないが、これからも夫婦仲良く過ごしてほしい。
・次女はもうお金のことで苦労しないよう、きちんと自立してほしい。
・3人は自分にとっては宝物なので、これからも元気で仲良く過ごしてほしい。

父の想いを聞いてからは、妹たちの言動に変化があったそうです。相続の手続きにも協力的になり、諸費用を支払って残った預貯金についてAが「2人には100万円ずつ支払うのが精一杯なんだが……」と申し訳なさそうに言うと、「兄ちゃんに任せるよ。自宅も」と、予想外の返答が。気付くと、兄妹3人に笑顔が戻っていたそうです。

4 むすび

今回は、遺言書もなく、父の想いを長男しか知らず、その長男も妹たちにこれを伝えていなかったことが、そもそもの問題でした。遺産分割においても、父の想いが事前に子どもたちに伝わっていれば、ここまで長引くこともなかったでしょう。笑顔相続に必要なのは財産の多い少ないではなく、想いが届いているか否かであることを実感したエピソードでした。

☺笑顔相続のカギ

遺産分割において、親の意思は、子どもたちにとっての指針となります。多少の不満があったとしても、それが親の意思なら、基本的にはその意思に従おうとします。しかし、親の意思がきちんと示されていないと、子どもたちは自分の都合で意見し始めます。親の面倒をみた人、家業を継いだ人、生前に贈与を受けられなかった人、法定相続分、遺留分など、挙げ出したらキリがありません。そして、一度こうなってしまうと、お互い冷静になって円満に解決というわけにはなかなかいきません。

「争族と笑顔相続の分岐点は、親の意思が伝わっているか、いないか」。本事例は、まさにこれを表したものといえます。

事例27

生命保険金や生前贈与は隠せない

～知識不足による偏った節税対策が裏目に

上級相続診断士　盛　勝利

＜家　系　図＞

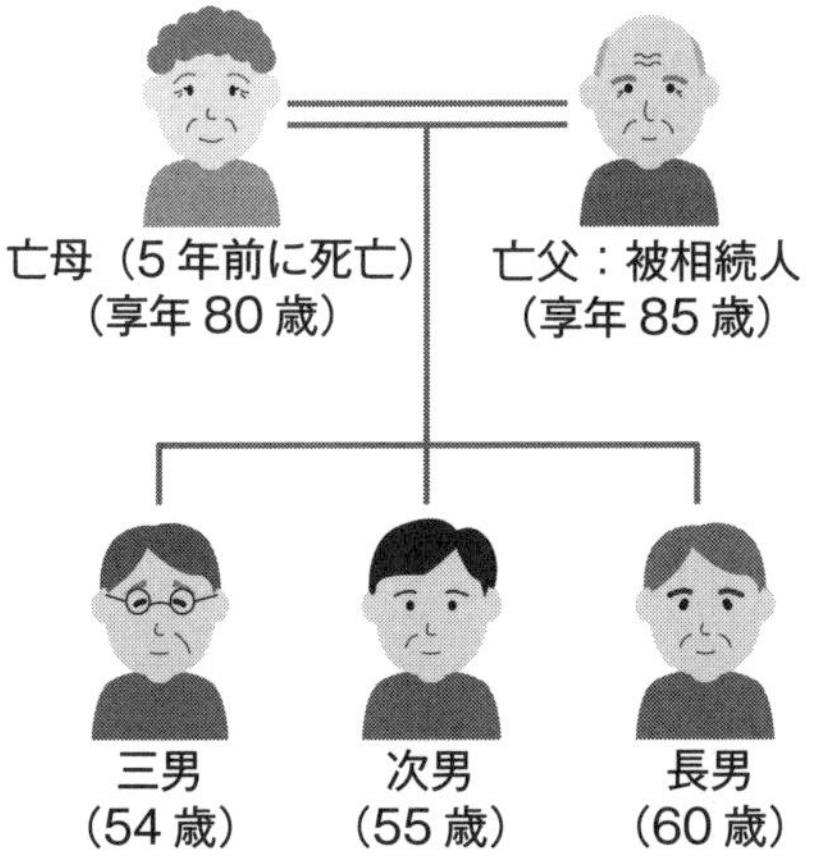

＜主な財産状況＞

・自宅土地建物	1,000万円
・自宅の敷地（次男）	1,000万円
・自宅の敷地（三男）	1,000万円
・預金	3,000万円
・生命保険	3,000万円
合　計	9,000万円

＊この他に、テナントビルや駐車場がある。

① 家族の状況

父の遺産相続で長男VS次男・三男の争族になった事例です。

被相続人は85歳で亡くなった父。母は5年前に逝去しており、相続人は長男・次男・三男の3名。長男一家は実家で父母と二世帯同居。次男・三男は隣町に父の所有する敷地にそれぞれ自分で家を建て暮らしています。次男・三男は大学を卒業後は会社員をしていますが、長男は高校卒業後から父の仕事を手伝い、母の逝去後は父から引き継いだ不動産管理会社を経営し現在に至ります。

父は会社を長男に譲ったあとは自身でいろいろと相続税の節税対策を行っていました。結果的にはこの節税対策が一部の相続人だけへの偏ったものとなり争族に発展。遺産分割の話し合いや相続税申告を困難にしました。

② 相続診断士としての役割

父の不動産所得の確定申告と不動産管理会社の決算は地元の税理士がしていましたが、あまり相続に詳しくないとのことで弊社税理士と相続診断士が相続業務に携わることになりました。

業務受注時に実家で相続人全員と顔合わせをし、今後は相続診断士として相続に関する業務の窓口となり、資料の収集と確認、税理士の作成した相続税評価の説明、遺産分割協議の進捗確認、税理士、行政書士、司法書士等各士業と連携して相続人にわかりやすく説明していくことを伝えました。

今回のケースに限ったことではありませんが、具体的には金融機関での相続手続きの留意点、相続登記の留意点、「小規模宅地等の特例」の説明（自宅と事業用の宅地のいずれで適用したら有利かなど）、相続税申告書の仕組みと見方、税務調査対策として過去の預金口座のお金の流れをチェックすることなどを説明します。

❸ 相続により相続人の関係が悪化

はじめてお会いした時は、兄弟3人がそれほど仲が悪いようにはみえませんでした。次男は長男とも普通に会話をしていましたし、筆者たちにも「これからよろしくお願いします」とあいさつをされました。三男はおとなしい人で長男とはほとんど会話せず次男とだけ会話をする感じです。それらについては特に問題を感じなかったのですが、ただ長男の妻がこの場に終始同席し、積極的に発言をすることには多少違和感と不安を覚えました。

長男の妻としては義父母と同居し、2人が亡くなるまでずっと面倒をみてきた、義父の事業を経理としてずっと手伝ってきたという思いが強くあったようです。そのようなことから、長男と次男・三男が実家で話をするのはこれが最初で最後となりました。

相続に関する報告については、次男・三男とも仕事の時間が不規則なため今後は長男に報告を行い、長男から次男・三男に伝えてもらうことを確認しました。

この事例の危険度は次のとおりです。

＜相続診断結果による危険度＞

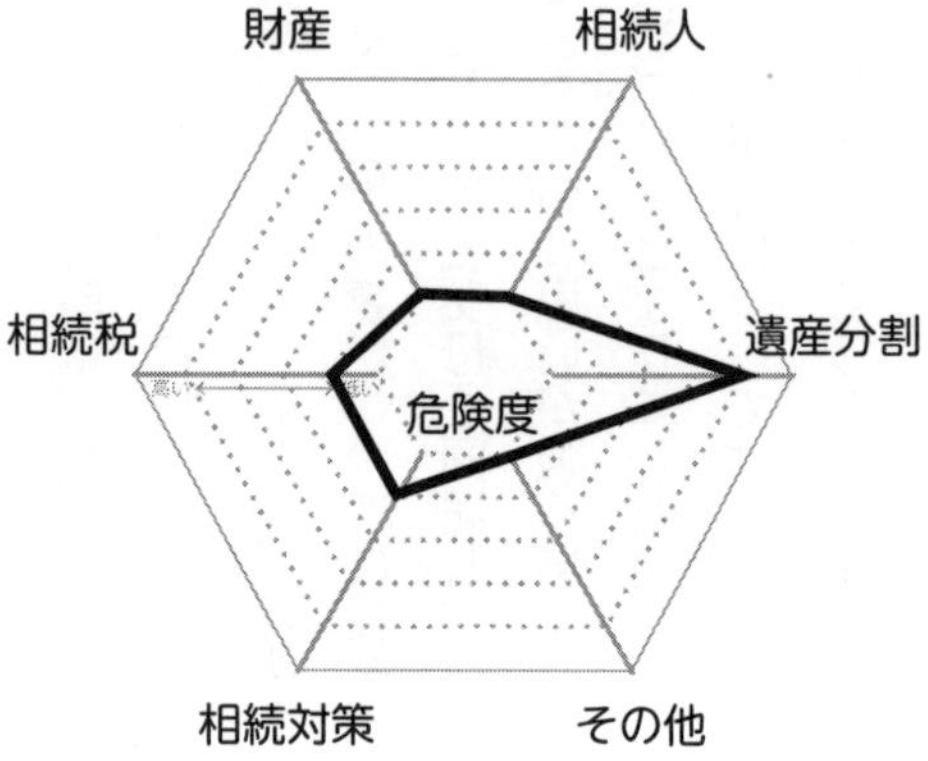

＜相続診断結果による緊急度ランク＞

●緊急度ランク Ⓐ・B・C・D・E
高い←→低い

相続診断結果をみると、

1　相続人同士の仲が悪い
2　親の面倒をみている長男とそうでない次男・三男との間に生前から不公平がある
3　一部の子どもや孫にだけお金をあげていたり、特定の相続人に財産がわたっている

などのことから遺産分割協議がまとまりにくい可能性がありました。

実際、父と同居している長男とその家族（孫）にだけ現金の贈与が行われていたり、生命保険加入による節税対策が行われていたりしたことが明らかになり、兄弟間で争族に発展する結果となりました。

その後は定期的に長男と長男の妻に進捗状況を報告しましたが、長男は父から引き継いだ不動産管理業と趣味のゴルフが忙しく、次男、三男に対する遺産の分割の話も妻に任せる傾向にありました。長男としては次男、三男にはそれぞれの自宅の敷地と納税資金ぐらいの現金を相続させれば、あとは父の事業を引き継いでいる自分がすべて相続できると考えていたようです。最終的には三男は自宅の敷地と納税資金相当額の現金の相続で納得しましたが、次男は最後まで長男との話し合いがまとまらず遺産分割協議と相続税申告書の完成がギリギリまで難航しました。これは長男に対する不信感が大きな原因です。相続業務を進めていくうちに不透明なお金の流れが判明することとなりました。

4 預金通帳のチェックからさまざまな事実が判明

税務調査の際に不透明な資金移動や財産の漏れが指摘されることがないよう、税務調査対策として通帳を預かり、過去5年から7年ほどのお金の流れを弊社でチェックしました。通帳のチェックで長男が不動産管理業を父から引き継いだ5年ほど前から、毎年決まった月に220万円が引き出されていたので、長男に聞きました。

当初は「父が管理していたのでわからない」と言われましたが、金額的に110万円の生前贈与の2名分と予想されたためそのことを伝えると、しぶしぶ父から長男と長男の子（孫）への贈与であることを認めました。

長男は贈与の事実を次男、三男には伝えるつもりは全くないので当方からも余計なことは言わないでほしいと頼まれましたが、もし我々が黙っていたとしても、相続や遺贈等で贈与を受けた者は相続税申告書に記載されることから他の相続人にもわかってしまうのです。

「相続開始前3年以内の贈与財産」は相続財産に加算する必要があるため、贈与を受けた者の氏名、贈与日、贈与金額が申告書に記載されるので、隠すことはできません。通帳のチェックからもう1点大きな事実が判明しました。ある金融機関から生前に2000万円と1000万円の定期預金が解約されていたため、その資金の移動先を聞くと、父が長男と長男の子（孫）をそれぞれ受取人とする2000万円と1000万円の終身保険に加入していたようでした。この事実についても次男、三男に伝えるつもりはないようです。長男いわく「生命保険は受取人固有の財産だから相続財産ではない。遺産分割協議書にも載せなくていいはず」とのこと。

確かに遺産分割協議書に記載する必要はありませんが、相続税申告書には生命保険の詳細が記載されます。相続税申告書の9表「生命保険金などの明細書」に保険会社・受取年月日・受取金額・受取人の氏名を記載し「死亡保険金の支払明細書」のコピーを相続税申告書に添付する必要があるのです。相続税申告の対象者は、贈与も生命保険の受取りの事実も他の相続人に隠し通すことはできません。

5 孫を生命保険の受取人にしたことで孫にも相続税が

本来、養子縁組をしていない孫には相続権はありませんが、生命保険金の受取人に指定されていたため、受け取った死亡保険金1000万円に対して相続税が課税される結果になってしまいました。しかも孫は相続人ではないため、生命保険金の非課税枠である「500万円×法定相続人の数」の対象にもなりません。

また、相続人ではない孫への贈与は相続財産に加算する対象にはならないのですが、生命保険金の受取人に指定され、相続により財産を取得してしまったため、相続人と同様に加算の対象者となり、相続直近の贈与110万円×3年＝330万円が相続財産に加算されることになりました。さらに孫は「相続税額の2割加算」の対象にもなることから、相続税額が2割増しとなってしまいました。

❻ 最後に

長男一家だけが得をするような贈与や生命保険への加入が相続によって明らかになり、長男への不信感から「憎与・争族」へと発展してしまった事例です。また、節税に対する知識不足が原因で、節税どころかさらなる納税額の増加にもつながってしまいました。相続税の節税対策として孫へ生前贈与をするのであれば、孫に相続税が課税されないよう「孫は相続で財産を取得してはいけない」ことを理解したうえで生命保険の受取人を決める必要があったのです。

相続診断シートのチェック項目にもあるように、「親の面倒を見ている子どもと見ていない子どもがいる」「一部の子どもや孫にだけお金をあげている」「大きな保険金をもらう子どもや孫がいる」ケースは争族につながりやすいことを改めて実感するとともに、相談を受ける段階でこれらの項目に該当する人にはしっかりと争族の危険性を伝えなければならないと気づかされる事例でした。

☺笑顔相続のカギ

古代ギリシャの哲学者ソクラテスの言葉に「無知は罪」というものがありますが、相続対策における無知は、ときに争いと税金等の負担増をもたらします。専門家に相談することをせず、インターネットや書籍から掻い摘んだ知識を、自身で都合よく解釈して対策を進めた結果、本事例のような事態に陥ることは決して少なくありません。こうなってしまうと、他の相続人からの不当利得返還請求や、相続税の負担のほか、火消しのために協力を仰ぐ専門家へ報酬も生じます。

相続において「争族」を経験した人は口をそろえて「もし笑顔相続が実現していれば、最も手もとに財産が残った」と言います。この言葉にすべてが集約されているといえます。

事例 28

兄（借金）と弟（引きこもり）の共有不動産

～問題のある兄弟では遺産分割が難しい

上級相続診断士　塚本　英樹

<家　系　図>

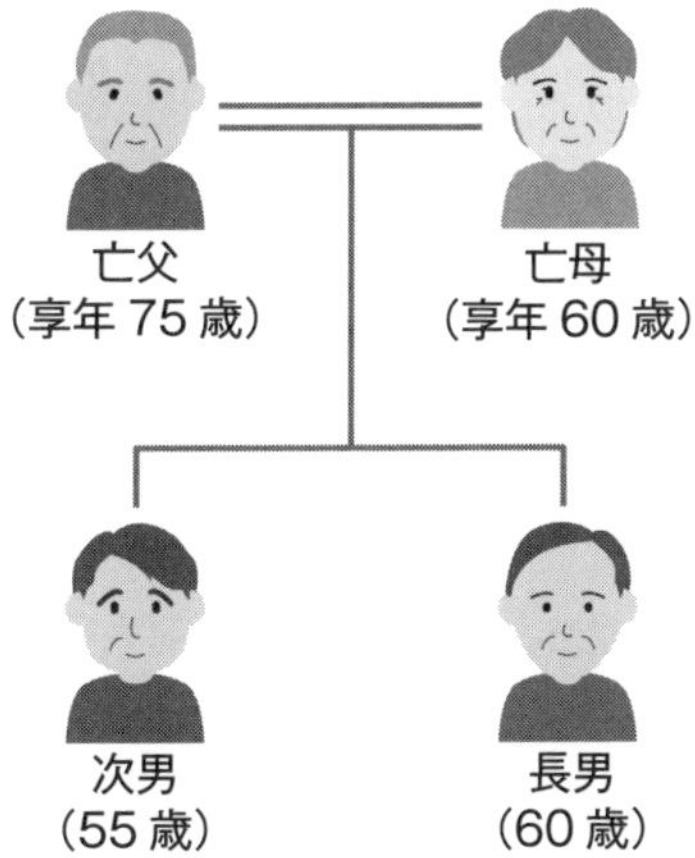

<主な財産状況>

・借地権付建物	1,500万円
・現金	700万円
合　計	2,200万円

1 家族・財産等の状況

大阪市東部で戦前からその地で生まれ育った父と母、子ども2人（男兄弟）。その地で製造業を営んでいた父は、地域では町会長を務めるなど地域活動を熱心に行い、地域の人からは人望も厚い人でした。父が亡くなるまでの間は仕事も順調だったようです。母が先に亡くなられて父と子ども2人の同居生活が続いていました。

父の仕事も少しずつ傾きはじめ、財産は現金500万円程度と自宅兼工場の不動産のみ。この不動産は建物が父名義ですが、土地は借地権の自宅兼工場でした。そして、独身の子ども2人が同居しています。

2 このケースにおける問題点

これまでは父が事業の中から地主に地代を支払ってきました。借地権面積が約200㎡と大阪市内では広く、月々の支払いも多いために、残された現金の財産もあっという間に底をつきかねない経済状況になりました。

長男は、仕事には就いている一方で、地代の支払いを含むすべてを賄うだけの収入が十分ではなく、困った挙げ句に消費者金融に手を出す始末。そして、返済してはまた借りるというギリギリの生活で何とか生計を自分で立てていました。

次男は20代後半に遭った交通事故が原因で仕事も辞めてしまい、以後仕事にも就かず、自宅で引きこもったままです。父も非常に心配はしていたようです。次男は自ら働くことをせずに長男に頼ったままの状態が続きます。父は、子どもたちの行く末をすごく心配している一方で、自分が亡くなった後は子どもたちが手を取り合って仲良くやっていくだろうと安心していた部分もありました。

生前、簡単な相談を受けた時に「不動産の相続対策はしておいたほうがいいですよ」とアドバイスをしましたが、「わかった」と言うだけで何もしませんでした。そして、具体的な対策をする前に他界してしまいます。

相続対策で意外に多いのが、提案（アドバイス）を受けても行動に移すことが非常に遅いこと、もしくは行動しないことです。「そのうちに……」という思いが最悪の結果を招く事態になりました。誰もがそうですが、「まだ元気だから大丈夫だろう」という「重要ではあるものの緊急ではない」ことが、行動に移さない最大の原因になっています。今回は、その最悪の事態になった事例です。

相続対策が必要だったのは、一つしかない自宅兼工場の借地権付の不動産、そして、引きこもっていた次男の行く末です。

父の死後、数年は問題なく子どもたちはその自宅兼工場で生活をしていましたが、徐々に地代（賃借料）を滞納する状況に陥ってしまいました。その理由が不安定な所得の長男と引きこもりで収入のない次男の存在です。兄弟2人をしても、生活しつつ地代を支払う十分な所得がありませんでした。気がついた時には支払総額は利息延滞金も含めて約６００万円までにも膨れ上がっている状態となっていたのです。

この事例の危険度は次のとおりです。

＜相続診断結果による危険度＞

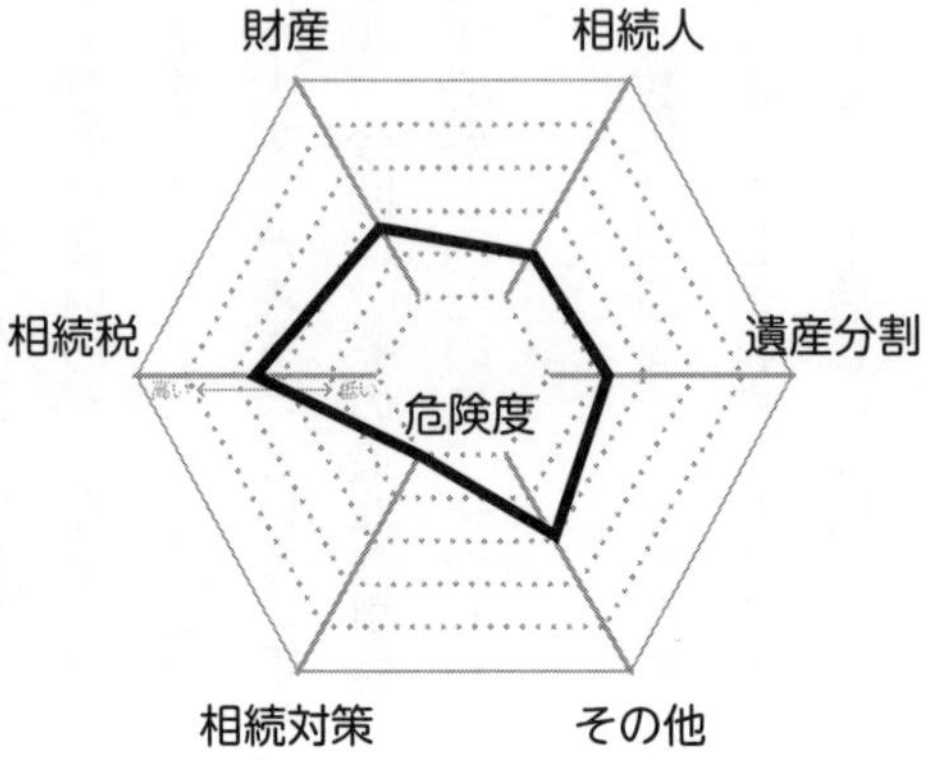

＜相続診断結果による緊急度ランク＞

●緊急度ランク Ⓐ・B・C・D・E
高い←→低い

相続診断結果をみると、

1　相続手続きが進まない可能性

2　遺産分割が成立しない争族の可能性

3　不動産の地代支払いが経済的な負担になる可能性

4　事業承継の場合のトラブルになる可能性

5　結果的に兄弟が不仲になる可能性

などの問題点がありました。

３ 対応策とその結果

長男から地代の滞納と返済不能になりつつあるとの相談を受け、借地権の売却を提案しました。地主との交渉や周辺相場などを調査した結果、滞納分を返済してもマイナスにはならないので、早期に売却を長男に勧めました。不動産を売却後、余剰金については分割し、兄弟で新居で生活する提案もしました。もちろん、売却してもマイナスになるようであれば、自己破産というのも一つの選択肢ではありました。

そして問題は、居住している不動産の売却には反対し、父名義の不動産は自分のものだと言い張る引きこもりの次男です。しかも「自宅から出ていかない」と主張するだけで、兄弟間での話し合いは平行線となってしまい、この状態が半年以上も続きました。もちろん、その間も地代の滞納や利息延滞金は増える一方で、最終的に約900万円まで膨れ上がりました。

相続で大きな問題の一つになるのは不動産の相続です。同程度の資産価値のある不動産が相続人分あれば、問題なく相続人に均等に分割できるのですが、今回は、「容易に分割はできない自宅」が一つしかありません。単独又は共有名義の相続登記にも応じず、地代を払わないが、住み続けると主張する次男にどう対処するかが焦点となってきます。

特に被相続人から受け継いだ不動産の相続人が複数人いる場合、つまり共有名義になってしまう時、トラブルは起こります。長男の共有持分だけの売却という方法もありますが、売価は相場よりも安価になることが多く、問題解決にはつながりませんでした。今回のケースも、不動産の売却が一向に進まない状況で次男は地代を支払う意思もなく、消費者金融を利用して何とか地代を支払ってきた長男も、やがて限界に達してしまいます。

最終的に、長男が次男に対して遺産分割の調停申立てを行い、その後の審判での結果、「不動産を長男の単独名義にし、売却益後の現金を長男と次男で分割する」ことになりました。

その後、長男の単独名義となった不動産を第三者に売却し、その中から滞納地代を支払いましたが、次男は自宅から退去する意思はなく、今度は購入した第三者から明渡し請求の訴えを起こされ、長男が自宅から退去した後も住み続けた次男は強制執行されるという結果になりました。

次男は最後まで「この自宅は生前に父から譲り受けた」と主張していましたが、証拠となる書類等も一切なく、またその場合に支払うべき地代の支払いも行わず悲しい結末となってしまったのです。

❹ むすび

生前に父が子どもたちを集めて家族会議を開いたり、できれば遺言書の作成によって兄弟どちらかの単独名義にしておき、遺留分を侵害しない程度で不動産を引き継がない相続人には、現金を渡す手はずを行っておくなど、色々と対策はできました。

家族会議であっても、「仮に自分が死んだらどうなるか?」ということをよく子どもたち（相続人）に言い聞かせて、話がまとまるまで話し合いを続けるくらいの覚悟も必要でした。それができなければ、父はやはり「遺言書」で対策をしておくことを、強く勧めるべきだったと痛感しています。

「兄弟仲良く」は経験上、「親の勝手な思い込み」や「一方の子どもから妬まれたくない」からでしかないように思います。生活環境が違った中で育ってきた個人は、それがたとえ兄弟であっても、協調し合うことは少なくなってきました。

今回の事例では、父の優しさが仇となり、兄弟間での意思疎通も上手くいかず、調停へ進みました。その結果、けんか別れになってしまったことが残念でなりません。

不動産を所有している場合、生前に話をしておく、もしくは遺言書で対策をしておくことが、相続人間でトラブルを起こさない有効な手段というのを実感した事例となりました。

後日談ではありますが、亡くなった父の財産には不動産以外に別途現預金700万円があったようで、この現預金を引きこもりの次男が管理・散財をしていたようです。引きこもった状況を父は知っていたからこそ、なおさらに自分がいなくなったあとのことを考えて対策しておくべきでした。

どこに何の財産があるか、ということをエンディングノートに明確に記載しておくこと。そして、遺言書と併せておけば、このような悲惨な結果にならなかったと思います。

☺笑顔相続のカギ

本事例のように、生前の対策が明らかに必要な場合には、対策を行う本人の意識も大切ですが、その動機付けを行う相続診断士の意識はさらに大切です。

その家族が争族に向かうか笑顔相続に向かうかは、相続診断士の導き方にかかっているといってもよいでしょう。そして、その家族に絶対に争族になってほしくないという気持ちと、それを手伝う自信と覚悟があれば、対策は「しておいたほうがいい」ではなく、「しないといけません」という表現に変わってくるはずです。

対策の必要性と緊急性を伝え、もし対策を行わなかった場合にはどういう結果が予想されるか、本人がきちんとイメージできると、その後の対策まで進むことでしょう。

事例29

専業農家の後継者はつらいよ！

～認識不足による心ない一言で相続争いに

相続診断士・不動産コンサルティングマスター　上田　亨

<家　系　図>

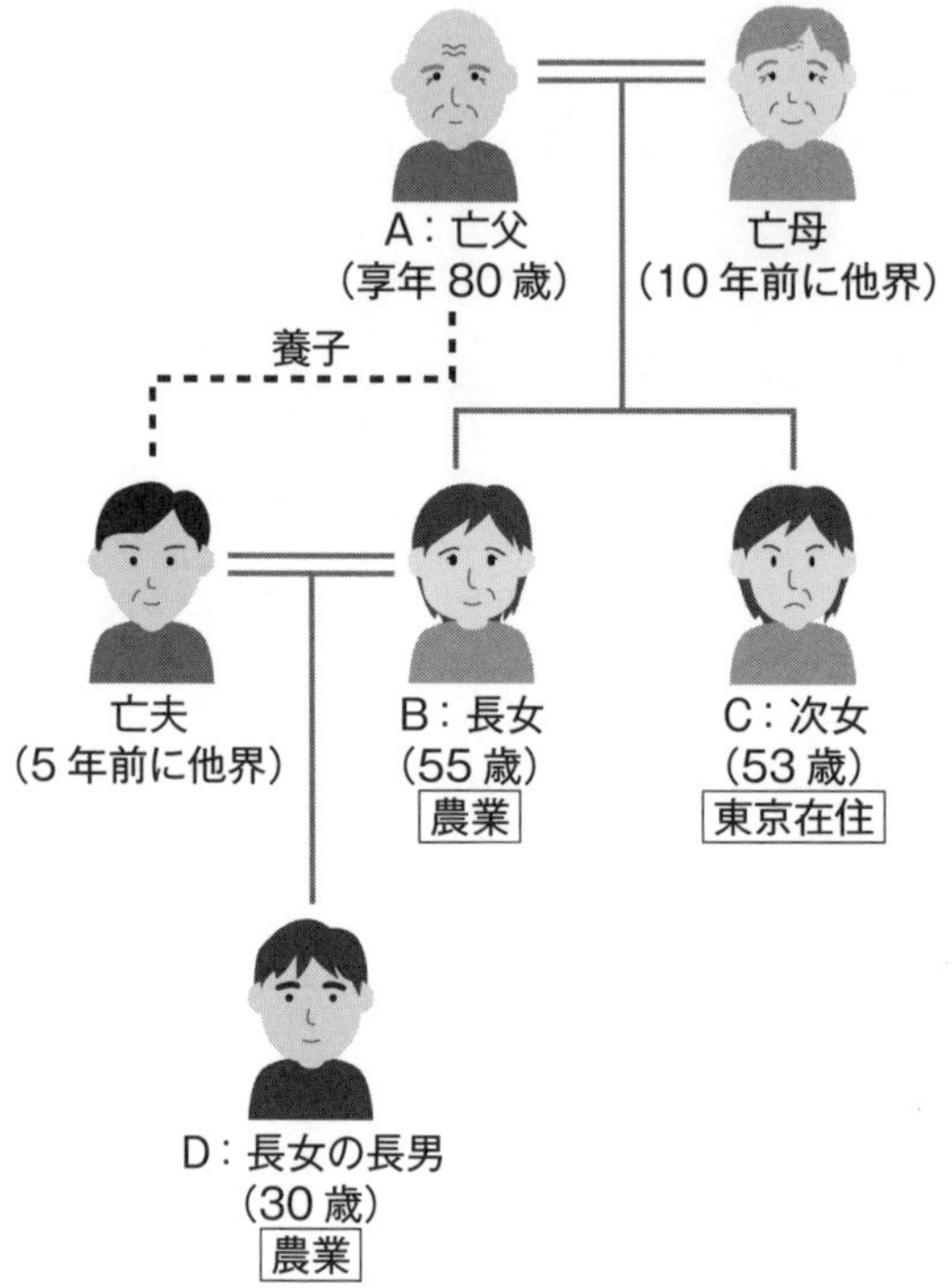

<主な財産状況>

・自宅	1,000万円
・市街地農地（田、２町）	6,000万円
・市街地農地（畑、１町）	3,000万円
・銀行預金	2,000万円
合計	1億2,000万円

1 家族の状況

ある地方都市の専業農家の相続のお話です。

甲家は、水田・畑作を営む地元では有名な専業農家。10年ほど前から近所の農家から頼まれて委託農業も請け負っています。

農作業は、父Aと長女B夫婦、長女B夫婦の長男Dが担っていましたが、長女の夫は5年前病気で急死、また父Aも高齢となり、その後の農作業の中心は長女Bと孫Dでした。繁忙期には知人に支援してもらいながら2人は一生懸命農作業に従事していました。

その後父Aが半年前に亡くなりました。そこで起こったのが父Aの相続財産の分割にあたっての相続争いです。

2 ある一言で相続争いスタート

長女としては、妹と争うことなく円満に遺産分割をしたいと思っていました。初七日の法要の後、長女はその旨を次女に伝えました。

そうすると、東京に居住する次女Cからびっくりすることを言われました。それは、次女から「お姉ちゃんは、今までお父さんのおかげで農業ができ、お父さんのお金で生活できたのでしょ。私は何もしてもらっていない」という言葉です。この一言に長女はカチンときました。円満な分割を願っていましたが、その言葉で長女の気持ちは一変しました。

次女は地元を離れ30年以上東京に居住し、父親や長女の生活の状況、農作業のこと、地元の状況などほとんど知りません。だからそのような言葉になったのでしょう。

しかしさらに、そんな妹から長女には思いもよらない要求があったのです。要求の内容は、父親の財産を長女と等分で遺産分割する。そして、自分は農業をしないのでそれに見合う金額の現金を支払ってほしいというのです。それが思っている以上に高額なのです。次女はその農地の評価を路線価評価での金額で計算しているようです。国税局の路線価図で確認して要求してきたものと考えられます。地元にいるものにすると考えられない金額です。

市街地農地を所有する農家の多くが相続時に頭を痛めるのが、農地の評価についてです。つまり、評価額と売却見込み額（時価）とのギャップです。

多くの場合が、評価額に比べ売却価格が大幅に低い、場合によっては買い手が見つかりません。甲家も同様です。東京に住む次女にとっては、国道沿いの土地で、形状もきれいな土地、ということで路線価以上の金額の価値があると見ているようです。

しかし、現実は国道沿いといっても周りはほとんど農地で、価値がそれほどあるとは思えません。バブルの時はアパートや流通店舗として有効活用しないかなどハウスメーカーが提案してきましたが、近年は全く提案もなく、逆に有効活用の検討を依頼しても農業以外には利用できない土地といわれてしまう始末です。

長女は次女に、「これからも自分たちは農業を続けていかなければならないので農地をすべて相続したい。また、農地はあなたが思うほど高い価値はない」と懇願しましたが、次女からの返事は変わりません。

長女は次女の言ったあの一言が心に引っかかっています。

長女は農業において家族で父親を助けて経営をしてきました。父親の晩年はほとんど自分たち家族が一生懸命経営をしてきました。どれだけ自分たちが苦労してきたかを次女は全くわかっていません。次女は父親から「何もしてもらっていない」と言っていますが、父親は時々次女にお金を送っていたことも知っています。

また、次女は長女と等分の分割を要求していますが、長女と次女だけでなく、孫Dも法定相続人です。長女が結婚する時、夫は両親と養子縁組をしているので、孫は代襲相続人です。

しかし、次女の考えは、長女の夫は他人であるから相続人ではないという考えで相続する権利はないと主張し、代襲相続などありえないという考えです。

長女の夫は、甲家のため生前一生懸命農業に従事してくれていました。夫亡き後、長男Dが後継者として大黒柱となって甲家を守ってきたという自負があります。

さらに、次女は現金での支払いを要求してきています。しかし支払える金額の現預金がありません。父親名義の預貯金は、農業を営んでいくうえで必要な事業資金が大部分です。

今回の事例の危険度は次のとおりです。

＜相続診断結果による危険度＞

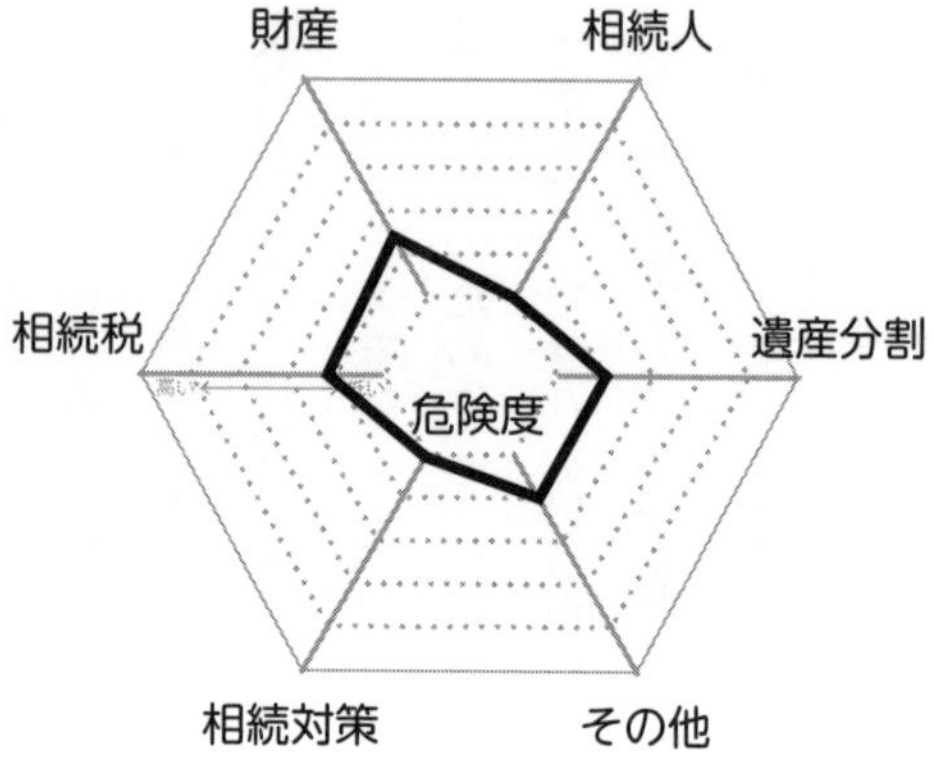

＜相続診断結果による緊急度ランク＞

●緊急度ランクⒶ・B・C・D・E
高い←→低い

相続診断結果をみると、相続人間の気持ちのすれ違いから発生した相続トラブルであることがわかります。

このようになることは想像できていたことでありますが、それに対して父の気持ちを表しておくことや財産分割がスムーズにいくような財産バランスにしておくなどの十分な相続対策が打たれていなかったことが読み取れます。

③ 遺産分割協議が不調

その後次女との遺産分割についての相談は手紙でのやり取りとなりました。しかし、次女から返事がありません。携帯電話で連絡しますが、反応がありません。時間が経つばかりです。長女としては、農作業の準備などをしなければならないことから、早く相続手続きを済ませたいと考えています。

しかし、次女が言ったあの一言で、もう農業をやめてしまおうとも思うようになっていました。今まで甲家を守らなくてはという使命感で頑張ってきましたが、農作業のつらさや将来の不安などを考えると農業規模を縮小することもいいのではないかと思えてきました。そこで、次女が価値があると思っている国道沿いの農地の一部を次女に相続させることを決断しました。その旨を伝えると次女から前向きに考えることを言ってきましたが、配分割合は2分の1を要求します。長女から法定相続割合についての資料を送りますが、考えは変わらないようです。

こうなると相続人3人での話し合いはまとまりません。結局は家庭裁判所に調停を申し立てることとなりました。

④ 相続対策として何があったか

このような争いにならないためにはどうすればよかったのでしょうか。

長女は、次女のあの一言で争う決断をしたのでした。その点を考えると、父親が生前から長女の農作業のつらさや長女夫婦が後継者となることを前もって次女に伝えておくべきでした。さらに、次女に農作業を経験させておけば農作業のつらさを次女も理解したのではないでしょうか。そうすれば、次女も長女を想う気持ちを持ったのではないでしょうか。

また、父親は後継者である長女のことを想うと、生前に遺言を遺して、自分の遺志を遺しておくべきでした。

財産の配分方法が記載されていれば、スムーズに相続手続きが進んだのではないかと思います。また、付言事項に気持ちを書き残しておけば、次女も理解してくれたでしょう。

また、農業に従事しない次女のことを思うと、次女は現金を希望するであろうことが予想できたことから、長女が農地を相続する代わりに長女が次女に代償金を支払う方法で遺産分割できるように、長女を受取人とした生命保険契約に加入しておくべきでした。

なお、法定相続割合については法律で規定されていますが、法律面の理解だけでなく、父親から家族みんなに日頃から自分の将来に対する希望、たとえば先祖代々の甲家を守っていってほしいとか、姉妹仲良くしていってほしいなどを伝えることにより姉妹が円満な関係になり次女が理解するのではないかと思います。

なお、後日談になりますが、甲家の近くを通った時、国道沿いの農地の一部が耕作放棄地の状態で雑草が生い茂っているのを見ました。次女が農地の一部を相続し、その農地を処分できないままにいることが想像されます。

☺笑顔相続のカギ

家業を継ぐ者とそうでない者による相続における争いは農家に限ったことではありません。そして、双方にそれぞれ考えがあり、それがいずれも正論である場合には、結論が出るまでに時間を要します。

本事例において、次女の主張は、長女からしてみれば受け入れ難いものではありますが、「自分の権利の部分は欲しい」「お金で欲しい」という点は、次女の立場からしてみれば当然で、次女だけが責められるというものでもありません。

こうした事態を避けるべく、生前に対策を行う際には、相続診断士は依頼者と「客観的冷静に関わる」ことを意識しましょう。たとえ、依頼者が長女や亡くなった父であったとしても、次女の立場も考慮して対策を行わないと、後に、対策を手伝った相続診断士へのクレームにもなりかねません。そして争いが不可避であると見込まれる場合には、対策の段階から弁護士に入ってもらうことも検討しましょう。

事例30

中立な立場で相談者と向き合い信頼関係を築く

～笑顔相続実現のための環境づくり

奈良県相続診断士会 副会長・相続診断士　齋田　恵

＜家　系　図＞

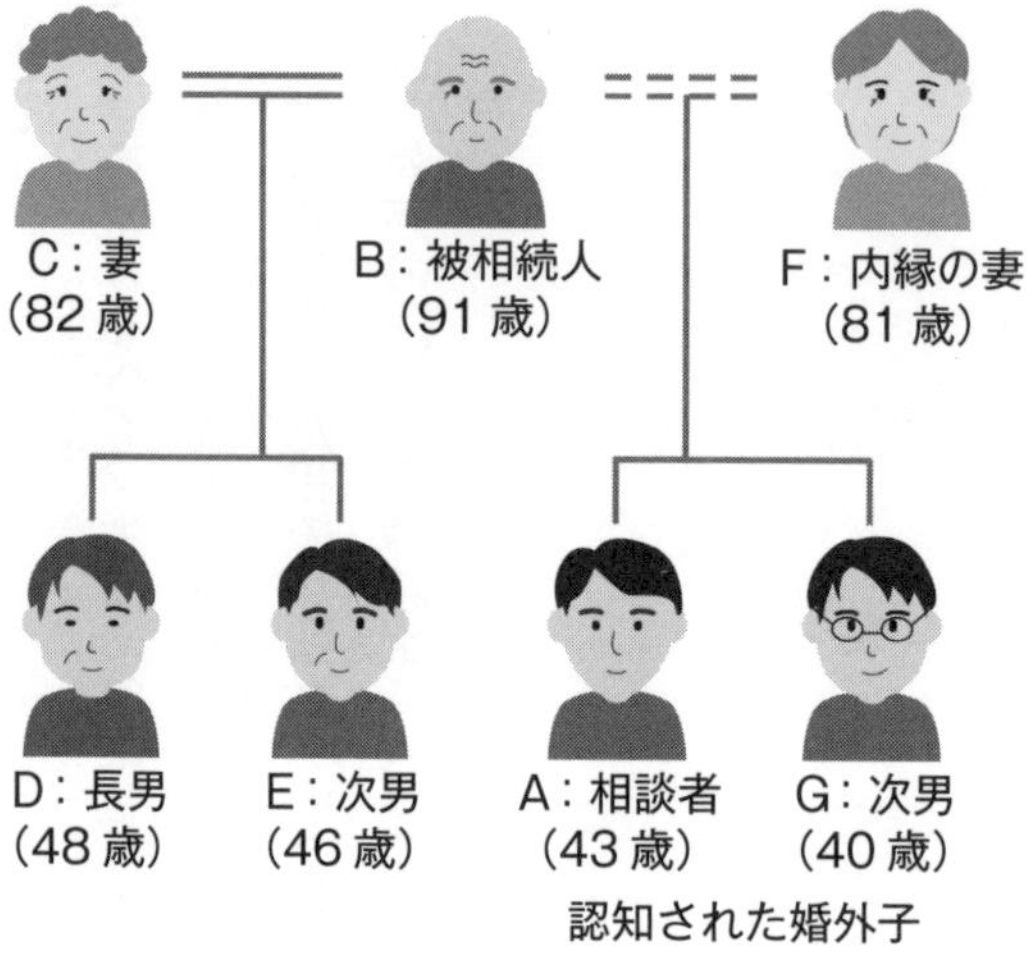

＜主な財産状況＞

・山林	5,500万円
・宅地	3,000万円
・預貯金	2,000万円
・借入金	▲1,800万円
合　計	8,700万円

＊ほかに、金額が不明な保険金がある。

「もめたくないのです」

内縁の子のAさんから相談を受けたことからスタート、そして被相続人のBさんが亡くなるまで親子の過ごした時間、相続診断士として何ができるか、何をするべきかを考えながら見守りをした経験です。

1 家族・財産等の状況

被相続人Bと相談者Aの関係は以下です。

・被相続人Bは相談者Aの父親
・相談者Aは認知された非嫡出子

家族の状況としては、被相続人Bの正妻家族が九州で借家住まいです。

被相続人のBさんは、91歳で、正妻のCさん82歳、長男Dさんが48歳独身、次男Eさん46歳独身です。

Bさんの内縁の妻Fさんは81歳で、関西で借家に住んでいます。BさんとFさんの間には、認知された婚外子である長男（相談者）Aさん（43歳独身）と、次男Gさん（40歳独身）がいます。

被相続人Bさんは事業をしていたので事業用の不動産や借入金がありました。

法定相続人は配偶者と嫡出子と非嫡出子の合計5人です。正妻のCさんは高齢のためか物忘れが多くなりだしたようでした。

被相続人Bさんは一緒に生活している家族には相談が難しかったのでしょうか、内縁の子のAさんを頼りにしたようです。

本妻の家族と内縁の子どもたちは以前から交流があり、本妻のことを「おばさん」と呼ぶなど、遠縁の親戚のような付き合いをしてきたようです。

2 このケースにおける問題点

今回の事例では、以下の問題点があげられます。

① 山林、宅地など不動産が多い
② 事業による資産の内容がわからない
③ 親戚にうるさい人がいる
④ 依頼者が内縁の子ということから金融機関に相談に行っても断られ相談する人がいない
⑤ 相談者は関西、被相続人は九州と遠距離である
⑥ 高齢と持病のため入退院をしていることから遺言を急ぎ病室での遺言に対応する必要がある
⑦ 相談者のAさんとしか接点がもてないこと
⑧ 相続診断士でチームを作るのが困難な状況

この事例の危険度は次のとおりです。

＜相続診断結果による危険度＞

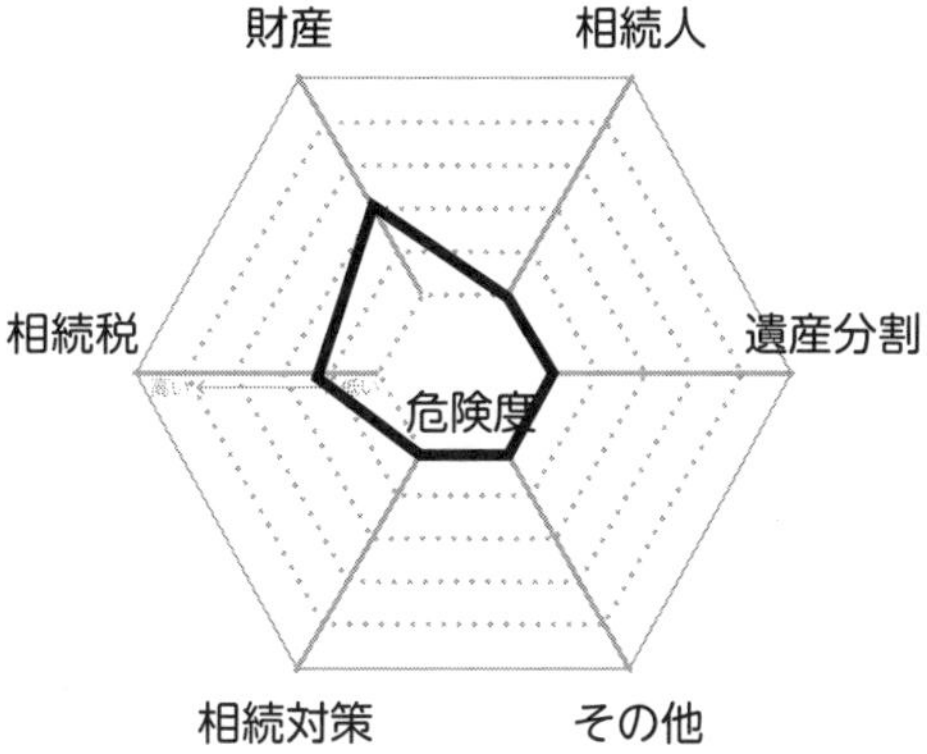

＜相続診断結果による緊急度ランク＞

●緊急度ランクⒶ・B・C・D・E
高い←→低い

相続診断結果をみると、財産に不動産が多く、遺産分割の方法や配分等について問題になる可能性があります。

また、不動産などの評価によっては相続税の対策も必要になるかもしれません。相続人、遺産分割、相続対策、その他についてグラフからは課題がみえていませんが、潜在的にある課題を顕在化できると笑顔相続が実現できると思います。

3 対応策とその結果

Bさんは事業用の福利厚生施設としての山林と施設を所有していましたが、遺したい不動産でなければ生前に売却をして現金化をすることを提案したことで、Bさんの意思で売却ができ、遺したい居宅などの不動産だけに整理することができました。ちょうどこのタイミングで売りに出したことも功を奏し、不動産業者も相場より少し高い金額で売却を決めてくれました。

次に、Bさんが事業をしていた頃から付き合いのある税理士に財産目録を作ってもらうことで、わかりにくかった事業資産を明確にできました。

一方、相続人ではないのにいろいろ口をはさんでくる親戚がいましたが、被相続人の想いをしっかり遺言に残すことができたので相続人を混乱させることにならなかったと思います。

そして、Aさんの話を聞いて家族の人間関係が健全な様子が伺えたので、役に立てることがあると感じ引き受けました。Bさんは実業家なので縁のある税理士など専門家の知り合いがすでにいたので、そちらを立てながらセカンドオピニオン的な立場で実務的なことができる九州の専門家を紹介しました。

依頼を受けた時点でBさんは入院していたので、病室での遺言「危急時遺言」の手配が前提でしたが、税理士法人に申請するとすぐに手配がつきました。相談者のAさんのサポートをすることで、笑顔相続が実現できると信じていました。緊急性があったこともあり、相続診断士が率先してチームを作らなくても今回の場合は相談者のAさんに笑顔相続の考え方を伝えて実践してもらうことが、笑顔相続への一番の近道だと思いました。

相談者から税理士の紹介を依頼されたので、当時筆者が勤務していた生命保険会社と相続案件のサポートとして法人契約をしていた税理士法人に、セカンドオピニオン的な役割を前提に九州の税理士を紹介してもらう手配をしました。その税理士の紹介の行政書士により病室での危急時遺言ができました。

4 相続診断士としての役割

普段の相続相談は被相続人と会うことから始まることが多いのですが、今回は最後まで被相続人に会うことはありませんでした。相談者のAさんのヒアリングから課題を共有、笑顔相続を共通言語に取り組むことができたと思います。

被相続人の想いを汲み取ること、そのためには話しやすい環境、受け手として聴くこと、教えてもらう姿勢が大切になることを伝えました。財産の整理や遺言などの相続対策も大事ですが、想いを伝えてもらえなければ笑顔相続にはならないこと、具体的に、父であるBさんがどうしたいのか、何を遺し誰に何を伝えたいのかを聴くことが大切なことだということを伝えられたと思います。Aさん自身に相続診断士のマインドで向き合ってもらえるようにサポートをすることに注力することにしました。

Aさんに系図や不動産情報などを図解しながらヒアリングをして、必要なことは事実確認をしてもらいました。そして「もめたくない」内容について具体的に考えてもらいました。また被相続人のBさんはどう思っているのか？　遺言することで何を伝えたいのか？　遺言についてAさんと同じ思いなのかどうか？　をAさんに確認してもらうようにしました。もめないように公正証書遺言をしたい、それはBさんの意向なのか、Bさんの心配ごとは何か、どうしたいのかをBさんからAさんが教えてもらえるような聞き方を勧めました。お互いの想いを会話できる環境を整えられたことで、被相続人の意思どおりの公正証書遺言を遺すことに貢献できたと思います。

税理士、行政書士、不動産業者、弁護士など専門家に業務を任せて、相続診断士として必要な時にはいつでも手を差し伸べられるように準備をしながらAさんからの進捗報告をもらうという見守りが続きました。途中、関わる専門家とのトラブルもありましたが、中立的に助言するために相続診断士、FP、不動産ADRなど専門知識を持ち合わせていたことが幸いしました。

そして、それから約3年後、通勤電車の中でAさんからの連絡を受けてBさんの訃報を知りました。老衰に近い穏やかな最期だったそうです。

5 結果からの学び

相談者を信じる気持ちはもちろん大切ですが、中立的な立場をとる上で、事実、感情、言葉、行動の矛盾点がないかを確認するやり取りをしたことで相談者との信頼関係が築けたと思いました。

そして、真摯に向き合うことで、「もめない」とはどういうことか？　本当にしたいことは何か？　当事者の被相続人と相談者が共有できれば笑顔相続が実現できるということを学びました。また、その環境を整えるサポートをすること、寄り添うことが相続診断士としての大切な役割だということを学びました。はじめに相談者がしっかり笑顔相続の考え方を理解してくれたことが、相談者にとっても被相続人にとってもよかったと思います。Aさんからも笑顔相続を知ってからが浄化された相続の始まりだったと報告がありました。

Aさんから報告をもらうことで、実務の進捗状況がわかりサポートもスムーズにすることができたと思います。被相続人のBさんに寄り添うことしかできなかった状況のなか、相談者のAさん自身が笑顔相続に向かってくれたことがとても嬉しかったです。遺言から始まった3年弱の親子の時間は本音で語り合えたかけがえのない時間になったと思います。

最後に葬儀も終えたあとのAさんからの報告メールの一部を記します。

「一番よいのは分骨できて、これからのおまつりはそれぞれの家族が別々にすることになり、おおよその資産を分け切った（売却して資金的に税金を除いて残額がかなり少なくなった）段階で父が死去したので、もめごとも最小限になったということだと思います」

☺笑顔相続のカギ

人生の最期である相続において相続人同士がもめてしまっては、故人の人生そのものを否定することになりかねません。相談者がどのような境遇に置かれていたとしても、相続診断士がその声にきちんと耳を傾け、必要に応じて専門家との橋渡しを行い、相続に向けて準備をすることで、笑顔相続の実現に近づきます。

相続診断士は身近な相続の相談相手です。偏見や先入観にとらわれることなく、目の前の相談者に対し中立的に、そして真摯に向き合うことが求められます。そして、こうした姿勢は必ず相談者に伝わり、信頼関係の構築にもつながることでしょう。

良い相続・悪い相続
チャートで把握する相続危険度

令和3年12月10日　初版発行

検印省略

日本法令®

〒101-0032
東京都千代田区岩本町1丁目2番19号
https://www.horei.co.jp/

編者	一般社団法人 相続診断協会
発行者	青木健次
編集者	岩倉春光
印刷所	日本ハイコム
製本所	国宝社

（営業）	TEL	03-6858-6967	Eメール	syuppan@horei.co.jp
（通販）	TEL	03-6858-6966	Eメール	book.order@horei.co.jp
（編集）	FAX	03-6858-6957	Eメール	tankoubon@horei.co.jp

（バーチャルショップ）　https://www.horei.co.jp/iec/
（お詫びと訂正）　https://www.horei.co.jp/book/owabi.shtml
（書籍の追加情報）　https://www.horei.co.jp/book/osirasebook.shtml

※万一、本書の内容に誤記等が判明した場合には、上記「お詫びと訂正」に最新情報を掲載しております。ホームページに掲載されていない内容につきましては、FAXまたはEメールで編集までお問合せください。

・乱丁、落丁本は直接弊社出版部へお送りくだされればお取替えいたします。

ISBN 978-4-539-72853-6

編著者一覧

【編　者】

一般社団法人　相続診断協会

日本から「争族」をなくし、「笑顔相続」を広めることが「相続診断士」のミッションです。笑顔相続を広めるためには、生前に想いを残し伝えることが大切であると考え、その有効な方法としてエンディングノートの作成を推奨しています。

相続診断士の役割は、相談者に寄り添い、想いを聞き、問題点を明確にすることです。節税対策や遺産分割対策・遺言書の作成などは、税理士・弁護士・司法書士・行政書士などの士業と連携をして、最適なソリューションを提供します。

相続診断協会は、相続診断士とともに「想いを残す文化を創ります」。

住　所　東京都中央区日本橋人形町 2−13−9
FORECAST 人形町 7 階

URL　http://souzokushindan.com/

設　立　平成 23 年 12 月 1 日

資格取得者　約 44,000 人（令和 3 年 12 月現在）

代表理事　小川　実

【著　者】（五十音順）

秋山　千穂（あきやま・ちほ）

上級相続診断士、笑顔相続サロン®甲府 代表

昭和43年4月5日、山梨県生まれ。国内生命保険会社を経て総合保険代理店として独立。終活カウンセラー、損害保険トータルプランナー。山梨県甲府市にて総合保険代理店株式会社エニシア 代表取締役。

<ひとこと>ご縁をいただいたお客様の一生に寄り添い、生命保険・損害保険・終活・相続コンサルタントのプロとしてお客様の笑顔のために全力を尽くします。

住　所　山梨県甲府市青葉町7－14司ビル105

電　話　055－269－8540

メール　chiho@jd-plan.com

✤

岩田　悦幸（いわた・よしゆき）

上級相続診断士、株式会社匠 Project 代表取締役、税理士

昭和47年5月15日、愛知県生まれ。愛知大学大学院修了。老舗税理士法人と個人税理士事務所の2か所で税務・法務・登記・労務・行政手続・不動産・保険・FPなど幅広く学び、その後平成24年に独立開業。

<ひとこと>自身が泥沼相続を経験していることもあり、「こんな相続を一件でも減らしたい」という想いの下、幅広い業務に携わった経験を活かして多角的アプローチをすることで、徹底的に相談者に寄り添い、“案件の本質を見極めた解決策”と“想いを伝える相続”を実践し、オールラウンドに相談できる診断士として『笑顔相続』を実現します。

住　所　愛知県名古屋市西区那古野二丁目23－21

電　話　052－571－7056

メール　shibataro@taupe.plala.or.jp

✤

上田　亨（うえだ・とおる）

相続診断士、1級ファイナンシャル・プランニング技能士、不動産コンサルティングマスター、FPオフィス・うえだ

富山県生まれ。金沢大学経済学部卒業。信託銀行、会計事務所勤務を経て、現職。

<ひとこと>長年の実務経験を基に、“ふれあい”と“まごころ”をモットーにFP活動を行っている。個別相談においては、相談者の利益を優先に、総合的な視点でアドバイス・提案を行っている。また、講師として、聞く人にわかりやすいセミナー・実務に役に立つ研修を心がけている。一方、近年は知的障害者の“親なきあと”について、FPの立場で相談員・講師として積極的に取り組んでいる。

住　所　石川県金沢市石引4－1－13　アクエリアス205号

電　話　090－2120－0390

メール　toru@fpofficeueda.com

✤

梅園　浄（うめぞの・じょう）

相続診断士、行政書士、浄土真宗本願寺派 僧侶

昭和57年9月24日、広島県生まれ。龍谷大学文学部卒業。浄土真宗本願寺派築地本願寺、浄土真宗本願寺派本願寺 奈良教堂・奈良教区教務所。

<ひとこと>浄土真宗の僧侶としてお寺を護りながら、行政書士、相続診断士としても活動しております。僧侶として人の人生、命に触れさせていただく中、仏教的・法律的な観点から、相続や遺言などの生前対策、終活などについて相談者様の力になれるよう日々活動しております。また、宗教法人さまにおける事業支援にも力を注いでおります。

住　所　大阪府八尾市八尾木2－115（浄土真宗本願寺派 善立寺内）

電　話　072－200－2931

メール　umetake.gyosei@gmail.com

✤

小笹　美和（おざさ・みわ）

上級相続診断士、全国相続診断士会事務局、京都相続診断士会会長、笑顔相続サロン®京都 代表、株式会社ここはーと相続事務所 代表取締役、（一社）社会整理士育成協会事務局長

昭和42年12月5日、大阪府生まれ。立命館大学文学部卒業。京都市区役所介護保険課勤務、介護支援専門員、サービス提供責任者など介護業界に23年間勤務。相続診断士の資格を取得したことをきっかけに相続・介護コンサルタントとして転身し独立。

<ひとこと>「笑顔相続で日本を変える！」を合言葉に相続診断士の仲間とともに笑顔相続普及のために活動をしています。終活・介護・相続の相談ができる「介護に強い相続診断士」としてお客様に寄り添い長いお付き合いができることが強みです。老後の不安を安心に……笑顔で過ごせるお手伝いをします。

住　所　京都府京都市西京区川島莚田町9－3

電　話　075－950－0397

メール　cocoheartoffice@gmail.com

✤

勝裕　彰（かつひろ・あきら）

相続診断士、合同会社えがお相続サポート 代表、相続トータルサポート富山 事務局長

昭和49年4月1日、石川県生まれ。富山大学経済学部経済学科卒業。

<ひとこと>将来の相続に対して、漠然とした不安をお持ちの方の問題点を明確化できるのが強み。必要なタイミングで専門家と連携し、相続コンサルタントとしてクライアントの「不安」が「安心」に変わるまでを伴走します。

住　所　富山県富山市奥田双葉町1－33

電　話　076－482－3074

メール　katsuhiro@egaosouzoku.jp

木野　綾子（きの・あやこ）
上級相続診断士、弁護士
昭和 46 年 9 月、神奈川県生まれ。平成 6 年、早稲田大学政治経済学部卒業。平成 9 年裁判官任官、平成 22 年 4 月弁護士登録。
<ひとこと>裁判官として 13 年間の勤務を経て、現在は西新橋で相続中心の法律事務所を開設しています。相続のプロの育成にも力を入れ、笑顔相続の普及に努めています。

住　所　東京都港区西新橋 1－21－8　弁護士ビル 503
　　　　法律事務所キノール東京
電　話　03－5510－1518
メール　kino-ayako@kinorr.tokyo

國安　耕太（くにやす・こうた）
相続診断士、弁護士
昭和 55 年、東京都生まれ。早稲田大学法学部卒業、中央大学法科大学院修了。都内法律事務所に勤務後、2013 年にノースブルー総合法律事務所開設、代表弁護士。
<ひとこと>死後事務委任契約は、遺言書や民事信託等と組み合わせることで、高い効果を発揮する契約です。死後事務委任契約ありき……ではなく、専門家とよく相談して、自分にとってベストな選択をしていただければ幸いです。

住　所　東京都新宿区四谷本塩町 14－1　第 2 田中ビル 8 階
電　話　03－6273－2762
メール　info@north-blue-law.com

✤

栗原　久人（くりはら・ひさと）

上級相続診断士、笑顔相続サロン®静岡 代表

昭和 40 年 1 月 17 日、静岡県生まれ。島田商業高校卒業。日清紡を経て有限会社シー・フィールド設立、現在に至る。

<ひとこと>「笑顔相続で日本を変える」をモットーに、争族にならないためのコンサルティングに力を入れて取り組んでおります。とにかく、どんなことでも構いません、「誰に相談したらよいのだろう？」と思ったらまずご相談ください。信頼できる士業の先生方とともに oneteam で「笑顔相続」に向けて取り組んで参ります。

住　所　静岡県島田市岸町 643－4
電　話　0547－33－1666
メール　kurihara.hisato@c-field.com

✤

小泉　栄作（こいずみ・えいさく）

上級相続診断士、静岡県相続診断士会 会長

昭和 61 年 10 月 7 日、静岡県生まれ。富士常葉大学（現常葉大学）総合経営学部卒業。地元地方銀行入行後、2013 年に生命保険会社に転職。2021 年 2 月より、有限会社シー・フィールド 専務取締役。

<ひとこと>銀行員時代から多くの方のお話をお伺いしてきました。お金のことや家族のこと、身内や知人には相談できない些細なことでもご相談ください。

住　所　静岡県島田市岸町 643－4
電　話　0547－33－1666
メール　koizumi.eisaku@c-field.com

✤

小林　幸生（こばやし・ゆきお）
上級相続診断士、宅地建物取引士
昭和47年3月31日、京都府生まれ。
＜ひとこと＞笑顔相続を叶えるには、まずはご自身の相続を知ることから！　我々相続診断士は笑顔相続ノートや相続診断チェックシートを活用して、相続の問題点を浮き彫りにし、適切に対策できるプロ集団です。どうぞお近くの相続診断士をご活用ください。

住　所　京都府長岡京市調子1－18－9
電　話　070－2322－0826
メール　entrykobayashi@yahoo.co.jp

✤

齋田　恵（さいた・めぐみ）
相続診断士、奈良県相続診断士会 副会長
昭和37年石川県出身、奈良市在住。相続で不動産に関わることが多かったことから、勤続21年のマニュライフ生命を退職、現在は大阪市の固定資産税に関わる仕事をしています。
相続診断士（一般社団法人　相続診断協会）2013/10/1 ～現在
不動産ADR調停人（一般社団法人　日本不動産仲裁機構）2018/9/1~現在
AFP（特定非営利活動法人　日本ファイナンシャル・プランナーズ協会）2005/12/1 ～現在
図会議マスター（一般社団法人　日本図解協会）2020/12/1 ～現在
＜ひとこと＞21年間の生命保険会社でのFP業務、不動産ADR調停人の経験を経て、笑顔相続実現のための環境づくりに、共同相続人同志での解決の力を引き出すファシリテーションを目指しています。

メール　saitano1saitano1@gmail.com

✤

菅井　之央（すがい・ゆきお）

相続診断士、司法書士、行政書士、薬剤師

昭和57年9月9日、岐阜県生まれ。京都薬科大学薬学部卒業。スギホールディングス株式会社（ドラッグストア）、調剤薬局、大手司法書士事務所勤務を経て、司法書士行政書士菅井事務所開設。

＜ひとこと＞広島市安佐北区というところで事務所を開業して、相続・民事信託の相談・セミナーを中心に活動をしています。年々相続の相談は増加傾向であり、相続業務をやらない日はほぼない状態です。また、相続診断協会編で著者の一人として掲載されるのは今回で3年連続です。

住　所　広島県広島市安佐北区口田4－1－8－201

電　話　082－962－4683

メール　sugaijimusho@shihosugai.jp

✤

高橋　正芳（たかはし・まさよし）

上級相続診断士、行政書士、笑顔相続サロン®にいがた中央

新潟県出身。浅草芸人、溶接技術者、行政書士、相続・終活セミナー講師など。

＜ひとこと＞浅草東洋館レギュラー出演の元浅草芸人。現在は、芸人行政書士として相続・遺言業務に携わる他、年間50本の「明るく楽しい終活セミナー」の講師を行っています。2019年、NHK「おはよう日本」で、芸人行政書士としての相続終活セミナーの特集がされました。

住　所　新潟県加茂市北潟124

電　話　0256－55－6139

メール　info@entake.net

✤

竹内美土璃（たけうち・みどり）

上級相続診断士、笑顔相続サロン®名古屋、CFP®、1級ファイナンシャル・プランニング技能士

昭和47年6月2日、愛知県生まれ。金城学院大学文学部卒業。さくら総合法律事務所 株式会社さくら総合オフィス代表取締役。

<ひとこと>「財産を残す側＝被相続人」の対策と「財産を残してもらう側＝相続人」の対策の両面からすることにより、笑顔相続の実現をし、日本を「感謝の気持ちでいっぱいの幸せな国にする」ことを目指しています。

住　所　愛知県名古屋市中区錦2−4−3　錦パークビル2F
電　話　052−265−6939
メール　midoritakeuchi@sakura-sogo.jp

✤

竹山　博之（たけやま・ひろゆき）

相続診断士、行政書士、ADR調停人候補者、キャリアコンサルタント、海事代理士、竹山博之行政書士事務所 代表

東京都生まれ。学習院大学法学部卒業。大学受験予備校等で作文・小論文の書き方を15年間指導した経験を生かし事務所設立。

<ひとこと>「想いを伝える遺言書」のオーダーメイド作成はお任せください。遺言は残された遺族の利益になるだけでなく、今を生きるあなたや大切な親族を幸せにします。上手に遺言を活用すべきです。民事信託の活用で、従来の法律では対応が難しかった柔軟な財産管理を行うことも可能です。ご相談ください。

住　所　東京都練馬区西大泉2−5−7
電　話　03−5935−6035
メール　takeyama-gyosei@tbz.t-com.ne.jp

✤

辰巳　博（たつみ・ひろし）
相続診断士、相続コンサルタント
昭和30年3月5日、京都府生まれ。京都産業大学卒業。
<ひとこと>「すっきりワクワク相続の専門家」として、京都を中心に大阪、滋賀で活動しています。私の得意技は、ご本人も気づいていない相続問題を見つけてご家族全員がすっきりとしてもらうことです。特に高齢の方には、ご自身の将来・老後をワクワクして生ききってもらうことです。どこの誰に何から相談したらいいのかわからないあなた、お任せください。

住　所　京都府京都市東山区東瓦町682－19
電　話　080－3112－0260
メール　heartbeing@tatsmi-fp.com

✤

塚本　英樹（つかもと・ひでき）
上級相続診断士、相続相談サポートセンター大阪 代表、株式会社三誠商会 代表取締役
昭和41年10月27日、大阪府生まれ。熊本大学工学部卒業。地元で55年、3代目の代表者。
<ひとこと>借地権・戸建てアパート等の相続不動産の事前対策、および相続発生後の遺産分割協議において安心できる解決策をご提案します。近年では「おひとりさま」相続への対応も弁護士・税理士・司法書士等の先生と連携し、ワンストップサポートを行っています。わかりやすい相続セミナーも好評。

住　所　大阪府大阪市港区港晴1－1－1
電　話　06－6571－0338
メール　tsukamoto@a2103.jp

✤

橋本　玄也（はしもと・げんや）

相続診断士、1級ファイナンシャル・プランニング技能士、宅地建物取引士、相続FP相談室（代表）

昭和31年2月20日、愛知県生まれ。会計事務所で相続専門職員として、20年近く遺産分割・遺言の実務を経験。平成30年よりFP／不動産事務所開業。

<ひとこと>父の死をきっかけに相続に関心を持つ。その後、祖母、母の相続と3回相続を経験。愛知県の会計事務所にて相続専門の実務担当者として遺産分割はこれまで500件以上関わっています。自身の経験より不動産（農地・生産緑地・空き家）相続には相続人に寄り添ったアドバイスを行います。「マネーの達人」「YAHOO! ニュース」等にコラム執筆。

住　所　愛知県一宮市千秋町小山1022
電　話　0586－59－1146
ＦＡＸ　0586－59－1146
メール　genya1103@gmail.com

✤

浜田　政子（はまだ・まさこ）

相続診断士、笑顔相続サロン® 愛媛 代表

<ひとこと>保険業に長年携わる中、FPの立場から各年齢層からの相談、育児から年金、夫婦問題、終活、相続といろんな分野のライフプランのご要望をお受けし解決への案内をしています。

住　所　愛媛県新居浜市庄内町1－9
電　話　090－8976－2200
メール　kitty1205mt@yahoo.co.jp

✤

一橋　香織（ひとつばし・かおり）
上級相続診断士、全国相続診断士会会長、終活カウンセラー１級、社会整理士、相続診断士事務所「笑顔相続サロン®本部」代表、（一社）全国遺言実務サポート協会代表理事
外資系金融機関を経て FP に転身。頼れる相続診断士・マネードクターとしてこれまで 3,000 件以上の相続・お金の悩みを解決した実績を持つ。
メディア出演（テレビ朝日「たけしの TV タックル」、TBS テレビ「N スタ」「ビビット」、テレビ東京「なないろ日和」など）多数。笑顔相続を普及するための専門家を育成する「笑顔相続道」を主宰。著書『家族に迷惑をかけたくなければ相続の準備は今すぐしなさい』（PHP 出版）、『終活・相続の便利帳』（枻出版）、『相続コンサルタントのためのはじめての遺言執行』（日本法令）など多数。

住　所	東京都足立区千住東２−１−６ プリモ北千住３階
電　話	03−6679−6276
ＦＡＸ	03−6886−3465
メール	info@egao-souzoku.com
ＵＲＬ	https://egao-souzoku.com

✤

藤井　美喜（ふじい・みき）

相続診断士、終活カウンセラー１級、行政書士、保育士、夫婦カウンセラー
長野県生まれ。清泉女学院短期大学幼児教育科卒業。みかん行政書士事務所で勤務。

<ひとこと>当事務所は夫婦２人体制でやっております。一番身近な法務の専門家として、お気軽にご相談いただける行政書士であることを常に心がけております。一つの事案を夫婦２人でじっくり取り組むことできっとご満足いただける結果をご提供できると思います。

住　所　長野県長野市高田 747－6
電　話　026－405－1145
メール　mikan13.legal@gmail.com

✤

藤井利江子（ふじい・りえこ）

上級相続診断士、関西相続診断士会 会長、終活カウンセラー１級、社会整理士、行政書士法人アクセス 行政書士、笑顔相続サロン®大阪 代表

<ひとこと>一般社団法人アクセス相続センターを中心に、税理士法人アクセス・行政書士法人アクセスが各種専門家とも連携し、皆さまへ「100年モノの安心感」をお届けします。金融機関で 25 年勤務した知識と経験を生かし「知っていれば防げたこと」をお伝えいたします。

住　所　大阪市中央区平野町１－７－１
　　　　堺筋髙橋ビル６Ｆ
電　話　0120－279－450
メール　souzoku@act-cess.jp

✤

藤原　由親（ふじわら・よしちか）
上級相続診断士、税理士法人アクセス 代表税理士
<ひとこと>一般社団法人アクセス相続センターを中心に、税理士法人アクセス・行政書士法人アクセスが各種専門家とも連携し、皆さまへ「100年モノの安心感」をお届けします。相続・事業承継専門税理士が「100%」お客様の立場に立って、ご提案いたします。

住　所　大阪府大阪市中央区平野町１－７－１
　　　　堺筋高橋ビル６Ｆ
電　話　0120－279－450
メール　souzoku@act-cess.jp

✤

細谷　洋貴（ほそや・ひろたか）
相続診断士、行政書士法人アクセス 代表行政書士
<ひとこと>一般社団法人アクセス相続センターを中心に、税理士法人アクセス・行政書士法人アクセスが各種専門家とも連携し、皆さまへ『100年モノの安心感』をお届けします。「予防法務の専門家」として、皆さまの笑顔を守るため、私自身いつも笑顔でご対応いたします。

住　所　大阪府大阪市中央区平野町１－７－１
　　　　堺筋高橋ビル６Ｆ
電　話　0120－279－450
メール　souzoku@act-cess.jp

✤

堀口　実（ほりぐち・みのる）
上級相続診断士、東京相続診断士会 会長、宅地建物取引士、笑顔相続サロン®日本橋 代表、株式会社エム・スタイル代表
昭和38年8月28日、埼玉県生まれ。法政大学法学部法律学科卒業。住宅ローン会社10年、外資系保険会社へ転職し6年、乗合代理店19年とお金に関わり35年。
<ひとこと>住宅ローン会社では差押等の債権回収実務まで経験、保険業界に25年と様々な相続を見てきました。困っている人を放っておけず「絶対に見捨てず気持ちに寄り添うサポート」を心がけています。YouTubeにて玉すだれを使って相続を語る「円満相続玉すだれチャンネル」を好評配信中。

住　所　東京都中央区日本橋室町1−1−5　日本橋ビル3F
電　話　0120−285−445
メール　horiguchi@m-style.ptu.jp

✤

盛　勝利（もり・かつとし）
上級相続診断士、宅地建物取引士、（一社）アクセス相続センター
<ひとこと>一般社団法人アクセス相続センターを中心に、税理士法人アクセス・行政書士法人アクセスが各種専門家とも連携し、皆さまへ「100年モノの安心感」をお届けします。相続業務に携わり24年目。皆様の見えない不安をわかりやすくカタチにし、笑顔相続のお手伝いをさせていただきます。

住　所　大阪府大阪市中央区平野町1−7−1
　　　　堺筋高橋ビル6 F
電　話　0120−279−450
メール　souzoku@act-cess.jp

✤

諸隈　元（もろくま・げん）

上級相続診断士、終活カウンセラー１級、AFP、笑顔相続サロン®松本、(一社）グッドライフ信州 代表

昭和39年3月12日、長野県生まれ。人材派遣会社役員を20年務め、ファイナンシャルプランナーに転身。保険代理店勤務を経て現職に就任。

<ひとこと>「人生は後半こそが本番」を合言葉に、豊かなシニアライフの提言、楽しい終活のお手伝い、笑顔相続の普及に努めています。

住　所　長野県松本市庄内1−7−12　高木ビル2階

電　話　0263−87−7178

メール　g.morokuma@gmail.com

✤

安井　正幸（やすい・まさゆき）

相続診断士、宅地建物取引士、公認不動産コンサルティングマスター相続対策専門士、株式会社LIXILイーアールエージャパン 研修部 相続担当シニアアドバイザー

昭和26年、愛知県生まれ。南山大学経済学部卒業。信託銀行、信託系不動産会社、LIXILの直系不動産会社を通じて不動産経験は豊富です。

<ひとこと>不動産と相続は個別性において、全く同じものはありません。お客様の事情を傾聴し提案・アドバイスできるよう心がけています。

住　所　東京都台東区東上野6−9−3　上野ビル8号館2階

電　話　080−4367−7047

メール　masayuki.yasui@erajapan.co.jp

✤

若狭　浩子（わかさ・ひろこ）
上級相続診断士、若狭税理士・行政書士事務所 所長
昭和 37 年 2 月 27 日、兵庫県生まれ。京都府立大学女子短期大学部卒業。税理士事務所のほか、不動産会社の資産活用など。

<ひとこと>相続税対策、家族信託、後見、遺言の相談を多数受けています。障がいを持つ方のご家族や、おひとりさまなどの相談も多く、じっくりお話を伺うところから、進めています。相続シミュレーションでの税金面だけでなく、皆様の気持ちを大切にしたいと、取り組んでいます。

住　所　大阪府豊中市末広町 2－1－4　末広ビル 303 号
電　話　06－6210－6370
メール　hiroko@tax-wakasa.com
